보험업법규

Insurance

머리말

　이 책은 보험인 등의 자격시험을 준비하는 수험생들을 위해 만들었습니다. 자격시험은 수험 전략을 어떻게 짜느냐가 등락을 좌우합니다. 짧은 기간 내에 승부를 걸어야 하는 수험생들은 방대한 분량을 자신의 것으로 정리하고 이해해 나가는 과정에서 시간과 노력을 낭비하지 않도록 주의를 기울여야 합니다.

　수험생들이 법령을 공부하는 데 조금이나마 시간을 줄이고 좀 더 학습에 집중할 수 있도록 본서는 다음과 같이 구성하였습니다.

　첫째, 법률과 그 시행령 및 시행규칙, 그리고 부칙과 별표까지 자세하게 실었습니다.

　둘째, 법 조항은 물론 그와 관련된 시행령과 시행규칙을 한눈에 알아볼 수 있도록 체계적으로 정리하였습니다.

　셋째, 최근 법령까지 완벽하게 반영하여 별도로 찾거나 보완하는 번거로움을 줄였습니다.

　모쪼록 이 책이 수업생 여러분에게 많은 도움이 되기를 바랍니다. 쉽지 않은 여건에서 시간을 쪼개어 책과 씨름하며 자기개발에 분투하는 수험생 여러분의 건승을 기원합니다.

2023년 1월

1. 법 정의

① 국가의 강제력을 수반하는 사회 규범.

② 국가 및 공공 기관이 제정한 법률, 명령, 조례, 규칙 따위이다.

③ 다 같이 자유롭고 올바르게 잘 살 것을 목적으로 하는 규범이며,

④ 서로가 자제하고 존중함으로써 더불어 사는 공동체를 형성해 가는 평화의 질서.

2. 법 시행

① 발안

② 심의

③ 공포

④ 시행

3. 법의 위계구조

① 헌법(최고의 법)

② 법률 : 국회의 의결 후 대통령이 서명 · 공포

③ 명령 : 행정기관에 의하여 제정되는 국가의 법령(대통령령, 총리령, 부령)

④ 조례 : 지방자치단체가 지방자치법에 의거하여 그 의회의 의결로 제정

⑤ 규칙 : 지방자치단체의 장(시장, 군수)이 조례의 범위 안에서 사무에 관하여 제정

4. 법 분류

① 공법 : 공익보호 목적(헌법, 형법)

② 사법 : 개인의 이익보호 목적(민법, 상법)

③ 사회법 : 인간다운 생활보장(근로기준법, 국민건강보험법)

5. 형벌의 종류

① 사형

② 징역 : 교도소에 구치(유기, 무기징역, 노역 부과)

③ 금고 : 명예 존중(노역 비부과)

④ 구류 : 30일 미만 교도소에서 구치(노역 비부과)

⑤ 벌금 : 금액을 강제 부담

⑥ 과태료 : 공법에서, 의무 이행을 태만히 한 사람에게 벌로 물게 하는 돈(경범죄처벌법, 교통범칙금)

⑦ 몰수 : 강제로 국가 소유로 권리를 넘김

⑧ 자격정지 : 명예형(名譽刑), 일정 기간 동안 자격을 정지시킴(유기징역 이하)

⑨ 자격상실 : 명예형(名譽刑), 일정한 자격을 갖지 못하게 하는 일(무기금고이상). 공법상 공무원이 될 자격, 피선거권, 법인 임원 등

차례

제1부

보험업법

제1장 총칙

제1조 목적

이 법은 보험업을 경영하는 자의 건전한 경영을 도모하고 보험계약자, 피보험자, 그 밖의 이해관계인의 권익을 보호함으로써 보험업의 건전한 육성과 국민경제의 균형 있는 발전에 기여함을 목적으로 한다.

[전문개정 2010. 7. 23.]

제2조(정의)

이 법에서 사용하는 용어의 뜻은 다음과 같다.　　　　　　　〈개정 2015. 7. 31., 2021. 4. 20.〉

1. "보험상품"이란 위험보장을 목적으로 우연한 사건 발생에 관하여 금전 및 그 밖의 급여를 지급할 것을 약정하고 대가를 수수(授受)하는 계약(「국민건강보험법」에 따른 건강보험, 「고용보험법」에 따른 고용보험 등 보험계약자의 보호 필요성 및 금융거래 관행 등을 고려하여 대통령령으로 정하는 것은 제외한다)으로서 다음 각 목의 것을 말한다.

   가. 생명보험상품: 위험보장을 목적으로 사람의 생존 또는 사망에 관하여 약정한 금전 및 그 밖의 급여를 지급할 것을 약속하고 대가를 수수하는 계약으로서 대통령령으로 정하는 계약

   나. 손해보험상품: 위험보장을 목적으로 우연한 사건(다목에 따른 질병·상해 및 간병은 제외한다)으로 발생하는 손해(계약상 채무불이행 또는 법령상 의무불이행으로 발생하는 손해를 포함한다)에 관하여 금전 및 그 밖의 급여를 지급할 것을 약속하고 대가를 수수하는 계약으로서 대통령령으로 정하는 계약

   다. 제3보험상품: 위험보장을 목적으로 사람의 질병·상해 또는 이에 따른 간병에 관하여 금전 및 그 밖의 급여를 지급할 것을 약속하고 대가를 수수하는 계약으로서 대통령령으로 정하는 계약

2. "보험업"이란 보험상품의 취급과 관련하여 발생하는 보험의 인수(引受), 보험료 수수 및 보험금 지급 등을 영업으로 하는 것으로서 생명보험업·손해보험업 및 제3보험업을 말한다.

3. "생명보험업"이란 생명보험상품의 취급과 관련하여 발생하는 보험의 인수, 보험료 수수 및 보험금 지급 등을 영업으로 하는 것을 말한다.

4. "손해보험업"이란 손해보험상품의 취급과 관련하여 발생하는 보험의 인수, 보험료 수수 및 보험금 지급 등을 영업으로 하는 것을 말한다.

5. "제3보험업"이란 제3보험상품의 취급과 관련하여 발생하는 보험의 인수, 보험료 수수 및 보험금 지급 등을 영업으로 하는 것을 말한다.

6. "보험회사"란 제4조에 따른 허가를 받아 보험업을 경영하는 자를 말한다.

7. "상호회사"란 보험업을 경영할 목적으로 이 법에 따라 설립된 회사로서 보험계약자를 사원(社員)으로 하는 회사를 말한다.

8. "외국보험회사"란 대한민국 이외의 국가의 법령에 따라 설립되어 대한민국 이외의 국가에서 보험업을 경영하는 자를 말한다.

9. "보험설계사"란 보험회사ㆍ보험대리점 또는 보험중개사에 소속되어 보험계약의 체결을 중개하는 자[법인이 아닌 사단(社團)과 재단을 포함한다]로서 제84조에 따라 등록된 자를 말한다.

10. "보험대리점"이란 보험회사를 위하여 보험계약의 체결을 대리하는 자(법인이 아닌 사단과 재단을 포함한다)로서 제87조에 따라 등록된 자를 말한다.

11. "보험중개사"란 독립적으로 보험계약의 체결을 중개하는 자(법인이 아닌 사단과 재단을 포함한다)로서 제89조에 따라 등록된 자를 말한다.

12. "모집"이란 보험계약의 체결을 중개하거나 대리하는 것을 말한다.

13. "신용공여"란 대출 또는 유가증권의 매입(자금 지원적 성격인 것만 해당한다)이나 그 밖에 금융거래상의 신용위험이 따르는 보험회사의 직접적ㆍ간접적 거래로서 대통령령으로 정하는 바에 따라 금융위원회가 정하는 거래를 말한다.

14. "총자산"이란 재무상태표에 표시된 자산에서 미상각신계약비(未償却新契約費), 영업권 등 대통령령으로 정하는 자산을 제외한 것을 말한다.

15. "자기자본"이란 납입자본금ㆍ자본잉여금ㆍ이익잉여금, 그 밖에 이에 준하는 것(자본조정은 제외한다)으로서 대통령령으로 정하는 항목의 합계액에서 영업권, 그 밖에 이에 준하는 것으로서 대통령령으로 정하는 항목의 합계액을 뺀 것을 말한다.

16. "동일차주"란 동일한 개인 또는 법인 및 이와 신용위험을 공유하는 자로서 대통령령으로 정하는 자를 말한다.

17. "대주주"란 「금융회사의 지배구조에 관한 법률」 제2조제6호에 따른 주주를 말한다.

18. "자회사"란 보험회사가 다른 회사(「민법」 또는 특별법에 따른 조합을 포함한다)의 의결권 있는 발행주식(출자지분을 포함한다) 총수의 100분의 15를 초과하여 소유하는 경우의 그 다른 회사를 말한다.

19. "전문보험계약자"란 보험계약에 관한 전문성, 자산규모 등에 비추어 보험계약의 내용을 이해하고 이행할 능력이 있는 자로서 다음 각 목의 어느 하나에 해당하는 자를 말한다. 다만, 전문보험계약자 중 대통령령으로 정하는 자가 일반보험계약자와 같은 대우를 받겠다는 의사를 보험회사에 서면으로 통지하는 경우 보험회사는 정당한 사유가 없으면 이에 동의하여야 하며, 보험회사가 동의한 경우에는 해당 보험계약자는 일반보험계약자로 본다.

가. 국가

나. 한국은행

다. 대통령령으로 정하는 금융기관

라. 주권상장법인

마. 그 밖에 대통령령으로 정하는 자

20. "일반보험계약자"란 전문보험계약자가 아닌 보험계약자를 말한다.

[전문개정 2010. 7. 23.]

제3조(보험계약의 체결)

누구든지 보험회사가 아닌 자와 보험계약을 체결하거나 중개 또는 대리하지 못한다. 다만, 대통령령으로 정하는 경우에는 그러하지 아니하다.

[전문개정 2010. 7. 23.]

제2장 보험업의 허가 등

제4조(보험업의 허가)

①보험업을 경영하려는 자는 다음 각 호에서 정하는 보험종목별로 금융위원회의 허가를 받아야 한다.

1. 생명보험업의 보험종목

가. 생명보험

나. 연금보험(퇴직보험을 포함한다)

　다. 그 밖에 대통령령으로 정하는 보험종목

2. 손해보험업의 보험종목

　가. 화재보험

　나. 해상보험(항공·운송보험을 포함한다)

　다. 자동차보험

　라. 보증보험

　마. 재보험(再保險)

　바. 그 밖에 대통령령으로 정하는 보험종목

3. 제3보험업의 보험종목

　가. 상해보험

　나. 질병보험

　다. 간병보험

　라. 그 밖에 대통령령으로 정하는 보험종목

② 제1항에 따른 허가를 받은 자는 해당 보험종목의 재보험에 대한 허가를 받은 것으로 본다. 다만, 제9조제2항제2호의 보험회사는 그러하지 아니하다. 〈개정 2020. 12. 8.〉

③ 생명보험업이나 손해보험업에 해당하는 보험종목의 전부(제1항제2호라목에 따른 보증보험 및 같은 호 마목에 따른 재보험은 제외한다)에 관하여 제1항에 따른 허가를 받은 자는 제3보험업에 해당하는 보험종목에 대한 허가를 받은 것으로 본다.

④ 생명보험업 또는 손해보험업에 해당하는 보험종목의 전부(제1항제2호라목에 따른 보증보험 및 같은 호 마목에 따른 재보험은 제외한다)에 관하여 제1항에 따른 허가를 받은 자는 경제질서의 건전성을 해친 사실이 없으면 해당 생명보험업 또는 손해보험업의 종목으로 신설되는 보험종목에 대한 허가를 받은 것으로 본다.

⑤ 제3보험업에 관하여 제1항에 따른 허가를 받은 자는 제10조제3호에 따른 보험종목을 취급할 수 있다.

⑥ 보험업의 허가를 받을 수 있는 자는 주식회사, 상호회사 및 외국보험회사로 제한하며, 제1항에 따라 허가를 받은 외국보험회사의 국내지점(이하 "외국보험회사국내지점"이라 한다)은 이 법에 따른 보험회사로 본다.

⑦ 금융위원회는 제1항에 따른 허가에 조건을 붙일 수 있다.

⑧ 제7항에 따라 조건이 붙은 보험업 허가를 받은 자는 사정의 변경, 그 밖의 정당한 사유가 있는 경우에는 금융위원회에 그 조건의 취소 또는 변경을 신청할 수 있다. 이 경우 금융위원회는 2개

월 이내에 조건의 취소 또는 변경 여부를 결정하고, 그 결과를 지체 없이 신청인에게 문서로 알려야 한다. 〈신설 2020. 12. 8.〉

[전문개정 2010. 7. 23.]

제5조(허가신청서 등의 제출)

제4조제1항에 따라 허가를 받으려는 자는 신청서에 다음 각 호의 서류를 첨부하여 금융위원회에 제출하여야 한다. 다만, 보험회사가 취급하는 보험종목을 추가하려는 경우에는 제1호의 서류는 제출하지 아니할 수 있다.

1. 정관
2. 업무 시작 후 3년간의 사업계획서(추정재무제표를 포함한다)
3. 경영하려는 보험업의 보험종목별 사업방법서, 보험약관, 보험료 및 책임준비금의 산출방법서(이하 "기초서류"라 한다) 중 대통령령으로 정하는 서류
4. 제1호부터 제3호까지의 규정에 따른 서류 이외에 대통령령으로 정하는 서류

[전문개정 2010. 7. 23.]

제6조(허가의 요건 등)

① 보험업의 허가를 받으려는 자(외국보험회사 및 제3항에 따라 보험종목을 추가하려는 보험회사는 제외한다)는 다음 각 호의 요건을 갖추어야 한다. 〈개정 2015. 7. 31.〉

1. 제9조제1항 및 제2항에 따른 자본금 또는 기금을 보유할 것
2. 보험계약자를 보호할 수 있고 그 경영하려는 보험업을 수행하기 위하여 필요한 전문 인력과 전산설비 등 물적(物的) 시설을 충분히 갖추고 있을 것. 이 경우 대통령령으로 정하는 바에 따라 업무의 일부를 외부에 위탁하는 경우에는 그 위탁한 업무와 관련된 전문 인력과 물적 시설을 갖춘 것으로 본다.
3. 사업계획이 타당하고 건전할 것
4. 대주주(최대주주의 특수관계인인 주주를 포함한다. 이하 이 조에서 같다)가 「금융회사의 지배구조에 관한 법률」 제5조제1항 각 호의 어느 하나에 해당하지 아니하고, 충분한 출자 능력과 건전한 재무상태를 갖추고 있으며, 건전한 경제질서를 해친 사실이 없을 것

② 보험업의 허가를 받으려는 외국보험회사는 다음 각 호의 요건을 갖추어야 한다.

1. 제9조제3항에 따른 영업기금을 보유할 것
2. 국내에서 경영하려는 보험업과 같은 보험업을 외국 법령에 따라 경영하고 있을 것
3. 자산상황 · 재무건전성 및 영업건전성이 국내에서 보험업을 경영하기에 충분하고, 국제적

으로 인정받고 있을 것

　4. 제1항제2호 및 제3호의 요건을 갖출 것

③ 보험종목을 추가하여 허가를 받으려는 보험회사는 다음 각 호의 요건을 갖추어야 한다.

〈개정 2020. 12. 8.〉

　1. 제1항 또는 제2항의 요건을 충족할 것(다만, 제1항제4호의 허가 요건은 같은 호에도 불구하고 대통령령으로 정하는 완화된 요건을 적용한다)

　2. 대통령령으로 정하는 건전한 재무상태와 사회적 신용을 갖출 것

④ 보험회사는 제1항제2호의 요건을 대통령령으로 정하는 바에 따라 보험업의 허가를 받은 이후에도 계속하여 유지하여야 한다. 다만, 보험회사의 경영건전성을 확보하고 보험가입자 등의 이익을 보호하기 위하여 대통령령으로 정하는 경우로서 금융위원회의 승인을 받은 경우에는 그러하지 아니하다.

⑤ 삭제 〈2015. 7. 31.〉

⑥ 삭제 〈2015. 7. 31.〉

⑦ 삭제 〈2015. 7. 31.〉

⑧ 제1항부터 제4항까지의 규정에 따른 허가, 승인의 세부 요건에 관하여 필요한 사항은 대통령령으로 정한다.

〈개정 2015. 7. 31.〉

[전문개정 2010. 7. 23.]

제7조(예비허가)

① 제4조에 따른 허가(이하 이 조에서 "본허가"라 한다)를 신청하려는 자는 미리 금융위원회에 예비허가를 신청할 수 있다.

② 제1항에 따른 신청을 받은 금융위원회는 2개월 이내에 심사하여 예비허가 여부를 통지하여야 한다. 다만, 총리령으로 정하는 바에 따라 그 기간을 연장할 수 있다.

③ 금융위원회는 제2항에 따른 예비허가에 조건을 붙일 수 있다.

④ 금융위원회는 예비허가를 받은 자가 제3항에 따른 예비허가의 조건을 이행한 후 본허가를 신청하면 허가하여야 한다.

⑤ 예비허가의 기준과 그 밖에 예비허가에 관하여 필요한 사항은 총리령으로 정한다.

[전문개정 2010. 7. 23.]

제8조(상호 또는 명칭)

① 보험회사는 그 상호 또는 명칭 중에 주로 경영하는 보험업의 종류를 표시하여야 한다.

② 보험회사가 아닌 자는 그 상호 또는 명칭 중에 보험회사임을 표시하는 글자를 포함하여서는 아니 된다.

[전문개정 2010. 7. 23.]

제9조(자본금 또는 기금)

① 보험회사는 300억원 이상의 자본금 또는 기금을 납입함으로써 보험업을 시작할 수 있다. 다만, 보험회사가 제4조제1항에 따른 보험종목의 일부만을 취급하려는 경우에는 50억원 이상의 범위에서 대통령령으로 자본금 또는 기금의 액수를 다르게 정할 수 있다.

② 제1항에도 불구하고 모집수단 또는 모집상품의 종류·규모 등이 한정된 보험회사로서 다음 각 호의 어느 하나에 해당하는 보험회사는 다음 각 호의 구분에 따른 금액 이상의 자본금 또는 기금을 납입함으로써 보험업을 시작할 수 있다. 〈개정 2020. 12. 8.〉

1. 전화·우편·컴퓨터통신 등 통신수단을 이용하여 대통령령으로 정하는 바에 따라 모집을 하는 보험회사(제2호에 따른 소액단기전문보험회사는 제외한다): 제1항에 따른 자본금 또는 기금의 3분의 2에 상당하는 금액

2. 모집할 수 있는 보험상품의 종류, 보험기간, 보험금의 상한액, 연간 총보험료 상한액 등 대통령령으로 정하는 기준을 충족하는 소액단기전문보험회사: 10억원 이상의 범위에서 대통령령으로 정하는 금액

③ 외국보험회사가 대한민국에서 보험업을 경영하려는 경우에는 대통령령으로 정하는 영업기금을 제1항 또는 제2항의 자본금 또는 기금으로 본다.

[전문개정 2010. 7. 23.]

제10조(보험업 겸영의 제한)

보험회사는 생명보험업과 손해보험업을 겸영(兼營)하지 못한다. 다만, 다음 각 호의 어느 하나에 해당하는 보험종목은 그러하지 아니하다.

1. 생명보험의 재보험 및 제3보험의 재보험

2. 다른 법령에 따라 겸영할 수 있는 보험종목으로서 대통령령으로 정하는 보험종목

3. 대통령령으로 정하는 기준에 따라 제3보험의 보험종목에 부가되는 보험

[전문개정 2010. 7. 23.]

제11조(보험회사의 겸영업무)

보험회사는 경영건전성을 해치거나 보험계약자 보호 및 건전한 거래질서를 해칠 우려가 없는 금

융업무로서 다음 각 호에 규정된 업무를 할 수 있다. 이 경우 보험회사는 제1호 또는 제3호의 업무를 하려면 그 업무를 시작하려는 날의 7일 전까지 금융위원회에 신고하여야 한다. 〈개정 2020. 12. 8.〉

1. 대통령령으로 정하는 금융 관련 법령에서 정하고 있는 금융업무로서 해당 법령에서 보험회사가 할 수 있도록 한 업무

2. 대통령령으로 정하는 금융업으로서 해당 법령에 따라 인가·허가·등록 등이 필요한 금융업무

3. 그 밖에 보험회사의 경영건전성을 해치거나 보험계약자 보호 및 건전한 거래질서를 해칠 우려가 없다고 인정되는 금융업무로서 대통령령으로 정하는 금융업무

[전문개정 2010. 7. 23.]

제11조의2(보험회사의 부수업무)

① 보험회사는 보험업에 부수(附隨)하는 업무를 하려면 그 업무를 하려는 날의 7일 전까지 금융위원회에 신고하여야 한다. 다만, 제5항에 따라 공고된 다른 보험회사의 부수업무(제3항에 따라 제한명령 또는 시정명령을 받은 것은 제외한다)와 같은 부수업무를 하려는 경우에는 신고를 하지 아니하고 그 부수업무를 할 수 있다. 〈개정 2020. 12. 8.〉

② 금융위원회는 제1항 본문에 따른 신고를 받은 경우 그 내용을 검토하여 이 법에 적합하면 신고를 수리하여야 한다. 〈신설 2020. 12. 8.〉

③ 금융위원회는 보험회사가 하는 부수업무가 다음 각 호의 어느 하나에 해당하면 그 부수업무를 하는 것을 제한하거나 시정할 것을 명할 수 있다. 〈개정 2020. 12. 8.〉

1. 보험회사의 경영건전성을 해치는 경우

2. 보험계약자 보호에 지장을 가져오는 경우

3. 금융시장의 안정성을 해치는 경우

④ 제3항에 따른 제한명령 또는 시정명령은 그 내용 및 사유가 구체적으로 적힌 문서로 하여야 한다. 〈개정 2020. 12. 8.〉

⑤ 금융위원회는 제1항 본문에 따라 신고받은 부수업무 및 제3항에 따라 제한명령 또는 시정명령을 한 부수업무를 대통령령으로 정하는 방법에 따라 인터넷 홈페이지 등에 공고하여야 한다. 〈개정 2020. 12. 8.〉

[본조신설 2010. 7. 23.]

제11조의3(겸영업무·부수업무의 회계처리)

보험회사가 제11조 및 제11조의2에 따라 다른 금융업 또는 부수업무를 하는 경우에는 대통령령으

로 정하는 바에 따라 그 업무를 보험업과 구분하여 회계처리하여야 한다.　　　〈개정 2015. 7. 24.〉

　[본조신설 2010. 7. 23.]

　[제목개정 2015. 7. 24.]

제12조(외국보험회사 등의 국내사무소 설치 등)

　① 외국보험회사, 외국에서 보험대리 및 보험중개를 업(業)으로 하는 자 또는 그 밖에 외국에서 보험과 관련된 업을 하는 자(이하 "외국보험회사등"이라 한다)는 보험시장에 관한 조사 및 정보의 수집이나 그 밖에 이와 비슷한 업무를 하기 위하여 국내에 사무소(이하 "국내사무소"라 한다)를 설치할 수 있다.

　② 외국보험회사등이 제1항에 따라 국내사무소를 설치하는 경우에는 그 설치한 날부터 30일 이내에 금융위원회에 신고하여야 한다.

　③ 국내사무소는 다음 각 호의 어느 하나에 해당하는 행위를 하여서는 아니 된다.

　　1. 보험업을 경영하는 행위

　　2. 보험계약의 체결을 중개하거나 대리하는 행위

　　3. 국내 관련 법령에 저촉되는 방법에 의하여 보험시장의 조사 및 정보의 수집을 하는 행위

　　4. 그 밖에 국내사무소의 설치 목적에 위반되는 행위로서 대통령령으로 정하는 행위

　④ 국내사무소는 그 명칭 중에 사무소라는 글자를 포함하여야 한다.

　⑤ 금융위원회는 국내사무소가 이 법 또는 이 법에 따른 명령 또는 처분을 위반한 경우에는 6개월 이내의 기간을 정하여 업무의 정지를 명하거나 국내사무소의 폐쇄를 명할 수 있다.

　[전문개정 2010. 7. 23.]

제3장　보험회사

제1절 삭제 〈2015. 7. 31.〉

제13조삭제 〈2015. 7. 31.〉

제14조삭제 〈2015. 7. 31.〉

제15조삭제 〈2015. 7. 31.〉

제16조삭제 〈2015. 7. 31.〉

제17조삭제 〈2015. 7. 31.〉

제2절 주식회사 〈개정 2010. 7. 23.〉

제18조(자본감소)

① 보험회사인 주식회사(이하 "주식회사"라 한다)가 자본감소를 결의한 경우에는 그 결의를 한 날부터 2주 이내에 결의의 요지와 재무상태표를 공고하여야 한다. 〈개정 2021. 4. 20.〉

② 제1항에 따른 자본감소를 결의할 때 대통령령으로 정하는 자본감소를 하려면 미리 금융위원회의 승인을 받아야 한다.

③ 자본감소에 관하여는 제141조제2항 · 제3항, 제149조 및 제151조제3항을 준용한다.

[전문개정 2010. 7. 23.]

제19조삭제 〈2015. 7. 31.〉

제20조(조직 변경)

① 주식회사는 그 조직을 변경하여 상호회사로 할 수 있다.

② 제1항에 따른 상호회사는 제9조에도 불구하고 기금의 총액을 300억원 미만으로 하거나 설정하지 아니할 수 있다.

③ 제1항의 경우에는 손실 보전(補塡)에 충당하기 위하여 금융위원회가 필요하다고 인정하는 금액을 준비금으로 적립하여야 한다.

[전문개정 2010. 7. 23.]

제21조(조직 변경 결의)

① 주식회사의 조직 변경은 주주총회의 결의를 거쳐야 한다.

② 제1항의 결의는 「상법」 제434조에 따른다.

[전문개정 2010. 7. 23.]

제22조(조직 변경 결의의 공고와 통지)

① 주식회사가 조직 변경을 결의한 경우 그 결의를 한 날부터 2주 이내에 결의의 요지와 재무상태표를 공고하고 주주명부에 적힌 질권자(質權者)에게는 개별적으로 알려야 한다.

〈개정 2021. 4. 20.〉

② 제1항의 경우에는 제141조제2항·제3항과 「상법」 제232조를 준용한다.

[전문개정 2010. 7. 23.]

제23조(조직 변경 결의 공고 후의 보험계약)

① 주식회사는 제22조제1항에 따른 공고를 한 날 이후에 보험계약을 체결하려면 보험계약자가 될 자에게 조직 변경 절차가 진행 중임을 알리고 그 승낙을 받아야 한다.

② 제1항에 따른 승낙을 한 보험계약자는 조직 변경 절차를 진행하는 중에는 보험계약자가 아닌 자로 본다.

[전문개정 2010. 7. 23.]

제24조(보험계약자 총회의 소집)

① 제22조제1항의 공고에 대하여 제141조제2항에서 규정하는 기간에 이의를 제출한 보험계약자의 수와 그 보험금이 제141조제3항에서 규정하는 비율을 초과하지 아니하는 경우에는 이사는 「상법」 제232조에 따른 절차가 끝나면 7일 이내에 보험계약자 총회를 소집하여야 한다.

② 제1항의 경우 보험계약자에 대한 통지에 관하여는 「상법」 제353조를 준용한다.

[전문개정 2010. 7. 23.]

제25조(보험계약자 총회 대행기관)

① 주식회사는 조직 변경을 결의할 때 보험계약자 총회를 갈음하는 기관에 관한 사항을 정할 수 있다.

② 제1항에 따른 기관에 대하여는 보험계약자 총회에 관한 규정을 준용한다.

③ 제1항에 따른 기관에 관한 사항을 정한 경우에는 그 기관의 구성방법을 제22조제1항에 따른 공고의 내용에 포함하여야 한다.

[전문개정 2010. 7. 23.]

제26조(보험계약자 총회의 결의방법)

① 보험계약자 총회는 보험계약자 과반수의 출석과 그 의결권의 4분의 3 이상의 찬성으로 결의한다.

② 보험계약자총회에 관하여는 제55조와 「상법」 제363조제1항·제2항, 제364조, 제367조, 제368조제3항·제4항, 제371조제2항, 제372조, 제373조 및 제376조부터 제381조까지의 규정을 준용한다.

[전문개정 2010. 7. 23.]

제27조(보험계약자 총회에서의 보고)

주식회사의 이사는 조직 변경에 관한 사항을 보험계약자 총회에 보고하여야 한다.

[전문개정 2010. 7. 23.]

제28조(보험계약자 총회의 결의 등)

① 보험계약자 총회는 정관의 변경이나 그 밖에 상호회사의 조직에 필요한 사항을 결의하여야 한다.

② 제21조제1항에 따른 결의는 제1항의 결의로 변경할 수 있다. 이 경우 주식회사의 채권자의 이익을 해치지 못한다.

③ 제2항에 따른 변경으로 주주에게 손해를 입히게 되는 경우에는 주주총회의 동의를 받아야 한다. 이 경우 제21조제2항을 준용한다.

④ 제1항의 결의에 관하여는 「상법」 제316조제2항을 준용한다.

[전문개정 2010. 7. 23.]

제29조(조직 변경의 등기)

① 주식회사가 그 조직을 변경한 경우에는 변경한 날부터 본점과 주된 사무소의 소재지에서는 2주 이내에, 지점과 종(從)된 사무소의 소재지에서는 3주 이내에 주식회사는 해산의 등기를 하고 상호회사는 제40조제2항에 따른 등기를 하여야 한다.

② 제1항에 따른 등기의 신청서에는 정관과 다음 각 호의 사항이 적힌 서류를 첨부하여야 한다.

1. 제21조제1항의 결의
2. 제22조제1항의 공고
3. 제28조의 결의 및 동의
4. 제141조제3항의 이의(異義)

5. 「상법」 제232조에 따른 절차를 마쳤음을 증명하는 내용

[전문개정 2010. 7. 23.]

제30조(조직 변경에 따른 입사)

주식회사의 보험계약자는 조직 변경에 따라 해당 상호회사의 사원이 된다.

[전문개정 2010. 7. 23.]

제31조(「상법」 등의 준용)

주식회사의 조직 변경에 관하여는 제145조와 「상법」 제40조, 제339조, 제340조제1항·제2항, 제439조제1항, 제445조 및 제446조를 준용한다. 이 경우 「상법」 제446조 중 "제192조"는 "제238조"로 본다.

[전문개정 2010. 7. 23.]

제32조(보험계약자 등의 우선취득권)

① 보험계약자나 보험금을 취득할 자는 피보험자를 위하여 적립한 금액을 다른 법률에 특별한 규정이 없으면 주식회사의 자산에서 우선하여 취득한다.

② 제108조에 따라 특별계정이 설정된 경우에는 제1항은 특별계정과 그 밖의 계정을 구분하여 적용한다.

[전문개정 2010. 7. 23.]

제33조(예탁자산에 대한 우선변제권)

① 보험계약자나 보험금을 취득할 자는 피보험자를 위하여 적립한 금액을 주식회사가 이 법에 따른 금융위원회의 명령에 따라 예탁한 자산에서 다른 채권자보다 우선하여 변제를 받을 권리를 가진다.

② 제1항의 경우에는 제32조제2항을 준용한다.

[전문개정 2010. 7. 23.]

제3절 상호(相互)회사 〈개정 2010. 7. 23.〉

제1관 설립 〈개정 2010. 7. 23.〉

제34조(정관기재사항)

상호회사의 발기인은 정관을 작성하여 다음 각 호의 사항을 적고 기명날인하여야 한다.

1. 취급하려는 보험종목과 사업의 범위
2. 명칭
3. 사무소 소재지
4. 기금의 총액
5. 기금의 갹출자가 가질 권리
6. 기금과 설립비용의 상각 방법
7. 잉여금의 분배 방법
8. 회사의 공고 방법
9. 회사 성립 후 양수할 것을 약정한 자산이 있는 경우에는 그 자산의 가격과 양도인의 성명
10. 존립시기 또는 해산사유를 정한 경우에는 그 시기 또는 사유

[전문개정 2010. 7. 23.]

제35조(명칭)

상호회사는 그 명칭 중에 상호회사라는 글자를 포함하여야 한다.

[전문개정 2010. 7. 23.]

제36조(기금의 납입)

① 상호회사의 기금은 금전 이외의 자산으로 납입하지 못한다.

② 기금의 납입에 관하여는 「상법」 제295조제1항, 제305조제1항·제2항 및 제318조를 준용한다.

[전문개정 2010. 7. 23.]

제37조(사원의 수)

상호회사는 100명 이상의 사원으로써 설립한다.

[전문개정 2010. 7. 23.]

제38조(입사청약서)

① 발기인이 아닌 자가 상호회사의 사원이 되려면 입사청약서 2부에 보험의 목적과 보험금액을 적고 기명날인하여야 한다. 다만, 상호회사가 성립한 후 사원이 되려는 자는 그러하지 아니하다.

② 발기인은 제1항에 따른 입사청약서를 다음 각 호의 사항을 포함하여 작성하고, 이를 비치(備置)하여야 한다.

　　1. 정관의 인증 연월일과 그 인증을 한 공증인의 이름

　　2. 제34조 각 호의 사항

　　3. 기금 갹출자의 이름 · 주소와 그 각자가 갹출하는 금액

　　4. 발기인의 이름과 주소

　　5. 발기인이 보수를 받는 경우에는 그 보수액

　　6. 설립 시 모집하려는 사원의 수

　　7. 일정한 시기까지 창립총회가 끝나지 아니하면 입사청약을 취소할 수 있다는 뜻

③ 상호회사 성립 전의 입사청약에 대하여는 「민법」 제107조제1항 단서를 적용하지 아니한다.

[전문개정 2010. 7. 23.]

제39조(창립총회)

① 상호회사의 발기인은 상호회사의 기금의 납입이 끝나고 사원의 수가 예정된 수가 되면 그 날부터 7일 이내에 창립총회를 소집하여야 한다.

② 창립총회는 사원 과반수의 출석과 그 의결권의 4분의 3 이상의 찬성으로 결의한다.

③ 상호회사의 창립총회에 관하여는 제55조와 「상법」 제363조제1항 · 제2항, 제364조, 제368조제3항 · 제4항, 제371조제2항, 제372조, 제373조 및 제376조부터 제381조까지의 규정을 준용한다.

[전문개정 2010. 7. 23.]

제40조(설립등기)

① 상호회사의 설립등기는 창립총회가 끝난 날부터 2주 이내에 하여야 한다.

② 제1항에 따른 설립등기에는 다음 각 호의 사항이 포함되어야 한다.

　　1. 제34조 각 호의 사항

　　2. 이사와 감사의 이름 및 주소

　　3. 대표이사의 이름

　　4. 여러 명의 대표이사가 공동으로 회사를 대표할 것을 정한 경우에는 그 규정

③ 제1항과 제2항에 따른 설립등기는 이사 및 감사의 공동신청으로 하여야 한다.

　[전문개정 2010. 7. 23.]

제41조(등기부) 관할 등기소에 상호회사 등기부를 비치하여야 한다.

[전문개정 2010. 7. 23.]

제42조(배상책임)

이사가 다음 각 호의 어느 하나에 해당하는 행위로 상호회사에 손해를 입힌 경우에는 사원총회의 동의가 없으면 그 손해에 대한 배상책임을 면제하지 못한다.

　1. 위법한 이익 배당에 관한 의안을 사원총회에 제출하는 행위

　2. 다른 이사에게 금전을 대부하는 행위

　3. 그 밖의 부당한 거래를 하는 행위

　[전문개정 2010. 7. 23.]

제43조(발기인에 대한 소송)

상호회사의 발기인에 관하여는 「금융회사의 지배구조에 관한 법률」 제33조와 「상법」 제400조를 준용한다. 〈개정 2015. 7. 31.〉

　[전문개정 2010. 7. 23.]

제44조(「상법」의 준용)

상호회사에 관하여는 「상법」 제10조부터 제15조까지, 제17조, 제22조, 제23조, 제26조, 제27조, 제29조부터 제33조까지, 제35조, 제37조부터 제40조까지, 제87조부터 제89조까지, 제91조, 제92조, 제171조부터 제173조까지, 제176조, 제177조, 제181조부터 제183조까지, 제288조, 제289조제3항, 제292조, 제310조부터 제316조까지 및 제322조부터 제327조까지의 규정을 준용한다.

　[전문개정 2010. 7. 23.]

제45조(「비송사건절차법」의 준용)

상호회사에 관하여는 「비송사건절차법」 제72조제1항·제2항, 제73조, 제77조, 제78조, 제80조, 제81조, 제84조, 제85조, 제90조부터 제100조까지, 제117조부터 제121조까지 및 제123조부터 제127조까지의 규정을 준용한다.

　[전문개정 2010. 7. 23.]

제45조의2(「상업등기법」의 준용)

상호회사에 관하여는 「상업등기법」 제3조, 제5조제2항·제3항, 제6조부터 제11조까지, 제14조, 제17조부터 제30조까지, 제53조부터 제55조까지, 제61조제2항, 제66조, 제67조, 제94조, 제95조, 제102조, 제114조부터 제128조까지 및 제131조를 준용한다.

[본조신설 2010. 7. 23.]

제2관 사원의 권리와 의무 〈개정 2010. 7. 23.〉

제46조(간접책임)

상호회사의 사원은 회사의 채권자에 대하여 직접적인 의무를 지지 아니한다.

[전문개정 2010. 7. 23.]

제47조(유한책임)

상호회사의 채무에 관한 사원의 책임은 보험료를 한도로 한다.

제48조(상계의 금지) 상호회사의 사원은 보험료의 납입에 관하여 상계(相計)로써 회사에 대항하지 못한다.

[전문개정 2010. 7. 23.]

제49조(보험금액의 삭감)

상호회사는 정관으로 보험금액의 삭감에 관한 사항을 정하여야 한다.

[전문개정 2010. 7. 23.]

제50조(생명보험계약 등의 승계)

생명보험 및 제3보험을 목적으로 하는 상호회사의 사원은 회사의 승낙을 받아 타인으로 하여금 그 권리와 의무를 승계하게 할 수 있다.

제51조(손해보험의 목적의 양도)

손해보험을 목적으로 하는 상호회사의 사원이 보험의 목적을 양도한 경우에는 양수인은 회사의 승낙을 받아 양도인의 권리와 의무를 승계할 수 있다.

[전문개정 2010. 7. 23.]

제52조(사원명부)

상호회사의 사원명부에는 다음 각 호의 사항을 적어야 한다.

1. 사원의 이름과 주소
2. 각 사원의 보험계약의 종류, 보험금액 및 보험료

[전문개정 2010. 7. 23.]

제53조(통지와 최고)

상호회사의 입사청약서나 사원에 대한 통지 및 최고(催告)에 관하여는 「상법」 제353조를 준용한다. 다만, 보험관계에 속하는 사항의 통지 및 최고에 관하여는 그러하지 아니하다.

[전문개정 2010. 7. 23.]

제3관 회사의 기관 〈개정 2010. 7. 23.〉

제54조(사원총회 대행기관)

① 상호회사는 사원총회를 갈음할 기관을 정관으로 정할 수 있다.

② 제1항에 따른 기관에 대하여는 사원총회에 관한 규정을 준용한다.

[전문개정 2010. 7. 23.]

제55조(의결권)

상호회사의 사원은 사원총회에서 각각 1개의 의결권을 가진다. 다만, 정관에 특별한 규정이 있는 경우에는 그러하지 아니하다.

제56조(총회소집청구권)

① 상호회사의 100분의 5 이상의 사원은 회의의 목적과 그 소집의 이유를 적은 서면을 이사에게 제출하여 사원총회의 소집을 청구할 수 있다. 다만, 이 권리의 행사에 관하여는 정관으로 다른 기준을 정할 수 있다.

② 제1항의 경우에는 「상법」 제366조제2항 및 제3항을 준용한다.

[전문개정 2010. 7. 23.]

제57조(서류의 비치와 열람 등)

① 상호회사의 이사는 정관과 사원총회 및 이사회의 의사록을 각 사무소에, 사원명부를 주된 사무

소에 비치하여야 한다.

② 상호회사의 사원과 채권자는 영업시간 중에는 언제든지 제1항의 서류를 열람하거나 복사할 수 있고, 회사가 정한 비용을 내면 그 등본 또는 초본의 발급을 청구할 수 있다.

[전문개정 2010. 7. 23.]

제58조(상호회사의 소수사원권의 행사)

상호회사에 관하여는 「금융회사의 지배구조에 관한 법률」 제33조를 준용한다. 이 경우 "발행주식 총수"는 "사원 총수"로, "주식을 대통령령으로 정하는 바에 따라 보유한 자"는 "사원"으로 본다.

〈개정 2015. 7. 31.〉

[전문개정 2010. 7. 23.]

제59조(「상법」 등의 준용)

① 상호회사의 사원총회에 관하여는 「상법」 제362조, 제363조제1항·제2항, 제364조, 제365조제1항·제3항, 제367조, 제368조제1항·제3항·제4항, 제371조제2항, 제372조, 제373조 및 제375조부터 제381조까지의 규정을 준용한다.

② 상호회사의 이사에 관하여는 「상법」 제382조, 제383조제2항·제3항, 제385조, 제386조, 제388조, 제389조, 제393조, 제395조, 제398조, 제399조제1항, 제401조제1항, 제407조 및 제408조를 준용한다.

③ 상호회사의 감사에 관하여는 「금융회사의 지배구조에 관한 법률」 제33조와 「상법」 제382조, 제385조, 제386조, 제388조, 제394조, 제399조제1항, 제401조제1항, 제407조, 제410조부터 제412조까지, 제412조의2부터 제412조의4까지, 제413조, 제413조의2 및 제414조제3항을 준용한다.

〈개정 2015. 7. 31.〉

[전문개정 2010. 7. 23.]

제4관 회사의 계산 〈개정 2010. 7. 23.〉

제60조(손실보전준비금)

① 상호회사는 손실을 보전하기 위하여 각 사업연도의 잉여금 중에서 준비금을 적립하여야 한다.

② 제1항에 따른 준비금의 총액과 매년 적립할 최저액은 정관으로 정한다.

[전문개정 2010. 7. 23.]

제61조(기금이자 지급 등의 제한)

① 상호회사는 손실을 보전하기 전에는 기금이자를 지급하지 못한다.

② 상호회사는 설립비용과 사업비의 전액을 상각(償却)하고 제60조제1항에 따른 준비금을 공제하기 전에는 기금의 상각 또는 잉여금의 분배를 하지 못한다.

③ 상호회사가 제1항 또는 제2항을 위반하여 기금이자의 지급, 기금의 상각 또는 잉여금의 분배를 한 경우에는 회사의 채권자는 이를 반환하게 할 수 있다.

[전문개정 2010. 7. 23.]

제62조(기금상각적립금)

상호회사가 기금을 상각할 때에는 상각하는 금액과 같은 금액을 적립하여야 한다.

[전문개정 2010. 7. 23.]

제63조(잉여금의 분배)

상호회사의 잉여금은 정관에 특별한 규정이 없으면 각 사업연도 말 당시 사원에게 분배한다.

[전문개정 2010. 7. 23.]

제64조(「상법」의 준용)

상호회사의 계산에 관하여는 「상법」 제447조, 제447조의2부터 제447조의4까지, 제448조부터 제450조까지, 제452조 및 제468조를 준용한다.

[전문개정 2010. 7. 23.]

제5관 정관의 변경 〈개정 2010. 7. 23.〉

제65조(정관의 변경)

① 상호회사의 정관을 변경하려면 사원총회의 결의를 거쳐야 한다.

② 제1항의 경우에는 제55조와 「상법」 제363조제1항·제2항, 제364조, 제368조제3항·제4항, 제371조제2항, 제372조, 제373조, 제376조부터 제381조까지 및 제433조제2항을 준용한다.

[전문개정 2010. 7. 23.]

제6관 사원의 퇴사 〈개정 2010. 7. 23.〉

제66조(퇴사이유)

① 상호회사의 사원은 다음 각 호의 사유로 퇴사한다.

    1. 정관으로 정하는 사유의 발생

    2. 보험관계의 소멸

② 상호회사의 사원이 사망한 경우에는 「상법」 제283조를 준용한다.

    [전문개정 2010. 7. 23.]

제67조(환급청구권)

① 상호회사에서 퇴사한 사원은 정관이나 보험약관으로 정하는 바에 따라 그 권리에 따른 금액의 환급을 청구할 수 있다.

② 퇴사한 사원이 회사에 대하여 부담한 채무가 있는 경우에는 회사는 제1항의 금액에서 그 채무액을 공제할 수 있다.

    [전문개정 2010. 7. 23.]

제68조(환급기한 및 시효)

① 상호회사에서 퇴사한 사원의 권리에 따른 금액의 환급은 퇴사한 날이 속하는 사업연도가 종료한 날부터 3개월 이내에 하여야 한다.

② 퇴사원의 환급청구권은 제1항의 기간이 지난 후 2년 동안 행사하지 아니하면 시효로 소멸한다.

    [전문개정 2010. 7. 23.]

제7관 해산 〈개정 2010. 7. 23.〉

제69조(해산의 공고)

① 상호회사가 해산을 결의한 경우에는 그 결의가 제139조에 따라 인가를 받은 날부터 2주 이내에 결의의 요지와 재무상태표를 공고하여야 한다. 〈개정 2021. 4. 20.〉

② 제1항의 경우에는 제141조제2항부터 제4항까지, 제145조 및 제149조를 준용한다.

    [전문개정 2010. 7. 23.]

제70조(「상법」의 준용)

① 상호회사에 관하여는 「상법」 제174조제3항, 제175조제1항, 제228조, 제232조, 제234조부터 제240조까지, 제522조제1항·제2항, 제526조제1항, 제527조제1항·제2항, 제528조제1항 및 제529조를 준용한다. 이 경우 「상법」 제528조제1항 중 "제317조"는 "「보험업법」 제40조"로 본다.

② 「상법」 제175조제1항에 따른 선임에 관하여는 제39조제2항을 준용한다.

[전문개정 2010. 7. 23.]

제8관 청산 〈개정 2010. 7. 23.〉

제71조(청산)

상호회사가 해산한 경우에는 합병과 파산의 경우가 아니면 이 관의 규정에 따라 청산을 하여야 한다.

[전문개정 2010. 7. 23.]

제72조(자산 처분의 순위 등)

① 상호회사의 청산인은 다음 각 호의 순위에 따라 회사자산을 처분하여야 한다.

1. 일반채무의 변제

2. 사원의 보험금액과 제158조제2항에 따라 사원에게 환급할 금액의 지급

3. 기금의 상각

② 제1항에 따른 처분을 한 후 남은 자산은 상호회사의 정관에 특별한 규정이 없으면 잉여금을 분배할 때와 같은 비율로 사원에게 분배하여야 한다.

[전문개정 2010. 7. 23.]

제73조(「상법」 등의 준용)

상호회사의 청산에 관하여는 제56조, 제57조, 「금융회사의 지배구조에 관한 법률」 제33조와 「상법」 제245조, 제253조부터 제255조까지, 제259조, 제260조 단서, 제264조, 제328조, 제362조, 제367조, 제373조제2항, 제376조, 제377조, 제382조제2항, 제386조, 제388조, 제389조, 제394조, 제398조, 제399조제1항, 제401조제1항, 제407조, 제408조, 제411조, 제412조, 제412조의2부터 제412조의4까지, 제413조, 제414조제3항, 제448조부터 제450조까지, 제531조부터 제537조까지, 제539조제1항, 제540조 및 제541조를 준용한다. 〈개정 2015. 7. 31.〉

제4절 외국보험회사국내지점 〈개정 2010. 7. 23.〉

제74조(외국보험회사국내지점의 허가취소 등)

① 금융위원회는 외국보험회사의 본점이 다음 각 호의 어느 하나에 해당하게 되면 그 외국보험회사국내지점에 대하여 청문을 거쳐 보험업의 허가를 취소할 수 있다.

1. 합병, 영업양도 등으로 소멸한 경우

2. 위법행위, 불건전한 영업행위 등의 사유로 외국감독기관으로부터 제134조제2항에 따른 처분에 상당하는 조치를 받은 경우

3. 휴업하거나 영업을 중지한 경우

② 금융위원회는 외국보험회사국내지점이 다음 각 호의 어느 하나에 해당하는 사유로 해당 외국보험회사국내지점의 보험업 수행이 어렵다고 인정되면 공익 또는 보험계약자 보호를 위하여 영업정지 또는 그 밖에 필요한 조치를 하거나 청문을 거쳐 보험업의 허가를 취소할 수 있다.

〈개정 2020. 3. 24.〉

1. 이 법 또는 이 법에 따른 명령이나 처분을 위반한 경우

2. 「금융소비자 보호에 관한 법률」 또는 같은 법에 따른 명령이나 처분을 위반한 경우

3. 외국보험회사의 본점이 그 본국의 법령을 위반한 경우

4. 그 밖에 해당 외국보험회사국내지점의 보험업 수행이 어렵다고 인정되는 경우

③ 외국보험회사국내지점은 그 외국보험회사의 본점이 제1항 각 호의 어느 하나에 해당하게 되면 그 사유가 발생한 날부터 7일 이내에 그 사실을 금융위원회에 알려야 한다.

[전문개정 2010. 7. 23.]

제75조(국내자산 보유의무)

① 외국보험회사국내지점은 대한민국에서 체결한 보험계약에 관하여 제120조에 따라 적립한 책임준비금 및 비상위험준비금에 상당하는 자산을 대한민국에서 보유하여야 한다.

② 제1항에 따라 대한민국에서 보유하여야 하는 자산의 종류 및 범위 등에 관하여는 대통령령으로 정한다.

[전문개정 2010. 7. 23.]

제76조(국내 대표자)

① 외국보험회사국내지점에 관하여는 「상법」 제209조를 준용한다.

② 외국보험회사국내지점의 대표자는 퇴임한 후에도 후임 대표자의 이름 및 주소에 관하여 「상법」 제614조제3항에 따른 등기가 있을 때까지는 계속하여 대표자의 권리와 의무를 가진다.

③ 외국보험회사국내지점의 대표자는 이 법에 따른 보험회사의 임원으로 본다.

[전문개정 2010. 7. 23.]

제77조(잔무처리자)

① 제4조에 따라 허가를 받은 외국보험회사의 본점이 보험업을 폐업하거나 해산한 경우 또는 대한민국에서의 보험업을 폐업하거나 그 허가가 취소된 경우에는 금융위원회가 필요하다고 인정하면 잔무(殘務)를 처리할 자를 선임하거나 해임할 수 있다.

② 제1항의 잔무처리자에 관하여는 제76조제1항 및 제157조를 준용한다.

③ 제1항의 경우에는 제160조를 준용한다.

[전문개정 2010. 7. 23.]

제78조(등기)

① 상호회사인 외국보험회사(이하 "외국상호회사"라 한다) 국내지점에 관하여는 제41조를 준용한다.

② 외국상호회사 국내지점이 등기를 신청하는 경우에는 그 외국상호회사 국내지점의 대표자는 신청서에 대한민국에서의 주된 영업소와 대표자의 이름 및 주소를 적고 다음 각 호의 서류를 첨부하여야 한다.

1. 대한민국에 주된 영업소가 있다는 것을 인정할 수 있는 서류

2. 대표자의 자격을 인정할 수 있는 서류

3. 회사의 정관이나 그 밖에 회사의 성격을 판단할 수 있는 서류

③ 제2항 각 호의 서류는 해당 외국상호회사 본국의 관할 관청이 증명한 것이어야 한다.

[전문개정 2010. 7. 23.]

제79조(「상법」의 준용)

① 외국상호회사 국내지점에 관하여는 「상법」 제1편제3장(제16조는 제외한다), 제22조·제23조 및 제24조, 제26조, 제1편제5장·제6장, 제2편제5장(제90조는 제외한다) 및 제177조를 준용한다.

② 외국보험회사국내지점이 대한민국에 종된 영업소를 설치하거나 외국보험회사국내지점을 위하여 모집을 하는 자가 영업소를 설치한 경우에는 「상법」 제619조 및 제620조제1항·제2항을 준용한다.

[전문개정 2010. 7. 23.]

제80조(「비송사건절차법」의 준용)

외국상호회사의 국내지점에 관하여는 「비송사건절차법」 제72조제3항, 제101조제2항 및 제128조를 준용한다.

[전문개정 2010. 7. 23.]

제80조의2(「상업등기법」의 준용)

외국상호회사의 국내지점에 관하여는 「상업등기법」 제3조, 제5조제2항·제3항, 제7조부터 제11조까지, 제14조, 제17조부터 제19조까지, 제22조부터 제24조까지, 제26조부터 제30조까지, 제53조, 제55조, 제61조제2항, 제66조, 제67조, 제113조부터 제119조까지, 제121조부터 제128조까지 및 제131조를 준용한다.

[본조신설 2010. 7. 23.]

제81조(총회 결의의 의제)

제141조, 제142조, 제144조제1항 및 제146조제2항을 외국보험회사국내지점에 적용할 경우 제141조제1항 중 "제138조에 따른 결의를 한 날"은 "이전계약서를 작성한 날"로, 제142조 및 제144조제1항 중 "주주총회등의 결의가 있었던 때"는 각각 "이전계약서를 작성한 때"로, 제146조제2항 중 "보험계약 이전의 결의를 한 후"는 "이전계약서를 작성한 후"로 본다.

[전문개정 2010. 7. 23.]

제82조(적용 제외)

① 외국보험회사국내지점에 관하여는 제8조, 제138조, 제139조 중 해산 및 합병에 관한 부분, 제141조제4항, 제148조, 제149조, 제151조부터 제154조까지, 제156조, 제157조 및 제159조부터 제161조까지의 규정을 적용하지 아니한다. 〈개정 2015. 7. 31.〉

② 외국보험회사국내지점에 관하여는 제8장 중 총회의 결의에 관한 규정을 적용하지 아니한다.

[전문개정 2010. 7. 23.]

제4장 모집

제1절 모집종사자 〈개정 2010. 7. 23.〉

제83조(모집할 수 있는 자)

① 모집을 할 수 있는 자는 다음 각 호의 어느 하나에 해당하는 자이어야 한다.

1. 보험설계사

2. 보험대리점

3. 보험중개사

4. 보험회사의 임원(대표이사·사외이사·감사 및 감사위원은 제외한다. 이하 이 장에서 같다) 또는 직원

② 제91조에 따른 금융기관보험대리점등은 대통령령으로 정하는 바에 따라 그 금융기관 소속 임직원이 아닌 자로 하여금 모집을 하게 하거나, 보험계약 체결과 관련한 상담 또는 소개를 하게 하고 상담 또는 소개의 대가를 지급하여서는 아니 된다.

[전문개정 2010. 7. 23.]

제84조(보험설계사의 등록)

① 보험회사·보험대리점 및 보험중개사(이하 이 절에서 "보험회사등" 이라 한다)는 소속 보험설계사가 되려는 자를 금융위원회에 등록하여야 한다.

② 다음 각 호의 어느 하나에 해당하는 자는 보험설계사가 되지 못한다.

〈개정 2018. 4. 17., 2020. 3. 24.〉

1. 피성년후견인 또는 피한정후견인

2. 파산선고를 받은 자로서 복권되지 아니한 자

3. 이 법 또는 「금융소비자 보호에 관한 법률」 에 따라 벌금 이상의 형을 선고받고 그 집행이 끝나거나(집행이 끝난 것으로 보는 경우를 포함한다) 집행이 면제된 날부터 2년이 지나지 아니한 자

4. 이 법 또는 「금융소비자 보호에 관한 법률」 에 따라 금고 이상의 형의 집행유예를 선고받고 그 유예기간 중에 있는 자

5. 이 법에 따라 보험설계사 · 보험대리점 또는 보험중개사의 등록이 취소(제1호 또는 제2호에 해당하여 등록이 취소된 경우는 제외한다)된 후 2년이 지나지 아니한 자

6. 제5호에도 불구하고 이 법에 따라 보험설계사 · 보험대리점 또는 보험중개사 등록취소 처분을 2회 이상 받은 경우 최종 등록취소 처분을 받은 날부터 3년이 지나지 아니한 자

7. 이 법 또는 「금융소비자 보호에 관한 법률」에 따라 과태료 또는 과징금 처분을 받고 이를 납부하지 아니하거나 업무정지 및 등록취소 처분을 받은 보험대리점 · 보험중개사 소속의 임직원이었던 자(처분사유의 발생에 관하여 직접 또는 이에 상응하는 책임이 있는 자로서 대통령령으로 정하는 자만 해당한다)로서 과태료 · 과징금 · 업무정지 및 등록취소 처분이 있었던 날부터 2년이 지나지 아니한 자

8. 영업에 관하여 성년자와 같은 능력을 가지지 아니한 미성년자로서 그 법정대리인이 제1호부터 제7호까지의 규정 중 어느 하나에 해당하는 자

9. 법인 또는 법인이 아닌 사단이나 재단으로서 그 임원이나 관리인 중에 제1호부터 제7호까지의 규정 중 어느 하나에 해당하는 자가 있는 자

10. 이전에 모집과 관련하여 받은 보험료, 대출금 또는 보험금을 다른 용도에 유용(流用)한 후 3년이 지나지 아니한 자

③ 보험설계사의 구분 · 등록요건 · 영업기준 및 영업범위 등에 관하여 필요한 사항은 대통령령으로 정한다.

[전문개정 2010. 7. 23.]

제85조(보험설계사에 의한 모집의 제한)

① 보험회사등은 다른 보험회사등에 소속된 보험설계사에게 모집을 위탁하지 못한다.

② 보험설계사는 자기가 소속된 보험회사등 이외의 자를 위하여 모집을 하지 못한다.

③ 다음 각 호의 어느 하나에 해당하는 경우에는 제1항 및 제2항을 적용하지 아니한다.

1. 생명보험회사 또는 제3보험업을 전업(專業)으로 하는 보험회사에 소속된 보험설계사가 1개의 손해보험회사를 위하여 모집을 하는 경우

2. 손해보험회사 또는 제3보험업을 전업으로 하는 보험회사에 소속된 보험설계사가 1개의 생명보험회사를 위하여 모집을 하는 경우

3. 생명보험회사나 손해보험회사에 소속된 보험설계사가 1개의 제3보험업을 전업으로 하는 보험회사를 위하여 모집을 하는 경우

④ 제3항을 적용받는 보험회사 및 보험설계사가 모집을 할 때 지켜야 할 사항은 대통령령으로 정한다.

[전문개정 2010. 7. 23.]

제85조의2(보험설계사 등의 교육)

① 보험회사등은 대통령령으로 정하는 바에 따라 소속 보험설계사에게 보험계약의 모집에 관한 교육을 하여야 한다.

② 법인이 아닌 보험대리점 및 보험중개사는 대통령령으로 정하는 바에 따라 제1항에 따른 교육을 받아야 한다.

[본조신설 2010. 7. 23.]

제85조의3(보험설계사에 대한 불공정 행위 금지)

① 보험회사등은 보험설계사에게 보험계약의 모집을 위탁할 때 다음 각 호의 행위를 하여서는 아니 된다. 〈개정 2014. 10. 15.〉

1. 보험모집 위탁계약서를 교부하지 아니하는 행위

2. 위탁계약서상 계약사항을 이행하지 아니하는 행위

3. 위탁계약서에서 정한 해지요건 외의 사유로 위탁계약을 해지하는 행위

4. 정당한 사유 없이 보험설계사가 요청한 위탁계약 해지를 거부하는 행위

5. 위탁계약서에서 정한 위탁업무 외의 업무를 강요하는 행위

6. 정당한 사유 없이 보험설계사에게 지급되어야 할 수수료의 전부 또는 일부를 지급하지 아니하거나 지연하여 지급하는 행위

7. 정당한 사유 없이 보험설계사에게 지급한 수수료를 환수하는 행위

8. 보험설계사에게 보험료 대납(代納)을 강요하는 행위

9. 그 밖에 대통령령으로 정하는 불공정한 행위

② 제175조에 따른 보험협회(이하 "보험협회"라 한다)는 보험설계사에 대한 보험회사등의 불공정한 모집위탁행위를 막기 위하여 보험회사등이 지켜야 할 규약을 정할 수 있다.

[본조신설 2010. 7. 23.]

제85조의4(고객응대직원에 대한 보호 조치 의무)

① 보험회사는 고객을 직접 응대하는 직원을 고객의 폭언이나 성희롱, 폭행 등으로부터 보호하기 위하여 다음 각 호의 조치를 하여야 한다.

1. 직원이 요청하는 경우 해당 고객으로부터의 분리 및 업무담당자 교체

2. 직원에 대한 치료 및 상담 지원

3. 고객을 직접 응대하는 직원을 위한 상시적 고충처리 기구 마련. 다만, 「근로자참여 및 협력증진에 관한 법률」 제26조에 따라 고충처리위원을 두는 경우에는 고객을 직접 응대하는 직원을 위한 전담 고충처리위원의 선임 또는 위촉

4. 그 밖에 직원의 보호를 위하여 필요한 법적 조치 등 대통령령으로 정하는 조치

② 직원은 보험회사에 대하여 제1항 각 호의 조치를 요구할 수 있다.

③ 보험회사는 제2항에 따른 직원의 요구를 이유로 직원에게 불이익을 주어서는 아니 된다.

[본조신설 2016. 3. 29.]

제86조(등록의 취소 등)

① 금융위원회는 보험설계사가 다음 각 호의 어느 하나에 해당하는 경우에는 그 등록을 취소하여야 한다.

1. 제84조제2항 각 호의 어느 하나에 해당하게 된 경우

2. 등록 당시 제84조제2항 각 호의 어느 하나에 해당하는 자이었음이 밝혀진 경우

3. 거짓이나 그 밖의 부정한 방법으로 제84조에 따른 등록을 한 경우

4. 이 법에 따라 업무정지 처분을 2회 이상 받은 경우

② 금융위원회는 보험설계사가 다음 각 호의 어느 하나에 해당하는 경우에는 6개월 이내의 기간을 정하여 그 업무의 정지를 명하거나 그 등록을 취소할 수 있다.　〈개정 2014. 1. 14., 2020. 3. 24.〉

1. 모집에 관한 이 법의 규정을 위반한 경우

2. 보험계약자, 피보험자 또는 보험금을 취득할 자로서 제102조의2를 위반한 경우

3. 제102조의3을 위반한 경우

4. 이 법에 따른 명령이나 처분을 위반한 경우

5. 이 법에 따라 과태료 처분을 2회 이상 받은 경우

6. 「금융소비자 보호에 관한 법률」 제51조제1항제3호부터 제5호까지의 어느 하나에 해당하는 경우

7. 「금융소비자 보호에 관한 법률」 제51조제2항 각 호 외의 부분 본문 중 대통령령으로 정하는 경우(업무의 정지를 명하는 경우로 한정한다)

③ 금융위원회는 제1항 또는 제2항에 따라 등록을 취소하거나 업무의 정지를 명하려면 보험설계사에 대하여 청문을 하여야 한다.

④ 금융위원회는 보험설계사의 등록을 취소하거나 업무의 정지를 명한 경우에는 지체 없이 그 이유를 적은 문서로 보험설계사 및 해당 보험설계사가 소속된 보험회사등에 그 뜻을 알려야 한다.

[전문개정 2010. 7. 23.]

제87조(보험대리점의 등록)

① 보험대리점이 되려는 자는 개인과 법인을 구분하여 대통령령으로 정하는 바에 따라 금융위원회에 등록하여야 한다.

② 다음 각 호의 어느 하나에 해당하는 자는 보험대리점이 되지 못한다.

1. 제84조제2항 각 호의 어느 하나에 해당하는 자

2. 보험설계사 또는 보험중개사로 등록된 자

3. 다른 보험회사등의 임직원

4. 외국의 법령에 따라 제1호에 해당하는 것으로 취급되는 자

5. 그 밖에 경쟁을 실질적으로 제한하는 등 불공정한 모집행위를 할 우려가 있는 자로서 대통령령으로 정하는 자

③ 금융위원회는 제1항에 따른 등록을 한 보험대리점으로 하여금 금융위원회가 지정하는 기관에 영업보증금을 예탁하게 할 수 있다.

④ 보험대리점의 구분, 등록요건, 영업기준 및 영업보증금의 한도액 등에 관하여 필요한 사항은 대통령령으로 정한다.

[전문개정 2010. 7. 23.]

제87조의2(법인보험대리점 임원의 자격)

① 다음 각 호의 어느 하나에 해당하는 자는 법인인 보험대리점(이하 "법인보험대리점"이라 한다)의 임원(이사 · 감사 또는 사실상 이와 동등한 지위에 있는 자로서 대통령령으로 정하는 자를 말한다)이 되지 못한다. 〈개정 2015. 7. 31., 2020. 3. 24.〉

1. 「금융회사의 지배구조에 관한 법률」 제5조제1항제1호 · 제2호 및 제4호에 해당하는 자

2. 제84조제2항제5호부터 제7호까지에 해당하는 자

3. 금고 이상의 실형을 선고받고 그 집행이 끝나거나(집행이 끝난 것으로 보는 경우를 포함한다) 집행이 면제된 날부터 3년이 지나지 아니한 자

4. 이 법 또는 「금융소비자 보호에 관한 법률」에 따라 벌금 이상의 형을 선고받고 그 집행이 끝나거나(집행이 끝난 것으로 보는 경우를 포함한다) 집행이 면제된 날부터 3년이 지나지 아니한 자

② 제1항에 따른 임원의 자격요건에 관하여 구체적인 사항은 대통령령으로 정한다.

[본조신설 2010. 7. 23.]

제87조의3(법인보험대리점의 업무범위 등)

① 법인보험대리점은 보험계약자 보호 등을 해칠 우려가 없는 업무로서 대통령령으로 정하는 업무 또는 보험계약의 모집 업무 이외의 업무를 하지 못한다.

② 법인보험대리점은 경영현황 등 대통령령으로 정하는 업무상 주요 사항을 대통령령으로 정하는 바에 따라 공시하고 금융위원회에 알려야 한다.

[본조신설 2010. 7. 23.]

제88조(보험대리점의 등록취소 등)

① 금융위원회는 보험대리점이 다음 각 호의 어느 하나에 해당하는 경우에는 그 등록을 취소하여야 한다.

1. 제87조제2항 각 호의 어느 하나에 해당하게 된 경우

2. 등록 당시 제87조제2항 각 호의 어느 하나에 해당하는 자이었음이 밝혀진 경우

3. 거짓이나 그 밖에 부정한 방법으로 제87조에 따른 등록을 한 경우

4. 제87조의3제1항을 위반한 경우

5. 제101조를 위반한 경우

② 금융위원회는 보험대리점이 다음 각 호의 어느 하나에 해당하는 경우에는 6개월 이내의 기간을 정하여 그 업무의 정지를 명하거나 그 등록을 취소할 수 있다.　〈개정 2014. 1. 14., 2020. 3. 24.〉

1. 모집에 관한 이 법의 규정을 위반한 경우

2. 보험계약자, 피보험자 또는 보험금을 취득할 자로서 제102조의2를 위반한 경우

3. 제102조의3을 위반한 경우

4. 이 법에 따른 명령이나 처분을 위반한 경우

5. 「금융소비자 보호에 관한 법률」 제51조제1항제3호부터 제5호까지의 어느 하나에 해당하는 경우

6. 「금융소비자 보호에 관한 법률」 제51조제2항 각 호 외의 부분 본문 중 대통령령으로 정하는 경우(업무의 정지를 명하는 경우로 한정한다)

7. 해당 보험대리점 소속 보험설계사가 제1호, 제4호부터 제6호까지에 해당하는 경우

③ 보험대리점에 관하여는 제86조제3항 및 제4항을 준용한다.

[전문개정 2010. 7. 23.]

제89조(보험중개사의 등록)

① 보험중개사가 되려는 자는 개인과 법인을 구분하여 대통령령으로 정하는 바에 따라 금융위원

회에 등록하여야 한다.

② 다음 각 호의 어느 하나에 해당하는 자는 보험중개사가 되지 못한다.

 1. 제84조제2항 각 호의 어느 하나에 해당하는 자

 2. 보험설계사 또는 보험대리점으로 등록된 자

 3. 다른 보험회사등의 임직원

 4. 제87조제2항제4호 및 제5호에 해당하는 자

 5. 부채가 자산을 초과하는 법인

③ 금융위원회는 제1항에 따른 등록을 한 보험중개사가 보험계약 체결 중개와 관련하여 보험계약자에게 입힌 손해의 배상을 보장하기 위하여 보험중개사로 하여금 금융위원회가 지정하는 기관에 영업보증금을 예탁하게 하거나 보험 가입, 그 밖에 필요한 조치를 하게 할 수 있다.

④ 보험중개사의 구분, 등록요건, 영업기준 및 영업보증금의 한도액 등에 관하여 필요한 사항은 대통령령으로 정한다.

[전문개정 2010. 7. 23.]

제89조의2(법인보험중개사 임원의 자격)

① 다음 각 호의 어느 하나에 해당하는 자는 법인인 보험중개사(이하 "법인보험중개사"라 한다)의 임원이 되지 못한다. 〈개정 2015. 7. 31., 2020. 3. 24.〉

 1. 「금융회사의 지배구조에 관한 법률」 제5조제1항제1호·제2호 및 제4호에 해당하는 자

 2. 제84조제2항제5호부터 제7호까지에 해당하는 자

 3. 금고 이상의 실형을 선고받고 그 집행이 끝나거나(집행이 끝난 것으로 보는 경우를 포함한다) 집행이 면제된 날부터 3년이 지나지 아니한 자

 4. 이 법 또는 「금융소비자 보호에 관한 법률」에 따라 벌금 이상의 형을 선고받고 그 집행이 끝나거나(집행이 끝난 것으로 보는 경우를 포함한다) 집행이 면제된 날부터 3년이 지나지 아니한 자

② 제1항에 따른 임원의 자격요건에 관하여 구체적인 사항은 대통령령으로 정한다.

[본조신설 2010. 7. 23.]

제89조의3(법인보험중개사의 업무범위 등)

① 법인보험중개사는 보험계약자 보호 등을 해칠 우려가 없는 업무로서 대통령령으로 정하는 업무 또는 보험계약의 모집 업무 이외의 업무를 하지 못한다.

② 법인보험중개사는 경영현황 등 대통령령으로 정하는 업무상 주요사항을 대통령령으로 정하는

바에 따라 공시하고 금융위원회에 알려야 한다.

[본조신설 2010. 7. 23.]

제90조(보험중개사의 등록취소 등)

① 금융위원회는 보험중개사가 다음 각 호의 어느 하나에 해당하는 경우에는 그 등록을 취소하여야 한다.

  1. 제89조제2항 각 호의 어느 하나에 해당하게 된 경우. 다만, 같은 항 제5호의 경우 일시적으로 부채가 자산을 초과하는 법인으로서 대통령령으로 정하는 법인인 경우에는 그러하지 아니하다.

  2. 등록 당시 제89조제2항 각 호의 어느 하나에 해당하는 자이었음이 밝혀진 경우

  3. 거짓이나 그 밖의 부정한 방법으로 제89조에 따른 등록을 한 경우

  3의2. 제89조의3제1항을 위반한 경우

  4. 제101조를 위반한 경우

② 금융위원회는 보험중개사가 다음 각 호의 어느 하나에 해당하는 경우에는 6개월 이내의 기간을 정하여 그 업무의 정지를 명하거나 그 등록을 취소할 수 있다.　〈개정 2014. 1. 14., 2020. 3. 24.〉

  1. 모집에 관한 이 법의 규정을 위반한 경우

  2. 보험계약자, 피보험자 또는 보험금을 취득할 자로서 제102조의2를 위반한 경우

  3. 제102조의3을 위반한 경우

  4. 이 법에 따른 명령이나 처분을 위반한 경우

  5. 「금융소비자 보호에 관한 법률」 제51조제1항제3호부터 제5호까지의 어느 하나에 해당하는 경우

  6. 「금융소비자 보호에 관한 법률」 제51조제2항 각 호 외의 부분 본문 중 대통령령으로 정하는 경우(업무의 정지를 명하는 경우로 한정한다)

  7. 해당 보험중개사 소속 보험설계사가 제1호, 제4호부터 제6호까지에 해당하는 경우

③ 보험중개사에 관하여는 제86조제3항 및 제4항을 준용한다.

[전문개정 2010. 7. 23.]

제91조(금융기관보험대리점 등의 영업기준)

① 다음 각 호의 어느 하나에 해당하는 기관(이하 "금융기관"이라 한다)은 제87조 또는 제89조에 따라 보험대리점 또는 보험중개사로 등록할 수 있다.

  1. 「은행법」에 따라 설립된 은행

2. 「자본시장과 금융투자업에 관한 법률」에 따른 투자매매업자 또는 투자중개업자

3. 「상호저축은행법」에 따른 상호저축은행

4. 그 밖에 다른 법률에 따라 금융업무를 하는 기관으로서 대통령령으로 정하는 기관

② 제1항에 따라 보험대리점 또는 보험중개사로 등록한 금융기관(이하 "금융기관보험대리점등"이라 한다)이 모집할 수 있는 보험상품의 범위는 금융기관에서의 판매 용이성(容易性), 불공정거래 가능성 등을 고려하여 대통령령으로 정한다.

③ 금융기관보험대리점등의 모집방법, 모집에 종사하는 모집인의 수, 영업기준 등과 그 밖에 필요한 사항은 대통령령으로 정한다.

[전문개정 2010. 7. 23.]

제91조의2(금융기관보험대리점등에 대한 특례)

금융기관보험대리점등에 대하여는 제87조의2제1항 및 제87조의3을 적용하지 아니한다.

[본조신설 2010. 7. 23.]

제92조(보험중개사의 의무 등)

① 보험중개사는 보험계약의 체결을 중개할 때 그 중개와 관련된 내용을 대통령령으로 정하는 바에 따라 장부에 적고 보험계약자에게 알려야 하며, 그 수수료에 관한 사항을 비치하여 보험계약자가 열람할 수 있도록 하여야 한다.

② 보험중개사는 보험회사의 임직원이 될 수 없으며, 보험계약의 체결을 중개하면서 보험회사·보험설계사·보험대리점·보험계리사 및 손해사정사의 업무를 겸할 수 없다.

[전문개정 2010. 7. 23.]

제93조(신고사항)

① 보험설계사·보험대리점 또는 보험중개사는 다음 각 호의 어느 하나에 해당하는 경우에는 지체 없이 그 사실을 금융위원회에 신고하여야 한다.

1. 제84조·제87조 및 제89조에 따른 등록을 신청할 때 제출한 서류에 적힌 사항이 변경된 경우

2. 제84조제2항 각 호의 어느 하나에 해당하게 된 경우

3. 모집업무를 폐지한 경우

4. 개인의 경우에는 본인이 사망한 경우

5. 법인의 경우에는 그 법인이 해산한 경우

6. 법인이 아닌 사단 또는 재단의 경우에는 그 단체가 소멸한 경우

7. 보험대리점 또는 보험중개사가 소속 보험설계사와 보험모집에 관한 위탁을 해지한 경우

8. 제85조제3항에 따라 보험설계사가 다른 보험회사를 위하여 모집을 한 경우나, 보험대리점 또는 보험중개사가 생명보험계약의 모집과 손해보험계약의 모집을 겸하게 된 경우

② 제1항제4호의 경우에는 그 상속인, 같은 항 제5호의 경우에는 그 청산인 · 업무집행임원이었던 자 또는 파산관재인, 같은 항 제6호의 경우에는 그 관리인이었던 자가 각각 제1항의 신고를 하여야 한다.

③ 보험회사는 모집을 위탁한 보험설계사 또는 보험대리점이 제1항 각 호의 어느 하나에 해당하는 사실을 알게 된 경우에는 제1항 및 제2항에도 불구하고 그 사실을 금융위원회에 신고하여야 한다.

④ 보험대리점 및 보험중개사에 관하여는 제3항을 준용한다. 이 경우 "보험설계사 또는 보험대리점"은 "보험설계사"로 본다.

[전문개정 2010. 7. 23.]

제94조(등록수수료)

제84조 · 제87조 및 제89조에 따라 보험설계사 · 보험대리점 또는 보험중개사가 되려는 자가 등록을 신청하는 경우에는 총리령으로 정하는 바에 따라 수수료를 내야 한다.

[전문개정 2010. 7. 23.]

제2절 모집 관련 준수사항 〈개정 2010. 7. 23.〉

제95조(보험안내자료)

① 모집을 위하여 사용하는 보험안내자료(이하 "보험안내자료"라 한다)에는 다음 각 호의 사항을 명백하고 알기 쉽게 적어야 한다.

1. 보험회사의 상호나 명칭 또는 보험설계사 · 보험대리점 또는 보험중개사의 이름 · 상호나 명칭

2. 보험 가입에 따른 권리 · 의무에 관한 주요 사항

3. 보험약관으로 정하는 보장에 관한 사항

3의2. 보험금 지급제한 조건에 관한 사항

4. 해약환급금에 관한 사항

5. 「예금자보호법」에 따른 예금자보호와 관련된 사항

6. 그 밖에 보험계약자를 보호하기 위하여 대통령령으로 정하는 사항

②보험안내자료에 보험회사의 자산과 부채에 관한 사항을 적는 경우에는 제118조에 따라 금융위원회에 제출한 서류에 적힌 사항과 다른 내용의 것을 적지 못한다.

③보험안내자료에는 보험회사의 장래의 이익 배당 또는 잉여금 분배에 대한 예상에 관한 사항을 적지 못한다. 다만, 보험계약자의 이해를 돕기 위하여 금융위원회가 필요하다고 인정하여 정하는 경우에는 그러하지 아니하다.

④방송 · 인터넷 홈페이지 등 그 밖의 방법으로 모집을 위하여 보험회사의 자산 및 부채에 관한 사항과 장래의 이익 배당 또는 잉여금 분배에 대한 예상에 관한 사항을 불특정다수인에게 알리는 경우에는 제2항 및 제3항을 준용한다.

[전문개정 2010. 7. 23.]

제95조의2(설명의무 등)

①삭제 〈2020. 3. 24.〉

②삭제 〈2020. 3. 24.〉

③보험회사는 보험계약의 체결 시부터 보험금 지급 시까지의 주요 과정을 대통령령으로 정하는 바에 따라 일반보험계약자에게 설명하여야 한다. 다만, 일반보험계약자가 설명을 거부하는 경우에는 그러하지 아니하다.

④보험회사는 일반보험계약자가 보험금 지급을 요청한 경우에는 대통령령으로 정하는 바에 따라 보험금의 지급절차 및 지급내역 등을 설명하여야 하며, 보험금을 감액하여 지급하거나 지급하지 아니하는 경우에는 그 사유를 설명하여야 한다.

[본조신설 2010. 7. 23.]

제95조의3삭제 〈2020. 3. 24.〉

제95조의4삭제 〈2020. 3. 24.〉

제95조의5(중복계약 체결 확인 의무)

①보험회사 또는 보험의 모집에 종사하는 자는 대통령령으로 정하는 보험계약을 모집하기 전에 보험계약자가 되려는 자의 동의를 얻어 모집하고자 하는 보험계약과 동일한 위험을 보장하는 보험계약을 체결하고 있는지를 확인하여야 하며 확인한 내용을 보험계약자가 되려는 자에게

즉시 알려야 한다.

② 제1항의 중복계약 체결의 확인 절차 등에 관하여 필요한 사항은 대통령령으로 정한다.

[본조신설 2010. 7. 23.]

제96조(통신수단을 이용한 모집 · 철회 및 해지 등 관련 준수사항)

① 전화 · 우편 · 컴퓨터통신 등 통신수단을 이용하여 모집을 하는 자는 제83조에 따라 모집을 할 수 있는 자이어야 하며, 다른 사람의 평온한 생활을 침해하는 방법으로 모집을 하여서는 아니 된다.

② 보험회사는 다음 각 호의 어느 하나에 해당하는 경우 통신수단을 이용할 수 있도록 하여야 한다. 〈개정 2021. 8. 17.〉

1. 보험계약을 청약한 자가 청약의 내용을 확인 · 정정 요청하거나 청약을 철회하고자 하는 경우

2. 보험계약자가 체결한 계약의 내용을 확인하고자 하는 경우

3. 보험계약자가 체결한 계약을 해지하고자 하는 경우(보험계약자가 계약을 해지하기 전에 안전성 및 신뢰성이 확보되는 방법을 이용하여 보험계약자 본인임을 확인받은 경우에 한정한다)

③ 제1항에 따른 통신수단을 이용하여 모집을 하는 방법과 제2항에 따른 통신수단을 이용한 청약 철회 등을 하는 방법에 관하여 필요한 사항은 대통령령으로 정한다.

[전문개정 2010. 7. 23.]

제97조(보험계약의 체결 또는 모집에 관한 금지행위)

① 보험계약의 체결 또는 모집에 종사하는 자는 그 체결 또는 모집에 관하여 다음 각 호의 어느 하나에 해당하는 행위를 하여서는 아니 된다. 〈개정 2014. 1. 14., 2015. 12. 22.〉

1. 삭제 〈2020. 3. 24.〉

2. 삭제 〈2020. 3. 24.〉

3. 삭제 〈2020. 3. 24.〉

4. 삭제 〈2020. 3. 24.〉

5. 보험계약자 또는 피보험자로 하여금 이미 성립된 보험계약(이하 이 조에서 "기존보험계약"이라 한다)을 부당하게 소멸시킴으로써 새로운 보험계약(대통령령으로 정하는 바에 따라 기존보험계약과 보장 내용 등이 비슷한 경우만 해당한다. 이하 이 조에서 같다)을 청약하게 하거나 새로운 보험계약을 청약하게 함으로써 기존보험계약을 부당하게 소멸시키거

나 그 밖에 부당하게 보험계약을 청약하게 하거나 이러한 것을 권유하는 행위

6. 실제 명의인이 아닌 자의 보험계약을 모집하거나 실제 명의인의 동의가 없는 보험계약을 모집하는 행위

7. 보험계약자 또는 피보험자의 자필서명이 필요한 경우에 보험계약자 또는 피보험자로부터 자필서명을 받지 아니하고 서명을 대신하거나 다른 사람으로 하여금 서명하게 하는 행위

8. 다른 모집 종사자의 명의를 이용하여 보험계약을 모집하는 행위

9. 보험계약자 또는 피보험자와의 금전대차의 관계를 이용하여 보험계약자 또는 피보험자로 하여금 보험계약을 청약하게 하거나 이러한 것을 요구하는 행위

10. 정당한 이유 없이 「장애인차별금지 및 권리구제 등에 관한 법률」 제2조에 따른 장애인의 보험가입을 거부하는 행위

11. 보험계약의 청약철회 또는 계약 해지를 방해하는 행위

② 삭제 〈2020. 3. 24.〉

③ 보험계약의 체결 또는 모집에 종사하는 자가 다음 각 호의 어느 하나에 해당하는 행위를 한 경우에는 제1항제5호를 위반하여 기존보험계약을 부당하게 소멸시키거나 소멸하게 하는 행위를 한 것으로 본다.

1. 기존보험계약이 소멸된 날부터 1개월 이내에 새로운 보험계약을 청약하게 하거나 새로운 보험계약을 청약하게 한 날부터 1개월 이내에 기존보험계약을 소멸하게 하는 행위. 다만, 보험계약자가 기존 보험계약 소멸 후 새로운 보험계약 체결 시 손해가 발생할 가능성이 있다는 사실을 알고 있음을 자필로 서명하는 등 대통령령으로 정하는 바에 따라 본인의 의사에 따른 행위임이 명백히 증명되는 경우에는 그러하지 아니하다.

2. 기존보험계약이 소멸된 날부터 6개월 이내에 새로운 보험계약을 청약하게 하거나 새로운 보험계약을 청약하게 한 날부터 6개월 이내에 기존보험계약을 소멸하게 하는 경우로서 해당 보험계약자 또는 피보험자에게 기존보험계약과 새로운 보험계약의 보험기간 및 예정이자율 등 대통령령으로 정하는 중요한 사항을 비교하여 알리지 아니하는 행위

④ 보험계약자는 보험계약의 체결 또는 모집에 종사하는 자(보험중개사는 제외한다. 이하 이 항에서 같다)가 제1항제5호를 위반하여 기존보험계약을 소멸시키거나 소멸하게 하였을 때에는 그 보험계약의 체결 또는 모집에 종사하는 자가 속하거나 모집을 위탁한 보험회사에 대하여 그 보험계약이 소멸한 날부터 6개월 이내에 소멸된 보험계약의 부활을 청구하고 새로운 보험계약은 취소할 수 있다.

⑤ 제4항에 따라 보험계약의 부활의 청구를 받은 보험회사는 특별한 사유가 없으면 소멸된 보험계약의 부활을 승낙하여야 한다.

⑥ 제4항과 제5항에 따라 보험계약의 부활을 청구하는 절차 및 방법과 그 밖에 보험계약의 부활에 관하여 필요한 사항은 대통령령으로 정한다.

[전문개정 2010. 7. 23.]

제98조(특별이익의 제공 금지)

보험계약의 체결 또는 모집에 종사하는 자는 그 체결 또는 모집과 관련하여 보험계약자나 피보험자에게 다음 각 호의 어느 하나에 해당하는 특별이익을 제공하거나 제공하기로 약속하여서는 아니 된다. 〈개정 2014. 10. 15.〉

1. 금품(대통령령으로 정하는 금액을 초과하지 아니하는 금품은 제외한다)

2. 기초서류에서 정한 사유에 근거하지 아니한 보험료의 할인 또는 수수료의 지급

3. 기초서류에서 정한 보험금액보다 많은 보험금액의 지급 약속

4. 보험계약자나 피보험자를 위한 보험료의 대납

5. 보험계약자나 피보험자가 해당 보험회사로부터 받은 대출금에 대한 이자의 대납

6. 보험료로 받은 수표 또는 어음에 대한 이자 상당액의 대납

7. 「상법」 제682조에 따른 제3자에 대한 청구권 대위행사의 포기

[전문개정 2010. 7. 23.]

제99조(수수료 지급 등의 금지)

① 보험회사는 제83조에 따라 모집할 수 있는 자 이외의 자에게 모집을 위탁하거나 모집에 관하여 수수료, 보수, 그 밖의 대가를 지급하지 못한다. 다만, 다음 각 호의 어느 하나에 해당하는 경우에는 그러하지 아니하다.

1. 기초서류에서 정하는 방법에 따른 경우

2. 보험회사가 대한민국 밖에서 외국보험사와 공동으로 원보험계약(原保險契約)을 인수하거나 대한민국 밖에서 외국의 모집조직(외국의 법령에 따라 모집을 할 수 있도록 허용된 경우만 해당한다)을 이용하여 원보험계약 또는 재보험계약을 인수하는 경우

3. 그 밖에 대통령령으로 정하는 경우

② 삭제 〈2020. 3. 24.〉

③ 보험중개사는 대통령령으로 정하는 경우 이외에는 보험계약 체결의 중개와 관련한 수수료나 그 밖의 대가를 보험계약자에게 청구할 수 없다.

[전문개정 2010. 7. 23.]

제100조(금융기관보험대리점등의 금지행위 등)

① 금융기관보험대리점등은 모집을 할 때 다음 각 호의 어느 하나에 해당하는 행위를 하여서는 아니 된다. 〈개정 2020. 3. 24.〉

1. 삭제 〈2020. 3. 24.〉

2. 대출 등 해당 금융기관이 제공하는 용역(이하 이 조에서 "대출등"이라 한다)을 받는 자의 동의를 미리 받지 아니하고 보험료를 대출등의 거래에 포함시키는 행위

3. 해당 금융기관의 임직원(제83조에 따라 모집할 수 있는 자는 제외한다)에게 모집을 하도록 하거나 이를 용인하는 행위

4. 해당 금융기관의 점포 외의 장소에서 모집을 하는 행위

5. 모집과 관련이 없는 금융거래를 통하여 취득한 개인정보를 미리 그 개인의 동의를 받지 아니하고 모집에 이용하는 행위

6. 그 밖에 제2호부터 제5호까지의 행위와 비슷한 행위로서 대통령령으로 정하는 행위

② 금융기관보험대리점등은 모집을 할 때 다음 각 호의 사항을 지켜야 한다.

1. 해당 금융기관이 대출등을 받는 자에게 보험계약의 청약을 권유하는 경우 대출등을 받는 자가 그 금융기관이 대리하거나 중개하는 보험계약을 체결하지 아니하더라도 대출등을 받는 데 영향이 없음을 알릴 것

2. 해당 금융기관이 보험회사가 아니라 보험대리점 또는 보험중개사라는 사실과 보험계약의 이행에 따른 지급책임은 보험회사에 있음을 보험계약을 청약하는 자에게 알릴 것

3. 보험을 모집하는 장소와 대출등을 취급하는 장소를 보험계약을 청약하는 자가 쉽게 알 수 있을 정도로 분리할 것

4. 제1호부터 제3호까지의 사항과 비슷한 사항으로서 대통령령으로 정하는 사항

③ 금융기관보험대리점등이나 금융기관보험대리점등이 되려는 자는 보험계약 체결을 대리하거나 중개하는 조건으로 보험회사에 대하여 다음 각 호의 어느 하나의 행위를 하여서는 아니 된다.

1. 해당 금융기관을 계약자로 하는 보험계약의 할인을 요구하거나 그 금융기관에 대한 신용공여, 자금지원 및 보험료 등의 예탁을 요구하는 행위

2. 보험계약 체결을 대리하거나 중개하면서 발생하는 비용 또는 손실을 보험회사에 부당하게 떠넘기는 행위

3. 그 밖에 금융기관의 우월적 지위를 이용하여 부당한 요구 등을 하는 행위로서 대통령령으로 정하는 행위

④ 제3항에 따른 행위의 구체적 기준은 대통령령으로 정하는 바에 따라 금융위원회가 정한다.

[전문개정 2010. 7. 23.]

제101조(자기계약의 금지)

① 보험대리점 또는 보험중개사는 자기 또는 자기를 고용하고 있는 자를 보험계약자 또는 피보험자로 하는 보험을 모집하는 것을 주된 목적으로 하지 못한다.

② 보험대리점 또는 보험중개사가 모집한 자기 또는 자기를 고용하고 있는 자를 보험계약자나 피보험자로 하는 보험의 보험료 누계액(累計額)이 그 보험대리점 또는 보험중개사가 모집한 보험의 보험료의 100분의 50을 초과하게 된 경우에는 그 보험대리점 또는 보험중개사는 제1항을 적용할 때 자기 또는 자기를 고용하고 있는 자를 보험계약자 또는 피보험자로 하는 보험을 모집하는 것을 그 주된 목적으로 한 것으로 본다.

[전문개정 2010. 7. 23.]

제101조의2(「금융소비자 보호에 관한 법률」의 준용)

① 보험회사 임직원의 설명의무 및 부당권유행위 금지에 관하여는 「금융소비자 보호에 관한 법률」 제19조제1항·제2항 및 제21조를 준용한다. 이 경우 "금융상품판매업자등"은 "보험회사 임직원"으로 본다.

② 보험회사 임직원의 광고 관련 준수사항에 관하여는 「금융소비자 보호에 관한 법률」 제22조제2항부터 제7항의 규정을 준용한다. 이 경우 "금융상품판매업자등"은 "보험회사 임직원"으로 본다.

③ 보험회사 임직원의 제3자에 대한 모집위탁에 관하여는 「금융소비자 보호에 관한 법률」 제25조제1항 각 호 외의 부분 및 같은 항 제2호를 준용한다. 이 경우 "금융상품판매대리·중개업자는"은 "보험회사 임직원은"으로, "금융상품판매대리·중개업자가 대리·중개하는 업무"는 "보험회사 임직원의 모집 업무"로 한다.

[본조신설 2020. 3. 24.]

제3절 보험계약자의 권리 〈개정 2010. 7. 23.〉

제102조삭제 〈2020. 3. 24.〉

제102조의2(보험계약자 등의 의무)

보험계약자, 피보험자, 보험금을 취득할 자, 그 밖에 보험계약에 관하여 이해관계가 있는 자는 보험사기행위를 하여서는 아니 된다.

[전문개정 2010. 7. 23.]

제102조의3(보험 관계 업무 종사자의 의무)

보험회사의 임직원, 보험설계사, 보험대리점, 보험중개사, 손해사정사, 그 밖에 보험 관계 업무에 종사하는 자는 다음 각 호의 어느 하나에 해당하는 행위를 하여서는 아니 된다.

1. 보험계약자, 피보험자, 보험금을 취득할 자, 그 밖에 보험계약에 관하여 이해가 있는 자로 하여금 고의로 보험사고를 발생시키거나 발생하지 아니한 보험사고를 발생한 것처럼 조작하여 보험금을 수령하도록 하는 행위
2. 보험계약자, 피보험자, 보험금을 취득할 자, 그 밖에 보험계약에 관하여 이해가 있는 자로 하여금 이미 발생한 보험사고의 원인, 시기 또는 내용 등을 조작하거나 피해의 정도를 과장하여 보험금을 수령하도록 하는 행위

[본조신설 2014. 1. 14.]

제102조의4삭제 〈2020. 3. 24.〉

제102조의5삭제 〈2020. 3. 24.〉

제103조(영업보증금에 대한 우선변제권)

보험계약자나 보험금을 취득할 자가 보험중개사의 보험계약체결 중개행위와 관련하여 손해를 입은 경우에는 그 손해액을 제89조제3항에 따른 영업보증금에서 다른 채권자보다 우선하여 변제받을 권리를 가진다.

[전문개정 2010. 7. 23.]

제5장 자산운용

제1절 자산운용의 원칙 〈개정 2010. 7. 23.〉

제104조(자산운용의 원칙)

① 보험회사는 그 자산을 운용할 때 안정성 · 유동성 · 수익성 및 공익성이 확보되도록 하여야 한다.

② 보험회사는 선량한 관리자의 주의로써 그 자산을 운용하여야 한다.

[전문개정 2010. 7. 23.]

제105조(금지 또는 제한되는 자산운용)

보험회사는 그 자산을 다음 각 호의 어느 하나에 해당하는 방법으로 운용하여서는 아니 된다.

1. 대통령령으로 정하는 업무용 부동산이 아닌 부동산(저당권 등 담보권의 실행으로 취득하는 부동산은 제외한다)의 소유
2. 제108조제1항제2호에 따라 설정된 특별계정을 통한 부동산의 소유
3. 상품이나 유가증권에 대한 투기를 목적으로 하는 자금의 대출
4. 직접 · 간접을 불문하고 해당 보험회사의 주식을 사도록 하기 위한 대출
5. 직접 · 간접을 불문하고 정치자금의 대출
6. 해당 보험회사의 임직원에 대한 대출(보험약관에 따른 대출 및 금융위원회가 정하는 소액대출은 제외한다)
7. 자산운용의 안정성을 크게 해칠 우려가 있는 행위로서 대통령령으로 정하는 행위

[전문개정 2010. 7. 23.]

제106조(자산운용의 방법 및 비율)

① 보험회사는 일반계정(제108조제1항제1호 및 제4호의 특별계정을 포함한다. 이하 이 조에서 같다)에 속하는 자산과 제108조제1항제2호에 따른 특별계정(이하 이 조에서 특별계정이라 한다)에 속하는 자산을 운용할 때 다음 각 호의 비율을 초과할 수 없다.　　　　　〈개정 2020. 5. 19.〉

1. 동일한 개인 또는 법인에 대한 신용공여

   가. 일반계정: 총자산의 100분의 3

나. 특별계정: 각 특별계정 자산의 100분의 5

2. 동일한 법인이 발행한 채권 및 주식 소유의 합계액

　가. 일반계정: 총자산의 100분의 7

　나. 특별계정: 각 특별계정 자산의 100분의 10

3. 동일차주에 대한 신용공여 또는 그 동일차주가 발행한 채권 및 주식 소유의 합계액

　가. 일반계정: 총자산의 100분의 12

　나. 특별계정: 각 특별계정 자산의 100분의 15

4. 동일한 개인·법인, 동일차주 또는 대주주(그의 특수관계인을 포함한다. 이하 이 절에서 같다)에 대한 총자산의 100분의 1을 초과하는 거액 신용공여의 합계액

　가. 일반계정: 총자산의 100분의 20

　나. 특별계정: 각 특별계정 자산의 100분의 20

5. 대주주 및 대통령령으로 정하는 자회사에 대한 신용공여

　가. 일반계정: 자기자본의 100분의 40(자기자본의 100분의 40에 해당하는 금액이 총자산의 100분의 2에 해당하는 금액보다 큰 경우에는 총자산의 100분의 2)

　나. 특별계정: 각 특별계정 자산의 100분의 2

6. 대주주 및 대통령령으로 정하는 자회사가 발행한 채권 및 주식 소유의 합계액

　가. 일반계정: 자기자본의 100분의 60(자기자본의 100분의 60에 해당하는 금액이 총자산의 100분의 3에 해당하는 금액보다 큰 경우에는 총자산의 100분의 3)

　나. 특별계정: 각 특별계정 자산의 100분의 3

7. 동일한 자회사에 대한 신용공여

　가. 일반계정: 자기자본의 100분의 10

　나. 특별계정: 각 특별계정 자산의 100분의 4

8. 부동산의 소유

　가. 일반계정: 총자산의 100분의 25

　나. 특별계정: 각 특별계정 자산의 100분의 15

9. 「외국환거래법」에 따른 외국환이나 외국부동산의 소유(외화표시 보험에 대하여 지급보험금과 같은 외화로 보유하는 자산의 경우에는 금융위원회가 정하는 바에 따라 책임준비금을 한도로 자산운용비율의 산정 대상에 포함하지 아니한다)

　가. 일반계정: 총자산의 100분의 50

　나. 특별계정: 각 특별계정 자산의 100분의 50

10. 「자본시장과 금융투자업에 관한 법률」에 따른 파생상품거래(금융위원회가 정하는 바

에 따른 위험회피 수단 요건에 해당하는 경우는 제외한다)를 위한 대통령령으로 정하는 바에 따른 위탁증거금(장외파생상품거래의 경우에는 약정금액)의 합계액

　　가. 일반계정 : 총자산의 100분의 6(장외파생상품거래에 관하여는 총자산의 100분의 3 미만)

　　나. 특별계정 : 각 특별계정 자산의 100분의 6(장외파생상품거래에 관하여는 각 특별계정 자산의 100분의 3 미만)

② 제1항 각 호에 따른 자산운용비율은 자산운용의 건전성 향상 또는 보험계약자 보호에 필요한 경우에는 대통령령으로 정하는 바에 따라 그 비율의 100분의 50의 범위에서 인하하거나, 발행주체 및 투자수단 등을 구분하여 별도로 정할 수 있다.

③ 제1항에도 불구하고 대통령령으로 정하는 금액 이하의 특별계정에 대하여는 일반계정에 포함하여 자산운용비율을 적용한다.

[전문개정 2010. 7. 23.]

제107조(자산운용 제한에 대한 예외)

다음 각 호의 어느 하나에 해당하는 경우에는 제106조를 적용하지 아니한다. 다만, 제1호의 사유로 자산운용비율을 초과하게 된 경우에는 해당 보험회사는 그 비율을 초과하게 된 날부터 1년 이내(대통령령으로 정하는 사유에 해당하는 경우에는 금융위원회가 정하는 바에 따라 그 기간을 연장할 수 있다)에 제106조에 적합하도록 하여야 한다.

　　1. 보험회사의 자산가격의 변동, 담보권의 실행, 그 밖에 보험회사의 의사와 관계없는 사유로 자산상태가 변동된 경우

　　2. 다음 각 목의 어느 하나에 해당하는 경우로서 금융위원회의 승인을 받은 경우

　　　가. 보험회사가 제123조에 따라 재무건전성 기준을 지키기 위하여 필요한 경우

　　　나. 「기업구조조정 촉진법」에 따른 출자전환 또는 채무재조정 등 기업의 구조조정을 지원하기 위하여 필요한 경우

　　　다. 그 밖에 보험계약자의 이익을 보호하기 위하여 필수적인 경우

[전문개정 2010. 7. 23.]

제108조(특별계정의 설정 · 운용)

① 보험회사는 다음 각 호의 어느 하나에 해당하는 계약에 대하여는 대통령령으로 정하는 바에 따라 그 준비금에 상당하는 자산의 전부 또는 일부를 그 밖의 자산과 구별하여 이용하기 위한 계정(이하 "특별계정"이라 한다)을 각각 설정하여 운용할 수 있다.　　　〈개정 2020. 12. 8.〉

1. 「소득세법」 제20조의3제1항제2호 각 목 외의 부분에 따른 연금저축계좌를 설정하는 계약

2. 「근로자퇴직급여 보장법」 제29조제2항에 따른 보험계약 및 법률 제10967호 근로자퇴직급여 보장법 전부개정법률 부칙 제2조제1항 본문에 따른 퇴직보험계약

3. 변액보험계약(보험금이 자산운용의 성과에 따라 변동하는 보험계약을 말한다)

4. 그 밖에 금융위원회가 필요하다고 인정하는 보험계약

② 보험회사는 특별계정에 속하는 자산은 다른 특별계정에 속하는 자산 및 그 밖의 자산과 구분하여 회계처리하여야 한다.　　　　　　　　　　　　　　　　　　　　〈개정 2015. 7. 24.〉

③ 보험회사는 특별계정에 속하는 이익을 그 계정상의 보험계약자에게 분배할 수 있다.

④ 특별계정에 속하는 자산의 운용방법 및 평가, 이익의 분배, 자산운용실적의 비교·공시, 운용전문인력의 확보, 의결권 행사의 제한 등 보험계약자 보호에 필요한 사항은 대통령령으로 정한다.

[전문개정 2010. 7. 23.]

제109조(다른 회사에 대한 출자 제한)

보험회사는 다른 회사의 의결권 있는 발행주식(출자지분을 포함한다) 총수의 100분의 15를 초과하는 주식을 소유할 수 없다. 다만, 제115조에 따라 금융위원회의 승인(같은 조 제1항 단서에 따라 승인이 의제되거나 같은 조 제2항 및 제3항에 따라 신고 또는 보고하는 경우를 포함한다)을 받은 자회사의 주식은 그러하지 아니하다.　　　　　　　　　　　　　　　　　　〈개정 2020. 12. 8.〉

[전문개정 2010. 7. 23.]

제110조(자금지원 관련 금지행위)

① 보험회사는 다른 금융기관(「금융산업의 구조개선에 관한 법률」 제2조제1호에 따른 금융기관을 말한다. 이하 이 조에서 같다) 또는 회사와 다음 각 호의 행위를 하여서는 아니 된다.

　　　　　　　　　　　　　　　　　　　　　　　　　　　　　　　　〈개정 2013. 4. 5.〉

1. 제106조와 제108조에 따른 자산운용한도의 제한을 피하기 위하여 다른 금융기관 또는 회사의 의결권 있는 주식을 서로 교차하여 보유하거나 신용공여를 하는 행위

2. 「상법」 제341조와 「자본시장과 금융투자업에 관한 법률」 제165조의3에 따른 자기주식 취득의 제한을 피하기 위한 목적으로 서로 교차하여 주식을 취득하는 행위

3. 그 밖에 보험계약자의 이익을 크게 해칠 우려가 있는 행위로서 대통령령으로 정하는 행위

② 보험회사는 제1항을 위반하여 취득한 주식에 대하여는 의결권을 행사할 수 없다.

③ 금융위원회는 제1항을 위반하여 주식을 취득하거나 신용공여를 한 보험회사에 대하여 그 주식의 처분 또는 공여한 신용의 회수를 명하는 등 필요한 조치를 할 수 있다.

[전문개정 2010. 7. 23.]

제110조의2삭제 〈2020. 3. 24.〉

제110조의3(금리인하 요구)

① 보험회사와 신용공여 계약을 체결한 자는 재산 증가나 신용등급 또는 개인신용평점 상승 등 신용상태 개선이 나타났다고 인정되는 경우 보험회사에 금리인하를 요구할 수 있다.

〈개정 2020. 2. 4.〉

② 보험회사는 신용공여 계약을 체결하려는 자에게 제1항에 따라 금리인하를 요구할 수 있음을 알려야 한다.

③ 그 밖에 금리인하 요구의 요건 및 절차에 관한 구체적 사항은 대통령령으로 정한다.

[본조신설 2018. 12. 11.]

제111조(대주주와의 거래제한 등)

① 보험회사는 직접 또는 간접으로 그 보험회사의 대주주(그의 특수관계인인 보험회사의 자회사는 제외한다. 이하 이 항에서 같다)와 다음 각 호의 행위를 하여서는 아니 된다.

〈개정 2015. 7. 24.〉

1. 대주주가 다른 회사에 출자하는 것을 지원하기 위한 신용공여
2. 자산을 대통령령으로 정하는 바에 따라 무상으로 양도하거나 일반적인 거래 조건에 비추어 해당 보험회사에 뚜렷하게 불리한 조건으로 자산에 대하여 매매·교환·신용공여 또는 재보험계약을 하는 행위

② 보험회사는 그 보험회사의 대주주에 대하여 대통령령으로 정하는 금액 이상의 신용공여를 하거나 그 보험회사의 대주주가 발행한 채권 또는 주식을 대통령령으로 정하는 금액 이상으로 취득하려는 경우에는 미리 이사회의 의결을 거쳐야 한다. 이 경우 이사회는 재적이사 전원의 찬성으로 의결하여야 한다.

③ 보험회사는 그 보험회사의 대주주와 다음 각 호의 어느 하나에 해당하는 행위를 하였을 때에는 7일 이내에 그 사실을 금융위원회에 보고하고 인터넷 홈페이지 등을 이용하여 공시하여야 한다.

1. 대통령령으로 정하는 금액 이상의 신용공여

2. 해당 보험회사의 대주주가 발행한 채권 또는 주식을 대통령령으로 정하는 금액 이상으로 취득하는 행위

3. 해당 보험회사의 대주주가 발행한 주식에 대한 의결권을 행사하는 행위

④ 보험회사는 해당 보험회사의 대주주에 대한 신용공여나 그 보험회사의 대주주가 발행한 채권 또는 주식의 취득에 관한 사항을 대통령령으로 정하는 바에 따라 분기별로 금융위원회에 보고하고, 인터넷 홈페이지 등을 이용하여 공시하여야 한다.

⑤ 보험회사의 대주주는 해당 보험회사의 이익에 반하여 대주주 개인의 이익을 위하여 다음 각 호의 어느 하나에 해당하는 행위를 하여서는 아니 된다.　　　　　　　　　　　〈개정 2015. 7. 31.〉

1. 부당한 영향력을 행사하기 위하여 해당 보험회사에 대하여 외부에 공개되지 아니한 자료 또는 정보의 제공을 요구하는 행위. 다만, 「금융회사의 지배구조에 관한 법률」 제33조 제7항(제58조에 따라 준용되는 경우를 포함한다)에 해당하는 경우는 제외한다.

2. 경제적 이익 등 반대급부를 제공하는 조건으로 다른 주주 또는 출자자와 담합(談合)하여 해당 보험회사의 인사 또는 경영에 부당한 영향력을 행사하는 행위

3. 제106조제1항제4호 및 제5호에서 정한 비율을 초과하여 보험회사로부터 신용공여를 받는 행위

4. 제106조제1항제6호에서 정한 비율을 초과하여 보험회사에게 대주주의 채권 및 주식을 소유하게 하는 행위

5. 그 밖에 보험회사의 이익에 반하여 대주주 개인의 이익을 위한 행위로서 대통령령으로 정하는 행위

⑥ 금융위원회는 보험회사의 대주주(회사만 해당한다)의 부채가 자산을 초과하는 등 재무구조가 부실하여 보험회사의 경영건전성을 뚜렷하게 해칠 우려가 있는 경우로서 대통령령으로 정하는 경우에는 그 보험회사에 대하여 다음 각 호의 조치를 할 수 있다.

1. 대주주에 대한 신규 신용공여 금지

2. 대주주가 발행한 유가증권의 신규 취득 금지

3. 그 밖에 대주주에 대한 자금지원 성격의 거래제한 등 대통령령으로 정하는 조치

[전문개정 2010. 7. 23.]

제112조(대주주 등에 대한 자료 제출 요구)

금융위원회는 보험회사 또는 그 대주주가 제106조 및 제111조를 위반한 혐의가 있다고 인정되는 경우에는 보험회사 또는 그 대주주에 대하여 필요한 자료의 제출을 요구할 수 있다.

[전문개정 2010. 7. 23.]

제113조(타인을 위한 채무보증의 금지)

보험회사는 타인을 위하여 그 소유자산을 담보로 제공하거나 채무보증을 할 수 없다. 다만, 이 법 및 대통령령으로 정하는 바에 따라 채무보증을 할 수 있는 경우에는 그러하지 아니하다.

[전문개정 2010. 7. 23.]

제114조(자산평가의 방법 등)

보험회사가 취득·처분하는 자산의 평가방법, 채권 발행 또는 자금차입의 제한 등에 관하여 필요한 사항은 대통령령으로 정한다.

[전문개정 2010. 7. 23.]

제2절 자회사 〈개정 2010. 7. 23.〉

제115조(자회사의 소유)

① 보험회사는 다음 각 호의 어느 하나에 해당하는 업무를 주로 하는 회사를 금융위원회의 승인을 받아 자회사로 소유할 수 있다. 다만, 그 주식의 소유에 대하여 금융위원회로부터 승인 등을 받은 경우 또는 금융기관의 설립근거가 되는 법률에 따라 금융위원회로부터 그 주식의 소유에 관한 사항을 요건으로 설립 허가·인가 등을 받은 경우에는 승인을 받은 것으로 본다.

〈개정 2015. 3. 11., 2020. 2. 4., 2020. 12. 8.〉

1. 「금융산업의 구조개선에 관한 법률」 제2조제1호에 따른 금융기관이 경영하는 금융업

2. 「신용정보의 이용 및 보호에 관한 법률」에 따른 신용정보업 및 채권추심업

3. 보험계약의 유지·해지·변경 또는 부활 등을 관리하는 업무

4. 그 밖에 보험업의 건전성을 저해하지 아니하는 업무로서 대통령령으로 정하는 업무

② 제1항 본문에도 불구하고 보험회사는 보험업의 경영과 밀접한 관련이 있는 업무 등으로서 대통령령으로 정하는 업무를 주로 하는 회사를 미리 금융위원회에 신고하고 자회사로 소유할 수 있다. 〈신설 2020. 12. 8.〉

③ 제1항 본문에도 불구하고 보험회사는 자산운용과 밀접한 관련이 있는 업무로서 대통령령으로 정하는 업무를 주로 하는 회사를 금융위원회의 승인을 받지 아니하고 자회사로 소유할 수 있다. 이 경우 보험회사는 대통령령으로 정하는 기간 이내에 금융위원회에 보고하여야 한다.

〈신설 2020. 12. 8.〉

④ 제1항제1호에도 불구하고 보험회사의 대주주가 「은행법」 제16조의2제1항에 따른 비금융주

력자인 경우에는 그 보험회사는 「은행법」에 따른 은행을 자회사로 소유할 수 없다.

〈개정 2020. 12. 8.〉

⑤ 보험회사가 소유하고 있는 자회사가 업무를 추가하거나 변경하는 경우에는 제1항부터 제3항까지의 규정을 준용한다.

〈개정 2020. 12. 8.〉

⑥ 금융위원회는 제2항에 따른 신고를 받은 경우(제5항에 따라 준용되는 경우를 포함한다) 그 내용을 검토하여 이 법에 적합하면 신고를 수리하여야 한다.

〈신설 2020. 12. 8.〉

⑦ 제1항부터 제3항까지의 규정에 따른 승인, 신고 또는 보고의 요건, 절차 등 필요한 사항은 대통령령으로 정한다.

〈개정 2020. 12. 8.〉

[전문개정 2010. 7. 23.]

제116조(자회사와의 금지행위)

보험회사는 자회사와 다음 각 호의 행위를 하여서는 아니 된다.

1. 자산을 대통령령으로 정하는 바에 따라 무상으로 양도하거나 일반적인 거래 조건에 비추어 해당 보험회사에 뚜렷하게 불리한 조건으로 매매·교환·신용공여 또는 재보험계약을 하는 행위

2. 자회사가 소유하는 주식을 담보로 하는 신용공여 및 자회사가 다른 회사에 출자하는 것을 지원하기 위한 신용공여

3. 자회사 임직원에 대한 대출(보험약관에 따른 대출과 금융위원회가 정하는 소액대출은 제외한다)

[전문개정 2010. 7. 23.]

제117조(자회사에 관한 보고의무 등)

① 보험회사는 자회사를 소유하게 된 날부터 15일 이내에 그 자회사의 정관과 대통령령으로 정하는 서류를 금융위원회에 제출하여야 한다.

② 보험회사는 자회사의 사업연도가 끝난 날부터 3개월 이내에 자회사의 재무상태표와 대통령령으로 정하는 서류를 금융위원회에 제출하여야 한다.

〈개정 2021. 4. 20.〉

③ 보험회사의 자회사가 대통령령으로 정하는 자회사인 경우에는 제1항 및 제2항에 따른 제출서류 일부를 대통령령으로 정하는 바에 따라 제출하지 아니할 수 있다.

[전문개정 2010. 7. 23.]

제6장 계산

제118조(재무제표 등의 제출)

① 보험회사는 매년 대통령령으로 정하는 날에 그 장부를 폐쇄하여야 하고 장부를 폐쇄한 날부터 3개월 이내에 금융위원회가 정하는 바에 따라 재무제표(부속명세서를 포함한다) 및 사업보고서를 금융위원회에 제출하여야 한다.

② 보험회사는 매월의 업무 내용을 적은 보고서를 다음 달 말일까지 금융위원회가 정하는 바에 따라 금융위원회에 제출하여야 한다.

③ 보험회사는 제1항 및 제2항에 따른 제출서류를 대통령령으로 정하는 바에 따라 전자문서로 제출할 수 있다.

[전문개정 2010. 7. 23.]

제119조(서류의 비치 등)

보험회사는 제118조제1항에 따른 재무제표 및 사업보고서를 일반인이 열람할 수 있도록 금융위원회에 제출하는 날부터 본점과 지점, 그 밖의 영업소에 비치하거나 전자문서로 제공하여야 한다.

[전문개정 2010. 7. 23.]

제120조(책임준비금 등의 적립)

① 보험회사는 결산기마다 보험계약의 종류에 따라 대통령령으로 정하는 책임준비금과 비상위험준비금을 계상(計上)하고 따로 작성한 장부에 각각 기재하여야 한다.

② 제1항에 따른 책임준비금과 비상위험준비금의 계상에 관하여 필요한 사항은 총리령으로 정한다.

③ 금융위원회는 제1항에 따른 책임준비금과 비상위험준비금의 적정한 계상과 관련하여 필요한 경우에는 보험회사의 자산 및 비용, 그 밖에 대통령령으로 정하는 사항에 관한 회계처리기준을 정할 수 있다.

[전문개정 2010. 7. 23.]

제120조의2(책임준비금의 적정성 검증)

① 보험회사가 경영하는 보험종목의 특성 또는 보험회사의 총자산 규모 등을 고려하여 대통령령으로 정하는 보험회사는 제128조제2항에 따른 독립계리업자 또는 제176조에 따른 보험요율 산출기관으로부터 제120조제1항에 따라 계상된 책임준비금의 적정성에 대하여 검증을 받아야 한다.

② 제1항에 따른 검증의 구체적인 내용, 절차 및 방법과 그 밖에 검증에 필요한 사항은 대통령령으로 정한다.

[본조신설 2020. 12. 8.]

제121조(배당보험계약의 회계처리 등)

① 보험회사는 배당보험계약(해당 보험계약으로부터 발생하는 이익의 일부를 보험회사가 보험계약자에게 배당하기로 약정한 보험계약을 말한다. 이하 이 조 및 제121조의2에서 같다)에 대하여는 대통령령으로 정하는 바에 따라 다른 보험계약과 구분하여 회계처리하여야 한다. 〈개정 2015. 7. 24., 2020. 12. 8.〉

② 보험회사는 대통령령으로 정하는 바에 따라 배당보험계약의 보험계약자에게 배당을 할 수 있다.

③ 제2항에 따른 보험계약자에 대한 배당기준은 배당보험계약자의 이익과 보험회사의 재무건전성 등을 고려하여 정하여야 한다.

[전문개정 2010. 7. 23.]

[제목개정 2015. 7. 24.]

제121조의2(배당보험계약 이외의 보험계약에 대한 회계처리)

보험회사는 배당보험계약 이외의 보험계약에 대하여 자산의 효율적 관리와 계약자 보호를 위하여 필요한 경우에는 보험계약별로 대통령령으로 정하는 바에 따라 금융위원회의 승인을 받아 자산 또는 손익을 구분하여 회계처리할 수 있다. 〈개정 2015. 7. 24.〉

[전문개정 2010. 7. 23.]

[제목개정 2015. 7. 24.]

제122조(재평가적립금의 사용에 관한 특례)

보험회사가 「자산재평가법」에 따른 재평가를 한 경우 그 재평가에 따른 재평가적립금은 같은 법 제28조제2항 각 호에 따른 처분 이외에 금융위원회의 허가를 받아 보험계약자에 대한 배당을 위하여도 처분할 수 있다.

[전문개정 2010. 7. 23.]

제7장 감독

제123조(재무건전성의 유지)

① 보험회사는 보험금 지급능력과 경영건전성을 확보하기 위하여 다음 각 호의 사항에 관하여 대통령령으로 정하는 재무건전성 기준을 지켜야 한다.

1. 자본의 적정성에 관한 사항

2. 자산의 건전성에 관한 사항

3. 그 밖에 경영건전성 확보에 필요한 사항

② 금융위원회는 보험회사가 제1항에 따른 기준을 지키지 아니하여 경영건전성을 해칠 우려가 있다고 인정되는 경우에는 대통령령으로 정하는 바에 따라 자본금 또는 기금의 증액명령, 주식 등 위험자산의 소유 제한 등 필요한 조치를 할 수 있다.

[전문개정 2010. 7. 23.]

제124조(공시 등)

① 보험회사는 보험계약자를 보호하기 위하여 필요한 사항으로서 대통령령으로 정하는 사항을 금융위원회가 정하는 바에 따라 즉시 공시하여야 한다.

② 보험협회는 보험료·보험금 등 보험계약에 관한 사항으로서 대통령령으로 정하는 사항을 금융위원회가 정하는 바에 따라 비교·공시할 수 있다.

③ 보험협회가 제2항에 따른 비교·공시를 하는 경우에는 대통령령으로 정하는 바에 따라 보험상품공시위원회를 구성하여야 한다.

④ 보험회사는 제2항에 따른 비교·공시에 필요한 정보를 보험협회에 제공하여야 한다.

⑤ 보험협회 이외의 자가 보험계약에 관한 사항을 비교·공시하는 경우에는 제2항에 따라 금융위원회가 정하는 바에 따라 객관적이고 공정하게 비교·공시하여야 한다.

⑥ 금융위원회는 제2항 및 제5항에 따른 비교·공시가 거짓이거나 사실과 달라 보험계약자 등을 보호할 필요가 있다고 인정되는 경우에는 공시의 중단이나 시정조치 등을 요구할 수 있다.

[전문개정 2010. 7. 23.]

제125조(상호협정의 인가)

① 보험회사가 그 업무에 관한 공동행위를 하기 위하여 다른 보험회사와 상호협정을 체결(변경하거나 폐지하려는 경우를 포함한다)하려는 경우에는 대통령령으로 정하는 바에 따라 금융위원회의 인가를 받아야 한다. 다만, 대통령령으로 정하는 경미한 사항을 변경하려는 경우에는 신고로써 갈음할 수 있다.

② 금융위원회는 공익 또는 보험업의 건전한 발전을 위하여 특히 필요하다고 인정되는 경우에는 보험회사에 대하여 제1항에 따른 협정의 체결·변경 또는 폐지를 명하거나 그 협정의 전부 또는 일부에 따를 것을 명할 수 있다.

③ 금융위원회는 제1항 또는 제2항에 따라 상호협정의 체결·변경 또는 폐지의 인가를 하거나 협정에 따를 것을 명하려면 미리 공정거래위원회와 협의하여야 한다. 다만, 대통령령으로 정하는 경미한 사항을 변경하려는 경우에는 그러하지 아니하다.

[전문개정 2010. 7. 23.]

제126조(정관변경의 보고)

보험회사는 정관을 변경한 경우에는 변경한 날부터 7일 이내에 금융위원회에 알려야 한다.

[전문개정 2010. 7. 23.]

제127조(기초서류의 작성 및 제출 등)

① 보험회사는 취급하려는 보험상품에 관한 기초서류를 작성하여야 한다.

② 보험회사는 기초서류를 작성하거나 변경하려는 경우 그 내용이 다음 각 호의 어느 하나에 해당하는 경우에 한정하여 미리 금융위원회에 신고하여야 한다.　〈개정 2015. 7. 24., 2020. 12. 8.〉

　1. 법령의 제정·개정에 따라 새로운 보험상품이 도입되거나 보험상품 가입이 의무가 되는 경우

　2. 삭제 〈2020. 12. 8.〉

　3. 보험계약자 보호 등을 위하여 대통령령으로 정하는 경우

③ 금융위원회는 보험계약자 보호 등을 위하여 필요하다고 인정되면 보험회사에 대하여 취급하고 있는 보험상품의 기초서류에 관한 자료 제출을 요구할 수 있다.　〈개정 2020. 12. 8.〉

④ 금융위원회는 제2항에 따른 신고를 받은 경우 그 내용을 검토하여 이 법에 적합하면 신고를 수리하여야 한다. 〈신설 2020. 12. 8.〉

⑤ 제2항 및 제3항에 따른 신고 또는 제출의 절차 및 방법과 그 밖에 필요한 사항은 대통령령으로 정한다. 〈개정 2020. 12. 8.〉

[전문개정 2010. 7. 23.]

[제목개정 2020. 12. 8.]

제127조의2(기초서류의 변경 권고)

① 금융위원회는 보험회사가 제127조제2항에 따라 신고한 기초서류의 내용 및 같은 조 제3항에 따라 제출한 기초서류에 관한 자료의 내용이 제128조의3 및 제129조를 위반하는 경우에는 대통령령으로 정하는 바에 따라 기초서류의 변경을 권고할 수 있다.

② 제1항에 따른 변경권고는 그 내용 및 사유가 구체적으로 적힌 문서로 하여야 한다.

[본조신설 2010. 7. 23.]

제127조의3(기초서류 기재사항 준수의무)

보험회사는 기초서류에 기재된 사항을 준수하여야 한다.

[본조신설 2010. 7. 23.]

제128조(기초서류에 대한 확인)

① 금융위원회는 보험회사가 제127조제2항에 따라 기초서류를 신고할 때 필요하면 「금융위원회의 설치 등에 관한 법률」에 따라 설립된 금융감독원(이하 "금융감독원"이라 한다)의 확인을 받도록 할 수 있다. 〈개정 2015. 7. 31.〉

② 금융위원회는 보험회사가 제127조제2항에 따라 기초서류를 신고하는 경우 보험료 및 책임준비금 산출방법서에 대하여 제176조에 따른 보험요율 산출기관 또는 대통령령으로 정하는 보험계리업자(이하 "독립계리업자"라 한다)의 검증확인서를 첨부하도록 할 수 있다.

[전문개정 2010. 7. 23.]

제128조의2(기초서류 관리기준)

① 보험회사는 기초서류를 작성하거나 변경할 때 지켜야 할 절차와 기준(이하 "기초서류관리기준"이라 한다)을 정하고 이를 지켜야 한다.

② 기초서류관리기준에는 다음 각 호의 사항이 포함되어야 한다.

1. 기초서류 작성·변경의 절차 및 기준

2. 기초서류의 적정성에 대한 내부·외부 검증 절차 및 방법

3. 기초서류 작성 오류에 대한 통제 및 수정 방법

4. 기초서류 작성 및 관리과정을 감시·통제·평가하는 방법 및 관련 임직원 또는 제181조제2항에 따른 선임계리사의 역할과 책임

5. 그 밖에 기초서류관리기준의 제정·개정 절차 등 대통령령으로 정하는 사항

③ 보험회사는 기초서류관리기준을 제정·개정하는 경우에는 금융위원회에 보고하여야 하며, 금융위원회는 해당 기준이나 그 운용이 부당하다고 판단되면 기준의 변경 또는 업무의 개선을 명할 수 있다.

④ 제1항부터 제3항까지에 규정한 사항 외에 기초서류관리기준의 작성 및 운용 등에 필요한 사항은 대통령령으로 정한다.

[본조신설 2010. 7. 23.]

제128조의3(기초서류 작성·변경 원칙)

① 보험회사는 기초서류를 작성·변경할 때 다음 각 호의 사항을 지켜야 한다.

1. 이 법 또는 다른 법령에 위반되는 내용을 포함하지 아니할 것

2. 정당한 사유 없는 보험계약자의 권리 축소 또는 의무 확대 등 보험계약자에게 불리한 내용을 포함하지 아니할 것

3. 그 밖에 보험계약자 보호, 재무건전성 확보 등을 위하여 대통령령으로 정하는 바에 따라 금융위원회가 정하는 기준에 적합할 것

② 보험회사가 기초서류를 작성·변경할 때 그 내용이 제127조제2항 각 호의 어느 하나에 해당하지 아니하면 제1항 각 호의 사항을 지켜 작성·변경한 것으로 추정(推定)한다.

[본조신설 2010. 7. 23.]

제128조의4(보험약관 등의 이해도 평가)

① 금융위원회는 보험소비자와 보험의 모집에 종사하는 자 등 대통령령으로 정하는 자(이하 이 조에서 "보험소비자등"이라 한다)를 대상으로 다음 각 호의 사항에 대한 이해도를 평가하고 그 결과를 대통령령으로 정하는 바에 따라 공시할 수 있다. 〈개정 2011. 5. 19., 2020. 5. 19.〉

1. 보험약관

2. 보험안내자료 중 금융위원회가 정하여 고시하는 자료

② 금융위원회는 제1항에 따른 보험약관과 보험안내자료(이하 이 조에서 "보험약관등"이라 한다)

에 대한 보험소비자등의 이해도를 평가하기 위해 평가대행기관을 지정할 수 있다.

〈개정 2011. 5. 19., 2020. 5. 19.〉

③ 제2항에 따라 지정된 평가대행기관은 조사대상 보험약관등에 대하여 보험소비자등의 이해도를 평가하고 그 결과를 금융위원회에 보고하여야 한다. 〈개정 2011. 5. 19., 2020. 5. 19.〉

④ 보험약관등의 이해도 평가에 수반되는 비용의 부담, 평가 시기, 평가 방법 등 평가에 관한 사항은 금융위원회가 정한다. 〈개정 2020. 5. 19.〉

[본조신설 2010. 7. 23.]

[제목개정 2020. 5. 19.]

제129조(보험요율 산출의 원칙)

보험회사는 보험요율을 산출할 때 객관적이고 합리적인 통계자료를 기초로 대수(大數)의 법칙 및 통계신뢰도를 바탕으로 하여야 하며, 다음 각 호의 사항을 지켜야 한다. 〈개정 2016. 3. 29.〉

　　1. 보험요율이 보험금과 그 밖의 급부(給付)에 비하여 지나치게 높지 아니할 것

　　2. 보험요율이 보험회사의 재무건전성을 크게 해칠 정도로 낮지 아니할 것

　　3. 보험요율이 보험계약자 간에 부당하게 차별적이지 아니할 것

　　4. 자동차보험의 보험요율인 경우 보험금과 그 밖의 급부와 비교할 때 공정하고 합리적인 수준일 것

[전문개정 2010. 7. 23.]

제130조(보고사항)

보험회사는 다음 각 호의 어느 하나에 해당하는 사유가 발생한 경우에는 그 사유가 발생한 날부터 5일 이내에 금융위원회에 보고하여야 한다.

　　1. 상호나 명칭을 변경한 경우

　　2. 삭제 〈2015. 7. 31.〉

　　3. 본점의 영업을 중지하거나 재개(再開)한 경우

　　4. 최대주주가 변경된 경우

　　5. 대주주가 소유하고 있는 주식 총수가 의결권 있는 발행주식 총수의 100분의 1 이상만큼 변동된 경우

　　6. 그 밖에 해당 보험회사의 업무 수행에 중대한 영향을 미치는 경우로서 대통령령으로 정하는 경우

[전문개정 2010. 7. 23.]

제131조(금융위원회의 명령권)

① 금융위원회는 보험회사의 업무운영이 적정하지 아니하거나 자산상황이 불량하여 보험계약자 및 피보험자 등의 권익을 해칠 우려가 있다고 인정되는 경우에는 다음 각 호의 어느 하나에 해당하는 조치를 명할 수 있다.

1. 업무집행방법의 변경

2. 금융위원회가 지정하는 기관에의 자산 예탁

3. 자산의 장부가격 변경

4. 불건전한 자산에 대한 적립금의 보유

5. 가치가 없다고 인정되는 자산의 손실처리

6. 그 밖에 대통령령으로 정하는 필요한 조치

② 금융위원회는 보험회사의 업무 및 자산상황, 그 밖의 사정의 변경으로 공익 또는 보험계약자의 보호와 보험회사의 건전한 경영을 크게 해칠 우려가 있거나 보험회사의 기초서류에 법령을 위반하거나 보험계약자에게 불리한 내용이 있다고 인정되는 경우에는 청문을 거쳐 기초서류의 변경 또는 그 사용의 정지를 명할 수 있다. 다만, 대통령령으로 정하는 경미한 사항에 관하여 기초서류의 변경을 명하는 경우에는 청문을 하지 아니할 수 있다.

③ 금융위원회는 제2항에 따라 기초서류의 변경을 명하는 경우 보험계약자 · 피보험자 또는 보험금을 취득할 자의 이익을 보호하기 위하여 특히 필요하다고 인정하면 이미 체결된 보험계약에 대하여도 장래에 향하여 그 변경의 효력이 미치게 할 수 있다.

④ 금융위원회는 제3항에도 불구하고 제2항에 따라 변경명령을 받은 기초서류 때문에 보험계약자 · 피보험자 또는 보험금을 취득할 자가 부당한 불이익을 받을 것이 명백하다고 인정되는 경우에는 이미 체결된 보험계약에 따라 납입된 보험료의 일부를 되돌려주거나 보험금을 증액하도록 할 수 있다.

⑤ 보험회사는 제2항에 따른 명령을 받은 경우에는 대통령령으로 정하는 바에 따라 그 요지를 공고하여야 한다.

[전문개정 2010. 7. 23.]

제131조의2(보험금 지급불능 등에 대한 조치)

금융위원회는 보험회사의 파산 또는 보험금 지급불능 우려 등 보험계약자의 이익을 크게 해칠 우려가 있다고 인정되는 경우에는 보험계약 체결 제한, 보험금 전부 또는 일부의 지급정지 또는 그 밖에 필요한 조치를 명할 수 있다.

[본조신설 2010. 7. 23.]

제132조(준용)

국내사무소 · 보험대리점 및 보험중개사에 관하여는 제131조제1항을 준용한다. 이 경우 "보험회사"는 "국내사무소" · "보험대리점" 또는 "보험중개사"로 본다.

[전문개정 2010. 7. 23.]

제133조(자료 제출 및 검사 등)

① 금융위원회는 공익 또는 보험계약자 등을 보호하기 위하여 보험회사에 이 법에서 정하는 감독업무의 수행과 관련한 주주 현황, 그 밖에 사업에 관한 보고 또는 자료 제출을 명할 수 있다.

② 보험회사는 그 업무 및 자산상황에 관하여 금융감독원의 검사를 받아야 한다.

③ 금융감독원의 원장(이하 "금융감독원장"이라 한다)은 제2항에 따른 검사를 할 때 필요하다고 인정하면 보험회사에 대하여 업무 또는 자산에 관한 보고, 자료의 제출, 관계인의 출석 및 의견의 진술을 요구할 수 있다. ⟨개정 2015. 7. 31.⟩

④ 제2항에 따라 검사를 하는 자는 그 권한을 표시하는 증표를 지니고 이를 관계인에게 내보여야 한다.

⑤ 금융감독원장은 제2항에 따라 검사를 한 경우에는 그 결과에 따라 필요한 조치를 하고, 그 내용을 금융위원회에 보고하여야 한다.

⑥ 금융감독원장은 「주식회사 등의 외부감사에 관한 법률」에 따라 보험회사가 선임한 외부감사인에게 그 보험회사를 감사한 결과 알게 된 정보나 그 밖에 경영건전성과 관련되는 자료의 제출을 요구할 수 있다. ⟨개정 2017. 10. 31.⟩

[전문개정 2010. 7. 23.]

제134조(보험회사에 대한 제재)

① 금융위원회는 보험회사(그 소속 임직원을 포함한다)가 이 법 또는 이 법에 따른 규정 · 명령 또는 지시를 위반하여 보험회사의 건전한 경영을 해치거나 보험계약자, 피보험자, 그 밖의 이해관계인의 권익을 침해할 우려가 있다고 인정되는 경우 또는 「금융회사의 지배구조에 관한 법률」 별표 각 호의 어느 하나에 해당하는 경우(제4호에 해당하는 조치로 한정한다), 「금융소비자 보호에 관한 법률」 제51조제1항제4호, 제5호 또는 같은 조 제2항 각 호 외의 부분 본문 중 대통령령으로 정하는 경우에 해당하는 경우(제4호에 해당하는 조치로 한정한다)에는 금융감독원장의 건의에 따라 다음 각 호의 어느 하나에 해당하는 조치를 하거나 금융감독원장으로 하여금 제1호의 조치를 하게 할 수 있다. ⟨개정 2015. 7. 31., 2017. 4. 18., 2020. 3. 24., 2020. 12. 8.⟩

1. 보험회사에 대한 주의 · 경고 또는 그 임직원에 대한 주의 · 경고 · 문책의 요구

2. 해당 위반행위에 대한 시정명령

3. 임원(「금융회사의 지배구조에 관한 법률」 제2조제5호에 따른 업무집행책임자는 제외한다. 이하 제135조에서 같다)의 해임권고 · 직무정지

4. 6개월 이내의 영업의 일부정지

② 금융위원회는 보험회사가 다음 각 호의 어느 하나에 해당하는 경우에는 6개월 이내의 기간을 정하여 영업 전부의 정지를 명하거나 청문을 거쳐 보험업의 허가를 취소할 수 있다.

〈개정 2015. 7. 31., 2020. 3. 24.〉

1. 거짓이나 그 밖의 부정한 방법으로 보험업의 허가를 받은 경우

2. 허가의 내용 또는 조건을 위반한 경우

3. 영업의 정지기간 중에 영업을 한 경우

4. 제1항제2호에 따른 시정명령을 이행하지 아니한 경우

5. 「금융회사의 지배구조에 관한 법률」 별표 각 호의 어느 하나에 해당하는 경우(영업의 전부정지를 명하는 경우로 한정한다)

6. 「금융소비자 보호에 관한 법률」 제51조제1항제4호 또는 제5호에 해당하는 경우

7. 「금융소비자 보호에 관한 법률」 제51조제2항 각 호 외의 부분 본문 중 대통령령으로 정하는 경우(영업 전부의 정지를 명하는 경우로 한정한다)

③ 금융위원회는 금융감독원장의 건의에 따라 보험회사가 제1항에 따른 조치, 제2항에 따른 영업 정지 또는 허가취소 처분을 받은 사실을 대통령령으로 정하는 바에 따라 공표하도록 할 수 있다.

[전문개정 2010. 7. 23.]

제135조(퇴임한 임원 등에 대한 조치 내용의 통보)

① 금융위원회(제134조제1항에 따라 조치를 할 수 있는 금융감독원장을 포함한다)는 보험회사의 퇴임한 임원 또는 퇴직한 직원(「금융회사의 지배구조에 관한 법률」 제2조제5호에 따른 업무집행책임자를 포함한다)이 재임 또는 재직 중이었더라면 제134조제1항제1호 및 제3호에 해당하는 조치를 받았을 것으로 인정되는 경우에는 그 조치의 내용을 해당 보험회사의 장에게 통보할 수 있다.

〈개정 2017. 4. 18.〉

② 제1항에 따른 통보를 받은 보험회사의 장은 이를 퇴임 · 퇴직한 해당 임직원에게 알리고, 그 내용을 인사기록부에 기록 · 유지하여야 한다.

〈개정 2017. 4. 18.〉

[전문개정 2010. 7. 23.]

제136조(준용)

① 국내사무소·보험대리점 및 보험중개사에 관하여는 제133조 및 제134조를 준용한다. 이 경우 "보험회사"는 각각 "국내사무소"·"보험대리점" 또는 "보험중개사"로 본다.

② 보험업과 밀접하게 관련된 업무로서 대통령령으로 정하는 업무를 하는 자회사에 관하여는 제133조를 준용한다. 이 경우 "보험회사"는 "자회사"로 본다.

③ 보험업과 밀접하게 관련된 업무로서 대통령령으로 정하는 업무를 보험회사로부터 위탁받은 자에 관하여는 제133조를 준용한다. 이 경우 "보험회사"는 "위탁받은 자"로 본다.

[전문개정 2010. 7. 23.]

제8장 해산·청산

제1절 해산 〈개정 2010. 7. 23.〉

제137조(해산사유 등)

① 보험회사는 다음 각 호의 사유로 해산한다. 〈개정 2015. 7. 31.〉

1. 존립기간의 만료, 그 밖에 정관으로 정하는 사유의 발생

2. 주주총회 또는 사원총회(이하 "주주총회등"이라 한다)의 결의

3. 회사의 합병

4. 보험계약 전부의 이전

5. 회사의 파산

6. 보험업의 허가취소

7. 해산을 명하는 재판

② 보험회사가 제1항제6호의 사유로 해산하면 금융위원회는 7일 이내에 그 보험회사의 본점과 지점 또는 각 사무소 소재지의 등기소에 그 등기를 촉탁(囑託)하여야 한다.

③ 등기소는 제2항의 촉탁을 받으면 7일 이내에 그 등기를 하여야 한다.

[전문개정 2010. 7. 23.]

제138조(해산 · 합병 등의 결의)

해산 · 합병과 보험계약의 이전에 관한 결의는 제39조제2항 또는 「상법」 제434조에 따라 하여야 한다.

[전문개정 2010. 7. 23.]

제139조(해산 · 합병 등의 인가)

해산의 결의 · 합병과 보험계약의 이전은 금융위원회의 인가를 받아야 한다.　　〈개정 2008. 2. 29.〉

제140조(보험계약 등의 이전)

① 보험회사는 계약의 방법으로 책임준비금 산출의 기초가 같은 보험계약의 전부를 포괄하여 다른 보험회사에 이전할 수 있다.

② 보험회사는 제1항에 따른 계약에서 회사자산을 이전할 것을 정할 수 있다. 다만, 금융위원회가 그 보험회사의 채권자의 이익을 보호하기 위하여 필요하다고 인정하는 자산은 유보하여야 한다.

[전문개정 2010. 7. 23.]

제141조(보험계약 이전 결의의 공고 및 통지와 이의 제기)

① 보험계약을 이전하려는 보험회사는 제138조에 따른 결의를 한 날부터 2주 이내에 계약 이전의 요지와 각 보험회사의 재무상태표를 공고하고, 대통령령으로 정하는 방법에 따라 보험계약자에게 통지하여야 한다.　　〈개정 2020. 12. 8., 2021. 4. 20.〉

② 제1항에 따른 공고 및 통지에는 이전될 보험계약의 보험계약자로서 이의가 있는 자는 일정한 기간 동안 이의를 제출할 수 있다는 뜻을 덧붙여야 한다. 다만, 그 기간은 1개월 이상으로 하여야 한다.　　〈개정 2020. 12. 8.〉

③ 제2항의 기간에 이의를 제기한 보험계약자가 이전될 보험계약자 총수의 10분의 1을 초과하거나 그 보험금액이 이전될 보험금 총액의 10분의 1을 초과하는 경우에는 보험계약을 이전하지 못한다. 제143조에 따라 계약조항의 변경을 정하는 경우에 이의를 제기한 보험계약자로서 그 변경을 받을 자가 변경을 받을 보험계약자 총수의 10분의 1을 초과하거나 그 보험금액이 변경을 받을 보험계약자의 보험금 총액의 10분의 1을 초과하는 경우에도 또한 같다.

④ 상호회사가 제54조제1항의 기관에 의하지 아니하고 보험계약 이전의 결의를 한 경우에는 제2항 및 제3항을 적용하지 아니한다.

[전문개정 2010. 7. 23.]

[제목개정 2020. 12. 8.]

제142조(신계약의 금지)

보험계약을 이전하려는 보험회사는 주주총회등의 결의가 있었던 때부터 보험계약을 이전하거나 이전하지 아니하게 될 때까지 그 이전하려는 보험계약과 같은 종류의 보험계약을 하지 못한다. 다만, 보험회사의 부실에 따라 보험계약을 이전하려는 경우가 아닌 경우로서 대통령령으로 정하는 경우에는 그러하지 아니하다. 〈개정 2020. 12. 8.〉

[전문개정 2010. 7. 23.]

제143조(계약조건의 변경)

보험회사는 보험계약의 전부를 이전하는 경우에 이전할 보험계약에 관하여 이전계약의 내용으로 다음 각 호의 사항을 정할 수 있다.

　　1. 계산의 기초의 변경

　　2. 보험금액의 삭감과 장래 보험료의 감액

　　3. 계약조항의 변경

[전문개정 2010. 7. 23.]

제144조(자산 처분의 금지 등)

① 제143조에 따라 보험금액을 삭감하기로 정하는 경우에는 보험계약을 이전하려는 보험회사는 주주총회등의 결의가 있었던 때부터 보험계약을 이전하거나 이전하지 아니하게 될 때까지 그 자산을 처분하거나 채무를 부담하려는 행위를 하지 못한다. 다만, 보험업을 유지하기 위하여 필요한 비용을 지출하는 경우 또는 자산의 보전이나 그 밖의 특별한 필요에 따라 금융위원회의 허가를 받아 자산을 처분하는 경우에는 그러하지 아니하다.

② 보험계약이 이전된 경우에는 보험계약에 따라 발생한 채권으로서 제1항에 따라 지급이 정지된 것에 관하여 이전계약에서 정한 보험금액 삭감의 비율에 따라 그 금액을 삭감하여 지급하여야 한다.

③ 제143조에 따라 계약조항의 변경을 정하는 경우에 그 변경을 하려는 보험회사에 대하여도 제1항을 적용한다. 다만, 보험계약으로 발생한 채무를 변제하거나 금융위원회의 허가를 받아 그 변경과 관계없는 행위를 하는 경우에는 그러하지 아니하다.

[전문개정 2010. 7. 23.]

제145조(보험계약 이전의 공고)

보험회사는 보험계약을 이전한 경우에는 7일 이내에 그 취지를 공고하여야 한다. 보험계약을 이전하지 아니하게 된 경우에도 또한 같다.

[전문개정 2010. 7. 23.]

제146조(권리 · 의무의 승계)

① 보험계약을 이전한 보험회사가 그 보험계약에 관하여 가진 권리와 의무는 보험계약을 이전받은 보험회사가 승계한다. 이전계약으로써 이전할 것을 정한 자산에 관하여도 또한 같다.

② 보험계약 이전의 결의를 한 후 이전할 보험계약에 관하여 발생한 수지(收支)나 그 밖에 이전할 보험계약 또는 자산에 관하여 발생한 변경은 이전을 받은 보험회사에 귀속된다.

[전문개정 2010. 7. 23.]

제147조(계약 이전으로 인한 입사)

보험계약이 이전된 경우 이전을 받은 보험회사가 상호회사인 경우에는 그 보험계약자는 그 상호회사에 입사한다.

[전문개정 2010. 7. 23.]

제148조(해산 후의 계약 이전 결의)

① 보험회사는 해산한 후에도 3개월 이내에는 보험계약 이전을 결의할 수 있다.

② 제1항의 경우에는 제158조를 적용하지 아니한다. 다만, 보험계약을 이전하지 아니하게 된 경우에는 그러하지 아니하다.

[전문개정 2010. 7. 23.]

제149조(해산등기의 신청)

보험계약의 이전에 따른 해산등기의 신청서에는 다음 각 호의 모든 서류를 첨부하여야 한다.

1. 이전계약서
2. 각 보험회사 주주총회등의 의사록
3. 제141조의 공고 및 이의에 관한 서류
4. 보험계약 이전의 인가를 증명하는 서류

[전문개정 2010. 7. 23.]

제150조(영업양도 · 양수의 인가)

보험회사는 그 영업을 양도 · 양수하려면 금융위원회의 인가를 받아야 한다.

[전문개정 2010. 7. 23.]

제151조(합병 결의의 공고)

① 보험회사가 합병을 결의한 경우에는 그 결의를 한 날부터 2주 이내에 합병계약의 요지와 각 보험회사의 재무상태표를 공고하여야 한다. 〈개정 2021. 4. 20.〉

② 합병의 경우에는 제141조제2항부터 제4항까지, 제145조 및 제149조를 준용한다.

③ 제1항 및 제2항에 따른 합병은 이의를 제기한 보험계약자나 그 밖에 보험계약으로 발생한 권리를 가진 자에 대하여도 그 효력이 미친다.

[전문개정 2010. 7. 23.]

제152조(계약조건의 변경)

① 보험회사가 합병을 하는 경우에는 합병계약으로써 그 보험계약에 관한 계산의 기초 또는 계약조항의 변경을 정할 수 있다.

② 제1항에 따라 계약조항의 변경을 정하는 경우 그 변경을 하려는 보험회사에 관하여는 제142조 및 제144조제3항을 준용한다.

[전문개정 2010. 7. 23.]

제153조(상호회사의 합병)

① 상호회사는 다른 보험회사와 합병할 수 있다.

② 제1항의 경우 합병 후 존속하는 보험회사 또는 합병으로 설립되는 보험회사는 상호회사이어야 한다. 다만, 합병하는 보험회사의 한 쪽이 주식회사인 경우에는 합병 후 존속하는 보험회사 또는 는 합병으로 설립되는 보험회사는 주식회사로 할 수 있다.

③ 상호회사와 주식회사가 합병하는 경우에는 이 법 또는 「상법」의 합병에 관한 규정에 따른다.

④ 합병계약서에 적을 사항이나 그 밖에 합병에 관하여 필요한 사항은 대통령령으로 정한다.

[전문개정 2010. 7. 23.]

제154조(합병의 경우의 사원관계)

① 제153조에 따른 합병이 있는 경우 합병 후 존속하는 보험회사 또는 합병으로 설립되는 보험회

사가 상호회사인 경우에는 합병으로 해산하는 보험회사의 보험계약자는 그 회사에 입사하고, 주식회사인 경우에는 상호회사의 사원은 그 지위를 잃는다. 다만, 보험관계에 속하는 권리와 의무는 합병계약에서 정하는 바에 따라 합병 후 존속하는 주식회사 또는 합병으로 설립된 주식회사가 승계한다.

② 제1항에 따라 합병 후 존속하는 상호회사에 입사할 자는 「상법」 제526조제1항에 따른 사원총회에서 사원과 같은 권리를 가진다. 다만, 합병계약에 따로 정한 것이 있으면 그러하지 아니하다.

③ 합병으로 설립되는 상호회사의 창립총회에 관하여는 제39조제2항 · 제55조와 「상법」 제311조, 제312조, 제316조제2항, 제363조제1항 · 제2항, 제364조, 제368조제3항 · 제4항, 제371조제2항, 제372조, 제373조 및 제376조부터 제381조까지의 규정을 준용한다.

[전문개정 2010. 7. 23.]

제155조(정리계획서의 제출)

보험회사가 그 보험업의 전부 또는 일부를 폐업하려는 경우에는 그 60일 전에 사업 폐업에 따른 정리계획서를 금융위원회에 제출하여야 한다.

[전문개정 2010. 7. 23.]

제2절 청산 〈개정 2010. 7. 23.〉

제156조(청산인)

① 보험회사가 보험업의 허가취소로 해산한 경우에는 금융위원회가 청산인을 선임한다.

② 「상법」 제193조 · 제252조 및 제531조제2항에 따른 청산인은 금융위원회가 선임한다. 이 경우 이해관계인의 청구 없이 선임할 수 있다.

③ 제1항과 제2항의 경우에는 「상법」 제255조제2항을 준용한다.

④ 금융위원회는 다음 각 호의 어느 하나에 해당하는 자의 청구에 따라 청산인을 해임할 수 있다.

  1. 감사

  2. 3개월 전부터 계속하여 자본금의 100분의 5 이상의 주식을 가진 주주

  3. 100분의 5 이상의 사원

⑤ 상호회사는 제4항에 따른 청구를 하는 사원에 관하여 정관으로 다른 기준을 정할 수 있다.

⑥ 금융위원회는 중요한 사유가 있으면 제4항의 청구 없이 청산인을 해임할 수 있다.

제157조(청산인의 보수)

제156조에 따라 청산인을 선임하는 경우에는 청산 중인 회사로 하여금 금융위원회가 정하는 보수를 지급하게 할 수 있다.

제158조(해산 후의 보험금 지급)

① 보험회사는 제137조제1항제2호·제6호 또는 제7호의 사유로 해산한 경우에는 보험금 지급 사유가 해산한 날부터 3개월 이내에 발생한 경우에만 보험금을 지급하여야 한다.

② 보험회사는 제1항의 기간이 지난 후에는 피보험자를 위하여 적립한 금액이나 아직 지나지 아니한 기간에 대한 보험료를 되돌려주어야 한다.

제159조(채권신고기간 내의 변제)

보험회사에 관하여 「상법」 제536조제2항을 적용할 때 "법원"은 "금융위원회"로 본다.

제160조(청산인의 감독)

금융위원회는 청산인을 감독하기 위하여 보험회사의 청산업무와 자산상황을 검사하고, 자산의 공탁을 명하며, 그 밖에 청산의 감독상 필요한 명령을 할 수 있다.

제161조(해산 후의 강제관리)

① 금융위원회는 해산한 보험회사의 업무 및 자산상황으로 보아 필요하다고 인정하는 경우에는 업무와 자산의 관리를 명할 수 있다.

② 제1항의 명령이 있는 경우에는 제148조제2항을 준용한다.

제9장 관계자에 대한 조사

제162조(조사대상 및 방법 등)

① 금융위원회는 다음 각 호의 어느 하나에 해당하는 경우에는 보험회사, 보험계약자, 피보험자, 보험금을 취득할 자, 그 밖에 보험계약에 관하여 이해관계가 있는 자(이하 이 장에서 "관계자"라 한다)에 대한 조사를 할 수 있다.

1. 이 법 및 이 법에 따른 명령 또는 조치를 위반한 사실이 있는 경우

2. 공익 또는 건전한 보험거래질서의 확립을 위하여 필요한 경우

② 금융위원회는 제1항에 따른 조사를 위하여 필요하다고 인정되는 경우에는 관계자에게 다음 각 호의 사항을 요구할 수 있다.

1. 조사사항에 대한 사실과 상황에 대한 진술서의 제출

2. 조사에 필요한 장부, 서류, 그 밖의 물건의 제출

③ 제1항 및 제2항의 조사에 관하여는 제133조제4항을 준용한다.

④ 금융위원회는 관계자가 제1항에 따른 조사를 방해하거나 제2항에 따라 제출하는 자료를 거짓으로 작성하거나 그 제출을 게을리한 경우에는 관계자가 소속된 단체의 장에게 관계자에 대한 문책 등을 요구할 수 있다.

[전문개정 2010. 7. 23.]

제163조(보험조사협의회)

① 제162조제1항에 따른 조사업무를 효율적으로 수행하기 위하여 금융위원회에 보건복지부, 금융감독원, 보험 관련 기관 및 단체 등으로 구성되는 보험조사협의회를 둘 수 있다.

② 제1항에 따른 보험조사협의회의 구성ㆍ운영 등에 관하여 필요한 사항은 대통령령으로 정한다.

[전문개정 2010. 7. 23.]

제164조(조사 관련 정보의 공표)

금융위원회는 관계자에 대한 조사실적, 처리결과, 그 밖에 관계자의 위법행위 예방에 필요한 정보 및 자료를 대통령령으로 정하는 바에 따라 공표할 수 있다.

[전문개정 2010. 7. 23.]

제10장 손해보험계약의 제3자 보호

제165조(제3자의 보험금 지급보장)

손해보험회사는 손해보험계약의 제3자가 보험사고로 입은 손해에 대한 보험금의 지급을 이 장에서 정하는 바에 따라 보장하여야 한다.

[전문개정 2010. 7. 23.]

제166조(적용범위)

이 장의 규정은 법령에 따라 가입이 강제되는 손해보험계약(자동차보험계약의 경우에는 법령에 따라 가입이 강제되지 아니하는 보험계약을 포함한다. 이하 이 장에서 같다)으로서 대통령령으로 정하는 손해보험계약에만 적용한다. 다만, 대통령령으로 정하는 법인을 계약자로 하는 손해보험계약에는 적용하지 아니한다.

[전문개정 2010. 7. 23.]

제167조(지급불능의 보고)

① 손해보험회사는 「예금자보호법」 제2조제8호의 사유로 손해보험계약의 제3자에게 보험금을 지급하지 못하게 된 경우에는 즉시 그 사실을 보험협회 중 손해보험회사로 구성된 협회(이하 "손해보험협회"라 한다)의 장에게 보고하여야 한다. 〈개정 2015. 12. 22.〉

② 손해보험회사는 「예금자보호법」 제2조제8호나목에 따른 보험업 허가취소 등이 있었던 날부터 3개월 이내에 제3자에게 보험금을 지급하여야 할 사유가 발생하면 즉시 그 사실을 손해보험협회의 장에게 보고하여야 한다. 〈개정 2015. 12. 22.〉

[전문개정 2010. 7. 23.]

제168조(출연)

① 손해보험회사는 손해보험계약의 제3자에 대한 보험금의 지급을 보장하기 위하여 수입보험료 및 책임준비금을 고려하여 대통령령으로 정하는 비율을 곱한 금액을 손해보험협회에 출연(出捐)하여야 한다.

② 손해보험회사는 제167조에 따른 지급불능 보고를 한 후 제1항의 출연을 할 수 있다.

③ 제1항과 제2항에 따른 출연금의 납부방법 및 절차에 관하여 필요한 사항은 대통령령으로 정한

다.

[전문개정 2010. 7. 23.]

제169조(보험금의 지급)

① 손해보험협회의 장은 제167조에 따른 보고를 받으면 금융위원회의 확인을 거쳐 손해보험계약의 제3자에게 대통령령으로 정하는 보험금을 지급하여야 한다.

② 제1항에 따른 보험금의 지급방법 및 절차 등에 관하여 필요한 사항은 대통령령으로 정한다.

[전문개정 2010. 7. 23.]

제170조(자료 제출 요구)

손해보험협회의 장은 제168조에 따른 출연금을 산정하고 제169조에 따른 보험금을 지급하기 위하여 필요한 범위에서 손해보험회사의 업무 및 자산상황에 관한 자료 제출을 요구할 수 있다.

[전문개정 2010. 7. 23.]

제171조(자금의 차입)

① 손해보험협회는 제169조에 따른 보험금의 지급을 위하여 필요한 경우에는 정부, 「예금자보호법」 제3조에 따른 예금보험공사, 그 밖에 대통령령으로 정하는 금융기관으로부터 금융위원회의 승인을 받아 자금을 차입할 수 있다.

② 손해보험회사는 제168조제1항에 따라 그 손해보험회사가 출연하여야 하는 금액의 범위에서 제1항에 따른 손해보험협회의 차입에 대하여 보증할 수 있다.

[전문개정 2010. 7. 23.]

제172조(출연금 등의 회계처리)

제168조에 따른 출연금 및 제171조에 따른 차입금은 손해보험협회의 일반예산과 구분하여 회계처리하여야 한다.　　　　　　　　　　　　　　　　　　　　〈개정 2015. 7. 24.〉

[전문개정 2010. 7. 23.]

[제목개정 2015. 7. 24.]

제173조(구상권)

손해보험협회는 제169조에 따라 보험금을 지급한 경우에는 해당 손해보험회사에 대하여 구상권을 가진다.

[전문개정 2010. 7. 23.]

제174조(정산)

손해보험협회는 제168조에 따라 손해보험회사로부터 출연받은 금액으로 제169조에 따른 보험금을 지급하고 남거나 부족한 금액이 있는 경우 또는 제173조에 따른 구상권의 행사로 수입(收入)한 금액이 있는 경우에는 정산하여야 한다.

[전문개정 2010. 7. 23.]

제11장 보 험 관 계 단 체 등

제1절 보험협회 등 〈개정 2010. 7. 23.〉

제175조(보험협회)

① 보험회사는 상호 간의 업무질서를 유지하고 보험업의 발전에 기여하기 위하여 보험협회를 설립할 수 있다.

② 보험협회는 법인으로 한다.

③ 보험협회는 정관으로 정하는 바에 따라 다음 각 호의 업무를 한다.

    1. 보험회사 간의 건전한 업무질서의 유지

    1의2. 제85조의3제2항에 따른 보험회사등이 지켜야 할 규약의 제정 · 개정

    2. 보험상품의 비교 · 공시 업무

    3. 정부로부터 위탁받은 업무

    4. 제1호 · 제1호의2 및 제2호의 업무에 부수하는 업무

    5. 그 밖에 대통령령으로 정하는 업무

[전문개정 2010. 7. 23.]

제176조(보험요율 산출기관)

① 보험회사는 보험금의 지급에 충당되는 보험료(이하 "순보험료"라 한다)를 결정하기 위한 요율

(이하 "순보험요율"이라 한다)을 공정하고 합리적으로 산출하고 보험과 관련된 정보를 효율적으로 관리·이용하기 위하여 금융위원회의 인가를 받아 보험요율 산출기관을 설립할 수 있다.

② 보험요율 산출기관은 법인으로 한다.

③ 보험요율 산출기관은 정관으로 정하는 바에 따라 다음 각 호의 업무를 한다.

  1. 순보험요율의 산출·검증 및 제공

  2. 보험 관련 정보의 수집·제공 및 통계의 작성

  3. 보험에 대한 조사·연구

  4. 설립 목적의 범위에서 정부기관, 보험회사, 그 밖의 보험 관계 단체로부터 위탁받은 업무

  5. 제1호부터 제3호까지의 업무에 딸린 업무

  6. 그 밖에 대통령령으로 정하는 업무

④ 보험요율 산출기관은 보험회사가 적용할 수 있는 순보험요율을 산출하여 금융위원회에 신고할 수 있다. 이 경우 신고를 받은 금융위원회는 그 내용을 검토하여 이 법에 적합하면 신고를 수리하여야 한다. 〈개정 2020. 12. 8.〉

⑤ 보험요율 산출기관은 순보험요율 산출 등 이 법에서 정하는 업무 수행을 위하여 보험 관련 통계를 체계적으로 통합·집적(集積)하여야 하며 필요한 경우 보험회사에 자료의 제출을 요청할 수 있다. 이 경우 보험회사는 이에 따라야 한다.

⑥ 보험회사가 제4항에 따라 보험요율 산출기관이 신고한 순보험요율을 적용하는 경우에는 순보험료에 대하여 제127조제2항 및 제3항에 따른 신고 또는 제출을 한 것으로 본다. 〈개정 2020. 12. 8.〉

⑦ 보험회사는 이 법에 따라 금융위원회에 제출하는 기초서류를 보험요율 산출기관으로 하여금 확인하게 할 수 있다.

⑧ 보험요율 산출기관은 그 업무와 관련하여 정관으로 정하는 바에 따라 보험회사로부터 수수료를 받을 수 있다.

⑨ 보험요율 산출기관은 보험계약자의 권익을 보호하기 위하여 필요하다고 인정되는 경우에는 다음 각 호의 어느 하나에 해당하는 자료를 공표할 수 있다.

  1. 순보험요율 산출에 관한 자료

  2. 보험 관련 각종 조사·연구 및 통계자료

⑩ 보험요율 산출기관은 순보험요율을 산출하기 위하여 필요한 경우 또는 보험회사의 보험금 지급업무에 필요한 경우에는 음주운전 등 교통법규 위반 또는 운전면허(「건설기계관리법」 제26조제1항 본문에 따른 건설기계조종사면허를 포함한다. 이하 제177조에서 같다)의 효력에 관한 개인정보를 보유하고 있는 기관의 장으로부터 그 정보를 제공받아 보험회사가 보험계약자

에게 적용할 순보험료의 산출 또는 보험금 지급업무에 이용하게 할 수 있다.

〈개정 2014. 1. 14., 2015. 12. 22.〉

⑪ 보험요율 산출기관은 순보험요율을 산출하기 위하여 필요하면 질병에 관한 통계를 보유하고 있는 기관의 장으로부터 그 질병에 관한 통계를 제공받아 보험회사로 하여금 보험계약자에게 적용할 순보험료의 산출에 이용하게 할 수 있다.

⑫ 보험요율 산출기관은 이 법 또는 다른 법률에 따라 제공받아 보유하는 개인정보를 다음 각 호의 어느 하나에 해당하는 경우 외에는 타인에게 제공할 수 없다. 〈개정 2014. 1. 14., 2020. 2. 4.〉

1. 보험회사의 순보험료 산출에 필요한 경우

1의2. 제10항에 따른 정보를 제공받은 목적대로 보험회사가 이용하게 하기 위하여 필요한 경우

2. 「신용정보의 이용 및 보호에 관한 법률」 제33조제1항제2호부터 제5호까지의 어느 하나에서 정하는 사유에 따른 경우

3. 정부로부터 위탁받은 업무를 하기 위하여 필요한 경우

4. 이 법에서 정하고 있는 보험요율 산출기관의 업무를 하기 위하여 필요한 경우로서 대통령령으로 정하는 경우

⑬ 보험요율 산출기관이 제10항에 따라 제공받는 개인정보와 제11항에 따라 제공받는 질병에 관한 통계 이용의 범위·절차 및 방법 등에 관하여 필요한 사항은 대통령령으로 정한다.

⑭ 보험요율 산출기관이 제12항에 따라 개인정보를 제공하는 절차·방법 등에 관하여 필요한 사항은 대통령령으로 정한다.

[전문개정 2010. 7. 23.]

제177조(개인정보이용자의 의무)

제176조제10항에 따라 제공받은 교통법규 위반 또는 운전면허의 효력에 관한 개인정보와 그 밖에 보험계약과 관련하여 보험계약자 등으로부터 제공받은 질병에 관한 개인정보를 이용하여 순보험료의 산출·적용 업무 또는 보험금 지급업무에 종사하거나 종사하였던 자는 그 업무상 알게 된 개인정보를 누설하거나 타인에게 이용하도록 제공하는 등 부당한 목적을 위하여 사용하여서는 아니 된다.

〈개정 2014. 1. 14.〉

[전문개정 2010. 7. 23.]

제178조(그 밖의 보험 관계 단체)

① 보험설계사, 보험대리점, 보험중개사, 보험계리사, 손해사정사, 그 밖에 보험 관계 업무에 종사

하는 자는 공익이나 보험계약자 및 피보험자 등을 보호하고 모집질서를 유지하기 위하여 각각 단체를 설립할 수 있다.

② 제1항에 따른 보험 관계 단체는 법인으로 한다.

③ 제1항에 따른 보험 관계 단체는 정관으로 정하는 바에 따라 다음 각 호의 업무를 한다.

　　1. 회원 간의 건전한 업무질서 유지

　　2. 회원에 대한 연수 · 교육 업무

　　3. 정부 · 금융감독원 또는 보험협회로부터 위탁받은 업무

　　4. 제1호 및 제2호에 딸린 업무

　　5. 그 밖에 대통령령으로 정하는 업무

[전문개정 2010. 7. 23.]

제179조(감독)

보험협회, 보험요율 산출기관 및 제178조에 따른 보험 관계 단체에 관하여는 제131조제1항 · 제133조 · 제134조 및 제135조를 준용한다.

[전문개정 2010. 7. 23.]

제180조(「민법」의 준용)

보험협회, 보험요율 산출기관 및 제178조에 따른 보험 관계 단체에 관하여는 이 법 또는 이 법에 따른 명령에 특별한 규정이 없으면 「민법」 중 사단법인에 관한 규정을 준용한다.

[전문개정 2010. 7. 23.]

제2절 보험계리 및 손해사정 〈개정 2010. 7. 23.〉

제181조(보험계리)

① 보험회사는 보험계리에 관한 업무(기초서류의 내용 및 배당금 계산 등의 정당성 여부를 확인하는 것을 말한다)를 보험계리사를 고용하여 담당하게 하거나, 보험계리를 업으로 하는 자(이하 "보험계리업자"라 한다)에게 위탁하여야 한다.

② 보험회사는 제184조제1항에 따라 보험계리에 관한 업무를 검증하고 확인하는 보험계리사(이하 "선임계리사"라 한다)를 선임하여야 한다.

③ 제1항과 제2항에 따른 보험계리사, 선임계리사 또는 보험계리업자의 구체적인 업무범위와 위

탁·선임에 관한 절차는 총리령으로 정한다.

[전문개정 2010. 7. 23.]

제182조(보험계리사)

① 보험계리사가 되려는 자는 금융감독원장이 실시하는 시험에 합격하고 일정 기간의 실무수습을 마친 후 금융위원회에 등록하여야 한다.

② 제1항에 따른 시험 과목 및 시험 면제와 실무수습 기간 등에 관하여 필요한 사항은 총리령으로 정한다.

[전문개정 2010. 7. 23.]

제183조(보험계리업)

① 보험계리를 업으로 하려는 자는 금융위원회에 등록하여야 한다.

② 보험계리를 업으로 하려는 법인은 대통령령으로 정하는 수 이상의 보험계리사를 두어야 한다.

③ 제1항에 따른 등록을 하려는 자는 총리령으로 정하는 수수료를 내야 한다.

④ 그 밖에 보험계리업의 등록 및 영업기준 등에 관하여 필요한 사항은 대통령령으로 정한다.

[전문개정 2010. 7. 23.]

제184조(선임계리사의 의무 등)

① 선임계리사는 기초서류의 내용 및 보험계약에 따른 배당금의 계산 등이 정당한지 여부를 검증하고 확인하여야 한다.

② 선임계리사는 보험회사가 기초서류관리기준을 지키는지를 점검하고 이를 위반하는 경우에는 조사하여 그 결과를 이사회에 보고하여야 하며, 기초서류에 법령을 위반한 내용이 있다고 판단하는 경우에는 금융위원회에 보고하여야 한다.

③ 선임계리사·보험계리사 또는 보험계리업자는 그 업무를 할 때 다음 각 호의 행위를 하여서는 아니 된다.

1. 고의로 진실을 숨기거나 거짓으로 보험계리를 하는 행위

2. 업무상 알게 된 비밀을 누설하는 행위

3. 타인으로 하여금 자기의 명의로 보험계리업무를 하게 하는 행위

4. 그 밖에 공정한 보험계리업무의 수행을 해치는 행위로서 대통령령으로 정하는 행위

④ 보험회사가 선임계리사를 선임한 경우에는 그 선임일이 속한 사업연도의 다음 사업연도부터 연속하는 3개 사업연도가 끝나는 날까지 그 선임계리사를 해임할 수 없다. 다만, 다음 각 호의

어느 하나에 해당하는 경우에는 그러하지 아니하다.

1. 선임계리사가 회사의 기밀을 누설한 경우

2. 선임계리사가 그 업무를 게을리하여 회사에 손해를 발생하게 한 경우

3. 선임계리사가 계리업무와 관련하여 부당한 요구를 하거나 압력을 행사한 경우

4. 제192조에 따른 금융위원회의 해임 요구가 있는 경우

⑤ 선임계리사의 요건 및 권한과 업무 수행의 독립성 보장에 관하여 필요한 사항은 대통령령으로 정한다.

⑥ 금융위원회는 선임계리사에게 그 업무범위에 속하는 사항에 관하여 의견을 제출하게 할 수 있다.

[전문개정 2010. 7. 23.]

제185조(손해사정)

대통령령으로 정하는 보험회사는 손해사정사를 고용하여 보험사고에 따른 손해액 및 보험금의 사정(이하 "손해사정"이라 한다)에 관한 업무를 담당하게 하거나 손해사정사 또는 손해사정을 업으로 하는 자(이하 "손해사정업자"라 한다)를 선임하여 그 업무를 위탁하여야 한다. 다만, 보험사고가 외국에서 발생하거나 보험계약자 등이 금융위원회가 정하는 기준에 따라 손해사정사를 따로 선임한 경우에는 그러하지 아니하다.

[전문개정 2010. 7. 23.]

제186조(손해사정사)

① 손해사정사가 되려는 자는 금융감독원장이 실시하는 시험에 합격하고 일정 기간의 실무수습을 마친 후 금융위원회에 등록하여야 한다.

② 제1항에 따른 손해사정사의 등록, 시험 과목 및 시험 면제와 실무수습 기간 등에 관하여 필요한 사항은 총리령으로 정한다.

③ 손해사정사는 금융위원회가 정하는 바에 따라 업무와 관련된 보조인을 둘 수 있다.

[전문개정 2010. 7. 23.]

제187조(손해사정업)

① 손해사정을 업으로 하려는 자는 금융위원회에 등록하여야 한다.

② 손해사정을 업으로 하려는 법인은 대통령령으로 정하는 수 이상의 손해사정사를 두어야 한다.

③ 제1항에 따른 등록을 하려는 자는 총리령으로 정하는 수수료를 내야 한다.

④ 그 밖에 손해사정업의 등록 및 영업기준 등에 관하여 필요한 사항은 대통령령으로 정한다.

[전문개정 2010. 7. 23.]

제188조(손해사정사 등의 업무)

손해사정사 또는 손해사정업자의 업무는 다음 각 호와 같다.

1. 손해 발생 사실의 확인

2. 보험약관 및 관계 법규 적용의 적정성 판단

3. 손해액 및 보험금의 사정

4. 제1호부터 제3호까지의 업무와 관련된 서류의 작성·제출의 대행

5. 제1호부터 제3호까지의 업무 수행과 관련된 보험회사에 대한 의견의 진술

[전문개정 2010. 7. 23.]

제189조(손해사정사의 의무 등)

① 보험회사로부터 손해사정업무를 위탁받은 손해사정사 또는 손해사정업자는 손해사정업무를 수행한 후 손해사정서를 작성한 경우에 지체 없이 대통령령으로 정하는 방법에 따라 보험회사, 보험계약자, 피보험자 및 보험금청구권자에게 손해사정서를 내어 주고, 그 중요한 내용을 알려 주어야 한다. 〈개정 2018. 2. 21.〉

② 보험계약자 등이 선임한 손해사정사 또는 손해사정업자는 손해사정업무를 수행한 후 지체 없이 보험회사 및 보험계약자 등에 대하여 손해사정서를 내어 주고, 그 중요한 내용을 알려주어야 한다.

③ 손해사정사 또는 손해사정업자는 손해사정업무를 수행할 때 보험계약자, 그 밖의 이해관계자들의 이익을 부당하게 침해하여서는 아니 되며, 다음 각 호의 행위를 하여서는 아니 된다. 〈개정 2018. 2. 21.〉

1. 고의로 진실을 숨기거나 거짓으로 손해사정을 하는 행위

2. 업무상 알게 된 보험계약자 등에 관한 개인정보를 누설하는 행위

3. 타인으로 하여금 자기의 명의로 손해사정업무를 하게 하는 행위

4. 정당한 사유 없이 손해사정업무를 지연하거나 충분한 조사를 하지 아니하고 손해액 또는 보험금을 산정하는 행위

5. 보험회사 및 보험계약자 등에 대하여 이미 제출받은 서류와 중복되는 서류나 손해사정과 관련이 없는 서류 또는 정보를 요청함으로써 손해사정을 지연하는 행위

6. 보험금 지급을 요건으로 합의서를 작성하거나 합의를 요구하는 행위

7. 그 밖에 공정한 손해사정업무의 수행을 해치는 행위로서 대통령령으로 정하는 행위

[전문개정 2010. 7. 23.]

제190조(등록의 취소)

보험계리사 · 선임계리사 · 보험계리업자 · 손해사정사 및 손해사정업자에 관하여는 제86조를 준용한다. 이 경우 제86조제1항제3호에서 "제84조"는 각각 "제182조제1항" · "제183조제1항" · "제186조제1항" 또는 "제187조제1항"으로 본다.

[전문개정 2010. 7. 23.]

제191조(손해배상의 보장)

금융위원회는 보험계리업자 또는 손해사정업자가 그 업무를 할 때 고의 또는 과실로 타인에게 손해를 발생하게 한 경우 그 손해의 배상을 보장하기 위하여 보험계리업자 또는 손해사정업자에게 금융위원회가 지정하는 기관에의 자산 예탁, 보험 가입, 그 밖에 필요한 조치를 하게 할 수 있다.

[전문개정 2010. 7. 23.]

제192조(감독)

① 금융위원회는 보험계리사 · 선임계리사 · 보험계리업자 · 손해사정사 또는 손해사정업자가 그 직무를 게을리하거나 직무를 수행하면서 부적절한 행위를 하였다고 인정되는 경우에는 6개월 이내의 기간을 정하여 업무의 정지를 명하거나 해임하게 할 수 있다. 〈개정 2014. 10. 15.〉

② 보험계리업자 및 손해사정업자에 관하여는 제131조제1항 · 제133조 및 제134조제1항을 준용한다. 이 경우 "보험회사"는 각각 "보험계리업자", "손해사정업자"로 본다.

[전문개정 2010. 7. 23.]

제12장 보칙

제193조(공제에 대한 협의)

① 금융위원회는 법률에 따라 운영되는 공제업과 이 법에 따른 보험업 간의 균형 있는 발전을 위하여 필요하다고 인정하는 경우에는 그 공제업을 운영하는 자에게 기초서류에 해당하는 사항에 관한 협의를 요구하거나 그 공제업 관련 중앙행정기관의 장에게 재무건전성에 관한 사항에 관한 협의를 요구할 수 있다. 〈개정 2020. 12. 8.〉

② 제1항의 요구를 받은 자는 정당한 사유가 없으면 그 요구에 따라야 한다.

③ 제1항에 따른 중앙행정기관의 장은 공제업의 재무건전성 유지를 위하여 필요하다고 인정하는 경우에는 공제업을 운영하는 자에 대한 공동검사에 관한 협의를 금융위원회에 요구할 수 있다. 〈신설 2020. 12. 8.〉

[전문개정 2010. 7. 23.]

제194조(업무의 위탁)

① 다음 각 호의 업무는 보험협회에 위탁한다.

   1. 제84조에 따른 보험설계사의 등록업무

   2. 제87조에 따른 보험대리점의 등록업무

② 다음 각 호의 업무는 금융감독원장에게 위탁한다.

   1. 제89조에 따른 보험중개사의 등록업무

   2. 제182조에 따른 보험계리사의 등록업무

   3. 제183조에 따른 보험계리를 업으로 하려는 자의 등록업무

   4. 제186조에 따른 손해사정사의 등록업무

   5. 제187조에 따른 손해사정을 업으로 하려는 자의 등록업무

③ 금융위원회는 이 법에 따른 업무의 일부를 대통령령으로 정하는 바에 따라 금융감독원장에게 위탁할 수 있다.

④ 금융감독원장은 이 법에 따른 업무의 일부를 대통령령으로 정하는 바에 따라 보험협회의 장, 보험요율 산출기관의 장 또는 제178조에 따른 보험 관계 단체의 장, 자격검정 등을 목적으로 설립된 기관에 위탁할 수 있다.

[전문개정 2010. 7. 23.]

제195조(허가 등의 공고)

① 금융위원회는 제4조제1항에 따른 허가를 하거나 제74조제1항 또는 제134조제2항에 따라 허가를 취소한 경우에는 지체 없이 그 내용을 관보에 공고하고 인터넷 홈페이지 등을 이용하여 일반인에게 알려야 한다.

② 금융위원회는 다음 각 호의 사항을 인터넷 홈페이지 등을 이용하여 일반인에게 알려야 한다.

1. 제4조에 따라 허가받은 보험회사

2. 제12조에 따라 설치된 국내사무소

3. 제125조에 따라 인가된 상호협정

③ 금융감독원장은 다음 각 호의 사항을 인터넷 홈페이지 등을 이용하여 일반인에게 알려야 한다.

1. 제89조에 따라 등록된 보험중개사

2. 제182조에 따라 등록된 보험계리사 및 제183조에 따라 등록된 보험계리업자

3. 제186조에 따라 등록된 손해사정사 및 제187조에 따라 등록된 손해사정업자

④ 보험협회는 제87조에 따라 등록된 보험대리점을 인터넷 홈페이지 등을 이용하여 일반인에게 알려야 한다.

[전문개정 2010. 7. 23.]

제196조(과징금)

① 금융위원회는 보험회사가 제98조, 제99조, 제105조, 제106조, 제110조, 제111조, 제127조, 제127조의3, 제128조의3, 제131조를 위반한 경우에는 다음 각 호의 구분에 따라 과징금을 부과할 수 있다. 〈개정 2017. 4. 18., 2020. 3. 24.〉

1. 삭제 〈2020. 3. 24.〉

2. 제98조를 위반하여 특별이익을 제공하거나 제공하기로 약속하는 경우: 특별이익의 제공 대상이 된 해당 보험계약의 연간 수입보험료 이하

3. 제99조제1항을 위반하여 모집을 할 수 있는 자 이외의 자에게 모집을 위탁한 경우: 해당 보험계약의 수입보험료의 100분의 50 이하

3의2. 제105조제1호를 위반하여 업무용 부동산이 아닌 부동산(저당권 등 담보권의 실행으로 취득하는 부동산은 제외한다)을 소유하는 경우: 업무용이 아닌 부동산 취득가액의 100분의 30 이하

4. 제106조제1항제1호부터 제3호까지의 규정에 따른 신용공여 등의 한도를 초과한 경우: 초과한 신용공여액 등의 100분의 30 이하

5. 제106조제1항제5호에 따른 신용공여의 한도를 초과한 경우: 초과한 신용공여액 이하

6. 제106조제1항제6호에 따른 채권 또는 주식의 소유한도를 초과한 경우: 초과 소유한 채권 또는 주식의 장부가액 합계액 이하

6의2. 제110조제1항을 위반하여 자금지원 관련 금지행위를 하는 경우: 해당 신용공여액 또는 주식의 장부가액 합계액의 100분의 30 이하

7. 제111조제1항을 위반하여 신용공여를 하거나 자산의 매매 또는 교환 등을 한 경우: 해당 신용공여액 또는 해당 자산의 장부가액 이하

8. 제127조를 위반한 경우: 해당 보험계약의 연간 수입보험료의 100분의 50 이하

9. 제127조의3을 위반한 경우: 해당 보험계약의 연간 수입보험료의 100분의 50 이하

10. 제128조의3을 위반하여 기초서류를 작성·변경한 경우: 해당 보험계약의 연간 수입보험료의 100분의 50 이하

11. 제131조제2항 및 제4항에 따라 금융위원회로부터 기초서류의 변경·사용중지 명령 또는 보험료환급·보험금증액 명령을 받은 경우: 해당 보험계약의 연간 수입보험료의 100분의 50 이하

② 금융위원회는 보험회사의 소속 임직원 또는 소속 보험설계사가 제95조의2·제96조제1항·제97조제1항을 위반한 경우에는 그 보험회사에 대하여 해당 보험계약의 수입보험료의 100분의 50 이하의 범위에서 과징금을 부과할 수 있다. 다만, 보험회사가 그 위반행위를 막기 위하여 해당 업무에 관하여 상당한 주의와 감독을 게을리하지 아니한 경우에는 그러하지 아니하다.

〈개정 2017. 4. 18.〉

③ 제98조, 제106조제1항제1호부터 제3호까지·제5호·제6호 또는 제111조제1항을 위반한 자에게는 정상(情狀)에 따라 제200조 또는 제202조에 따른 벌칙과 제1항에 따른 과징금을 병과(併科)할 수 있다.

④ 제1항부터 제3항까지의 규정에 따른 과징금의 부과 및 징수 절차 등에 관하여는 「은행법」 제65조의4부터 제65조의8까지의 규정을 준용한다.

[전문개정 2010. 7. 23.]

제13장 벌칙

제197조(벌칙)

① 보험계리사, 손해사정사 또는 상호회사의 발기인, 제70조제1항에서 준용하는 「상법」 제175조제1항에 따른 설립위원·이사·감사, 제59조에서 준용하는 「상법」 제386조제2항 및 제407조제1항에 따른 직무대행자나 지배인, 그 밖에 사업에 관하여 어떠한 종류의 사항이나 특정한 사항을 위임받은 사용인이 그 임무를 위반하여 재산상의 이익을 취득하거나 제3자로 하여금 취득하게 하여 보험회사에 재산상의 손해를 입힌 경우에는 10년 이하의 징역 또는 1억원 이하의 벌금에 처한다. 〈개정 2017. 10. 31.〉

② 상호회사의 청산인 또는 제73조에서 준용하는 「상법」 제386조제2항 및 제407조제1항에 따른 직무대행자가 제1항에 열거된 행위를 한 경우에도 제1항과 같다.

[전문개정 2010. 7. 23.]

제198조(벌칙)

제25조제1항 또는 제54조제1항의 기관을 구성하는 자가 그 임무를 위반하여 재산상의 이익을 취득하거나 제3자로 하여금 취득하게 하여 보험계약자나 사원에게 손해를 입힌 경우에는 7년 이하의 징역 또는 7천만원 이하의 벌금에 처한다. 〈개정 2017. 10. 31.〉

[전문개정 2010. 7. 23.]

제199조(벌칙)

제197조제1항에 열거된 자 또는 상호회사의 검사인이 다음 각 호의 어느 하나에 해당하는 행위를 한 경우에는 7년 이하의 징역 또는 7천만원 이하의 벌금에 처한다. 〈개정 2017. 10. 31.〉

1. 상호회사를 설립하면서 사원의 수, 기금총액의 인수, 기금의 납입 또는 제34조제4호부터 제6호까지 및 제9호와 제38조제2항제3호 및 제5호에 열거된 사항에 관하여 법원 또는 총회에 보고를 부실하게 하거나 사실을 숨긴 경우

2. 명의에 관계없이 보험회사의 계산으로 부정하게 그 주식을 취득하거나 질권의 목적으로 받은 경우

3. 법령 또는 정관을 위반하여 기금의 상각, 기금이자의 지급 또는 이익이나 잉여금의 배당을 한 경우

4. 보험업을 하기 위한 목적 이외의 투기거래를 위하여 보험회사의 자산을 처분한 경우

[전문개정 2010. 7. 23.]

제200조(벌칙)

다음 각 호의 어느 하나에 해당하는 자는 5년 이하의 징역 또는 5천만원 이하의 벌금에 처한다.

〈개정 2017. 10. 31.〉

1. 제4조제1항을 위반한 자
2. 제106조제1항제4호 및 제5호를 위반하여 신용공여를 한 자
3. 제106조제1항제6호를 위반하여 채권 및 주식을 소유한 자
4. 제111조제1항을 위반하여 같은 항 각 호의 어느 하나에 해당하는 행위를 한 자
5. 제111조제5항을 위반하여 같은 항 각 호의 어느 하나에 해당하는 행위를 한 대주주 또는 그의 특수관계인

[전문개정 2010. 7. 23.]

제201조(벌칙)

① 제197조 및 제198조에 열거된 자 또는 상호회사의 검사인이 그 직무에 관하여 부정한 청탁을 받고 재산상의 이익을 수수·요구 또는 약속한 경우에는 5년 이하의 징역 또는 5천만원 이하의 벌금에 처한다. 〈개정 2017. 10. 31.〉

② 제1항의 이익을 약속 또는 공여(供與)하거나 공여 의사를 표시한 자도 제1항과 같다.

[전문개정 2010. 7. 23.]

제202조(벌칙)

다음 각 호의 어느 하나에 해당하는 자는 3년 이하의 징역 또는 3천만원 이하의 벌금에 처한다.

〈개정 2017. 4. 18., 2017. 10. 31.〉

1. 제18조제2항을 위반하여 승인을 받지 아니하고 자본감소의 결의를 한 주식회사
2. 제75조를 위반한 자
3. 제98조에서 규정한 금품 등을 제공(같은 조 제3호의 경우에는 보험금액 지급의 약속을 말한다)한 자 또는 이를 요구하여 수수(收受)한 보험계약자 또는 피보험자
4. 제106조제1항제1호부터 제3호까지의 규정을 위반한 자
5. 제177조를 위반한 자
6. 제183조제1항 또는 제187조제1항에 따른 등록을 하지 아니하고 보험계리업 또는 손해사

정업을 한 자

7. 거짓이나 그 밖의 부정한 방법으로 제183조제1항 또는 제187조제1항에 따른 등록을 한 자

[전문개정 2010. 7. 23.]

제203조(벌칙)

① 다음 각 호의 사항에 관하여 부정한 청탁을 받고 재산상의 이익을 수수·요구 또는 약속한 자는 1년 이하의 징역 또는 1천만원 이하의 벌금에 처한다.

1. 보험계약자총회, 상호회사의 창립총회 또는 사원총회에서의 발언이나 의결권 행사

2. 제3장제2절·제3절 및 제8장제2절에서 규정하는 소(訴)의 제기 또는 자본금의 100분의 5 이상에 상당하는 주주 또는 100분의 5 이상의 사원의 권리의 행사

② 제1항의 이익을 약속 또는 공여하거나 공여 의사를 표시한 자도 제1항과 같다.

[전문개정 2010. 7. 23.]

제204조(벌칙)

① 다음 각 호의 어느 하나에 해당하는 자는 1년 이하의 징역 또는 1천만원 이하의 벌금에 처한다.

1. 제8조제2항을 위반한 자

2. 제83조제1항을 위반하여 모집을 한 자

3. 거짓이나 그 밖의 부정한 방법으로 보험설계사·보험대리점 또는 보험중개사의 등록을 한 자

4. 제86조제2항, 제88조제2항, 제90조제2항에 따른 업무정지의 명령을 위반하여 모집을 한 자

5. 삭제 〈2017. 4. 18.〉

6. 제150조를 위반한 자

7. 제181조제1항 및 제184조제1항을 위반하여 정당한 사유 없이 확인을 하지 아니하거나 부정한 확인을 한 보험계리사 및 선임계리사

8. 제184조제3항제1호를 위반한 선임계리사 및 보험계리사

9. 제189조제3항제1호를 위반한 손해사정사

② 보험계리사나 손해사정사에게 제1항제7호부터 제9호까지의 규정에 따른 행위를 하게 하거나 이를 방조한 자는 정범에 준하여 처벌한다.

[전문개정 2010. 7. 23.]

제205조(미수범)

제197조 및 제198조의 미수범은 처벌한다.

[전문개정 2010. 7. 23.]

제206조(병과)

제197조부터 제205조까지에 규정된 죄를 범한 자에게는 정상에 따라 징역과 벌금을 병과할 수 있다.

[전문개정 2010. 7. 23.]

제207조(몰수)

제201조 및 제203조의 경우 범인이 수수하였거나 공여하려 한 이익은 몰수한다. 그 전부 또는 일부를 몰수할 수 없는 경우에는 그 가액(價額)을 추징한다.

[전문개정 2010. 7. 23.]

제208조(양벌규정)

① 법인(법인이 아닌 사단 또는 재단으로서 대표자 또는 관리인이 있는 것을 포함한다. 이하 이 항에서 같다)의 대표자나 법인 또는 개인의 대리인, 사용인, 그 밖의 종업원이 그 법인 또는 개인의 업무에 관하여 제200조, 제202조 또는 제204조의 어느 하나에 해당하는 위반행위를 하면 그 행위자를 벌하는 외에 그 법인 또는 개인에게도 해당 조문의 벌금형을 과(科)한다. 다만, 법인 또는 개인이 그 위반행위를 방지하기 위하여 해당 업무에 관하여 상당한 주의와 감독을 게을리하지 아니한 경우에는 그러하지 아니하다.

② 제1항에 따라 법인이 아닌 사단 또는 재단에 대하여 벌금형을 과하는 경우에는 그 대표자 또는 관리인이 그 소송행위에 관하여 그 사단 또는 재단을 대표하는 법인을 피고인으로 하는 경우의 형사소송에 관한 법률을 준용한다.

[전문개정 2010. 7. 23.]

제209조(과태료)

① 보험회사가 다음 각 호의 어느 하나에 해당하는 경우에는 1억원 이하의 과태료를 부과한다.

〈개정 2017. 4. 18., 2020. 3. 24.〉

1. 제10조 또는 제11조를 위반하여 다른 업무 등을 겸영한 경우

1의2. 제11조의2제1항을 위반하여 부수업무를 신고하지 아니한 경우

2. 제95조를 위반한 경우

3. 제96조를 위반한 경우

4. 보험회사 소속 임직원이 제101조의2제3항을 위반한 경우 해당 보험회사. 다만, 보험회사가 그 위반행위를 방지하기 위하여 해당 업무에 관하여 상당한 주의와 감독을 게을리하지 아니한 경우는 제외한다.

5. 제106조제1항제7호부터 제10호까지의 규정을 위반한 경우

6. 제109조를 위반하여 다른 회사의 주식을 소유한 경우

7. 삭제 〈2017. 4. 18.〉

7의2. 삭제 〈2020. 3. 24.〉

7의3. 제111조제2항을 위반하여 이사회의 의결을 거치지 아니한 경우

7의4. 제111조제3항 또는 제4항에 따른 보고 또는 공시를 하지 아니하거나 거짓으로 보고 또는 는 공시한 경우

8. 제113조를 위반한 경우

9. 제116조를 위반한 경우

10. 제118조를 위반하여 재무제표 등을 기한까지 제출하지 아니하거나 사실과 다르게 작성된 재무제표 등을 제출한 경우

10의2. 제120조제1항을 위반하여 책임준비금이나 비상위험준비금을 계상하지 아니하거나 과소·과다하게 계상하는 경우 또는 장부에 기재하지 아니한 경우

11. 제124조제1항을 위반하여 공시하지 아니한 경우

12. 제124조제4항을 위반하여 정보를 제공하지 아니하거나 부실한 정보를 제공한 경우

13. 제128조의2를 위반한 경우

14. 제131조제1항·제2항 및 제4항에 따른 명령을 위반한 경우

15. 제133조에 따른 검사를 거부·방해 또는 기피한 경우

② 제91조제1항에 따른 금융기관보험대리점등 또는 금융기관보험대리점등이 되려는 자가 제83조제2항 또는 제100조를 위반한 경우에는 1억원 이하의 과태료를 부과한다. 〈개정 2017. 4. 18.〉

③ 보험회사가 제95조의5를 위반한 경우에는 5천만원 이하의 과태료를 부과한다.

〈신설 2020. 12. 8.〉

④ 제85조의4를 위반하여 직원의 보호를 위한 조치를 하지 아니하거나 직원에게 불이익을 준 보험회사에 대하여는 3천만원 이하의 과태료를 부과한다. 〈신설 2017. 4. 18., 2020. 12. 8.〉

⑤ 제110조의3제2항을 위반하여 신용공여 계약을 체결하려는 자에게 금리인하 요구를 할 수 있음을 알리지 아니한 보험회사에는 2천만원 이하의 과태료를 부과한다.

〈신설 2020. 5. 19., 2020. 12. 8.〉

⑥ 보험회사의 발기인 · 설립위원 · 이사 · 감사 · 검사인 · 청산인, 「상법」 제386조제2항 및 제407조제1항에 따른 직무대행자(제59조 및 제73조에서 준용하는 경우를 포함한다) 또는 지배인이 다음 각 호의 어느 하나에 해당하는 행위를 한 경우에는 2천만원 이하의 과태료를 부과한다. 〈개정 2015. 7. 31., 2017. 4. 18., 2018. 12. 11., 2020. 3. 24., 2020. 5. 19., 2020. 12. 8., 2021. 4. 20.〉

1. 보험회사가 제10조 또는 제11조를 위반하여 다른 업무 등을 겸영한 경우

2. 삭제 〈2015. 7. 31.〉

3. 제18조를 위반하여 자본감소의 절차를 밟은 경우

4. 관청 · 총회 또는 제25조제1항 및 제54조제1항의 기관에 보고를 부실하게 하거나 진실을 숨긴 경우

5. 제38조제2항을 위반하여 입사청약서를 작성하지 아니하거나 입사청약서에 적을 사항을 적지 아니하거나 부실하게 적은 경우

6. 정관 · 사원명부 · 의사록 · 자산목록 · 재무상태표 · 사업계획서 · 사무보고서 · 결산보고서, 제44조에서 준용하는 「상법」 제29조제1항의 장부에 적을 사항을 적지 아니하거나 부실하게 적은 경우

7. 제57조제1항(제73조에서 준용하는 경우를 포함한다)이나 제64조 및 제73조에서 준용하는 「상법」 제448조제1항을 위반하여 서류를 비치하지 아니한 경우

8. 사원총회 또는 제54조제1항의 기관을 제59조에서 준용하는 「상법」 제364조를 위반하여 소집하거나 정관으로 정한 지역 이외의 지역에서 소집하거나 제59조에서 준용하는 「상법」 제365조제1항을 위반하여 소집하지 아니한 경우

9. 제60조 또는 제62조를 위반하여 준비금을 적립하지 아니하거나 준비금을 사용한 경우

10. 제69조를 위반하여 해산절차를 밟은 경우

11. 제72조 또는 정관을 위반하여 보험회사의 자산을 처분하거나 그 남은 자산을 배분한 경우

12. 제73조에서 준용하는 「상법」 제254조를 위반하여 파산선고의 신청을 게을리한 경우

13. 청산의 종결을 지연시킬 목적으로 제73조에서 준용하는 「상법」 제535조제1항의 기간을 부당하게 정한 경우

14. 제73조에서 준용하는 「상법」 제536조를 위반하여 채무를 변제한 경우

15. 제79조제2항에서 준용하는 「상법」 제619조 또는 제620조를 위반한 경우

16. 제85조제1항을 위반한 경우

17. 보험회사가 제95조를 위반한 경우

18. 보험회사의 임직원이 제95조의2, 제95조의5, 제97조 또는 제101조의2제1항·제2항을 위반한 경우

19. 보험회사가 제96조를 위반한 경우

20. 제106조제1항제4호 또는 제7호부터 제10호까지의 규정을 위반하여 자산운용을 한 경우

21. 제109조를 위반하여 다른 회사의 주식을 소유한 경우

22. 제110조를 위반한 경우

22의2. 삭제 〈2020. 5. 19.〉

23. 제113조를 위반한 경우

24. 제116조를 위반한 경우

25. 제118조를 위반하여 재무제표 등의 제출기한을 지키지 아니하거나 사실과 다르게 작성된 재무제표 등을 제출한 경우

26. 제119조를 위반하여 서류의 비치나 열람의 제공을 하지 아니한 경우

27. 제120조제1항을 위반하여 책임준비금 또는 비상위험준비금을 계상하지 아니하거나 장부에 기재하지 아니한 경우

28. 제124조제1항을 위반하여 공시하지 아니한 경우

29. 제124조제4항을 위반하여 정보를 제공하지 아니하거나 부실한 정보를 제공한 경우

30. 제125조를 위반한 경우

31. 제126조를 위반하여 정관변경을 보고하지 아니한 경우

32. 제127조를 위반한 경우

33. 보험회사가 제127조의3을 위반한 경우

34. 보험회사가 제128조의2를 위반한 경우

35. 보험회사가 제128조의3을 위반하여 기초서류를 작성·변경한 경우

36. 제130조를 위반하여 보고하지 아니한 경우

37. 제131조에 따른 명령을 위반한 경우

38. 제133조에 따른 검사를 거부·방해 또는 기피한 경우

39. 금융위원회가 선임한 청산인 또는 법원이 선임한 관리인이나 청산인에게 사무를 인계하지 아니한 경우

40. 제141조를 위반하여 보험계약의 이전절차를 밟은 경우

41. 제142조를 위반하여 보험계약을 하거나 제144조(제152조제2항에서 준용하는 경우를 포함한다)를 위반하여 자산을 처분하거나 채무를 부담할 행위를 한 경우

42. 제151조제1항·제2항, 제153조제3항 또는 제70조제1항에서 준용하는 「상법」 제232조

를 위반하여 합병절차를 밟은 경우

43. 이 법에 따른 등기를 게을리한 경우

44. 이 법 또는 정관에서 정한 보험계리사에 결원이 생긴 경우에 그 선임절차를 게을리한 경우

⑦ 다음 각 호의 어느 하나에 해당하는 자에게는 1천만원 이하의 과태료를 부과한다. 〈개정 2014. 1. 14., 2014. 10. 15., 2016. 3. 29., 2017. 4. 18., 2018. 12. 31., 2020. 3. 24., 2020. 5. 19., 2020. 12. 8.〉

1. 제3조를 위반한 자

2. 제85조제2항을 위반한 자

2의2. 제85조의3제1항을 위반한 자

2의3. 삭제 〈2017. 4. 18.〉

2의4. 제87조의3제2항을 위반한 자

3. 제92조를 위반한 자

4. 제93조에 따른 신고를 게을리한 자

5. 제95조를 위반한 자

6. 제95조의2를 위반한 자

7. 보험대리점·보험중개사 소속 보험설계사가 제95조의2·제96조제1항·제97조제1항 및 제99조제3항을 위반한 경우 해당 보험대리점·보험중개사. 다만, 보험대리점·보험중개사가 그 위반행위를 방지하기 위하여 해당 업무에 관하여 상당한 주의와 감독을 게을리하지 아니한 경우는 제외한다.

7의2. 제95조의5를 위반한 자

8. 삭제 〈2020. 3. 24.〉

9. 제96조제1항을 위반한 자

10. 제97조제1항을 위반한 자

11. 제99조제3항을 위반한 자

11의2. 제101조의2를 위반한 자

12. 제112조에 따른 자료 제출을 거부한 자

13. 제124조제5항을 위반하여 비교·공시한 자

14. 제131조제1항을 준용하는 제132조·제179조·제192조제2항, 제133조제1항을 준용하는 제136조·제179조·제192조제2항 및 제192조제1항에 따른 명령을 위반한 자

15. 제133조제3항을 준용하는 제136조·제179조 및 제192조제2항에 따른 검사를 거부·방해 또는 기피한 자

16. 제133조제3항을 준용하는 제136조 · 제179조 · 제192조제2항에 따른 요구에 응하지 아니한 자

17. 제162조제2항에 따른 요구를 정당한 사유 없이 거부 · 방해 또는 기피한 자

⑧ 제1항부터 제7항까지의 과태료는 대통령령으로 정하는 바에 따라 금융위원회가 부과 · 징수한다. 〈개정 2017. 4. 18., 2020. 5. 19., 2020. 12. 8.〉

[전문개정 2010. 7. 23.]

제210조삭제 〈2010. 7. 23.〉

부칙 〈제18435호, 2021. 8. 17.〉

이 법은 공포 후 6개월이 경과한 날부터 시행한다. =

보험업법
시행령

[시행 2022. 2. 18.]
[대통령령 제32450호, 2022. 2. 17., 일부개정]

제1장 총칙

제1조(목적)

이 영은 「보험업법」에서 위임된 사항과 그 시행에 필요한 사항을 규정함을 목적으로 한다.

[전문개정 2011. 1. 24.]

제1조의2(보험상품)

① 「보험업법」(이하 "법"이라 한다) 제2조제1호 각 목 외의 부분에서 "대통령령으로 정하는 것"이란 다음 각 호의 것을 말한다.

　1. 「고용보험법」에 따른 고용보험

　2. 「국민건강보험법」에 따른 건강보험

　3. 「국민연금법」에 따른 국민연금

　4. 「노인장기요양보험법」에 따른 장기요양보험

　5. 「산업재해보상보험법」에 따른 산업재해보상보험

　6. 「할부거래에 관한 법률」 제2조제2호에 따른 선불식 할부계약

② 법 제2조제1호가목에서 "대통령령으로 정하는 계약"이란 다음 각 호의 계약을 말한다.

　1. 생명보험계약

　2. 연금보험계약(퇴직보험계약을 포함한다)

③ 법 제2조제1호나목에서 "대통령령으로 정하는 계약"이란 다음 각 호의 계약을 말한다.

　1. 화재보험계약

　2. 해상보험계약(항공·운송보험계약을 포함한다)

　3. 자동차보험계약

　4. 보증보험계약

　5. 재보험계약

　6. 책임보험계약

　7. 기술보험계약

　8. 권리보험계약

　9. 도난보험계약

　10. 유리보험계약

　11. 동물보험계약

　12. 원자력보험계약

13. 비용보험계약

14. 날씨보험계약

④ 법 제2조제1호다목에서 "대통령령으로 정하는 계약"이란 다음 각 호의 계약을 말한다.

1. 상해보험계약

2. 질병보험계약

3. 간병보험계약

⑤ 제2항부터 제4항까지의 규정에 따른 보험계약의 구체적 구분기준은 금융위원회가 정하여 고시한다.

[본조신설 2011. 1. 24.]

제2조(신용공여의 범위)

① 법 제2조제13호에 따른 신용공여의 범위는 다음 각 호의 것으로서 그 구체적인 내용은 금융위원회가 정하여 고시한다.

1. 대출

2. 어음 및 채권의 매입

3. 그 밖에 거래 상대방의 지급불능 시 이로 인하여 보험회사에 손실을 초래할 수 있는 거래

4. 보험회사가 직접적으로 제1호부터 제3호까지에 해당하는 거래를 한 것은 아니나 실질적으로 제1호부터 제3호까지에 해당하는 거래를 한 것과 같은 결과를 가져올 수 있는 거래

② 금융위원회는 제1항에도 불구하고 다음 각 호의 어느 하나에 해당하는 거래를 신용공여의 범위에 포함시키지 아니할 수 있다.

1. 보험회사에 손실을 초래할 가능성이 적은 것으로 판단되는 거래

2. 금융시장에 미치는 영향 등 해당 거래의 상황에 비추어 신용공여의 범위에 포함시키지 아니하는 것이 타당하다고 판단되는 거래

[전문개정 2011. 1. 24.]

제3조(총자산의 범위)

① 법 제2조제14호에서 "미상각신계약비(未償却新契約費), 영업권 등 대통령령으로 정하는 자산"이란 미상각신계약비 및 영업권과 법 제108조제1항제2호 및 제3호에 따른 특별계정 자산을 말한다.

② 제1항에 따른 자산의 범위 등에 관하여 필요한 세부 사항은 금융위원회가 정하여 고시한다.

[전문개정 2011. 1. 24.]

제4조(자기자본의 범위)

법 제2조제15호에 따른 자기자본을 산출할 때 합산하여야 할 항목 및 빼야 할 항목은 다음 각 호의 기준에 따라 금융위원회가 정하여 고시한다.

1. 합산하여야 할 항목: 납입자본금, 자본잉여금 및 이익잉여금 등 보험회사의 자본 충실에 기여하거나 영업활동에서 발생하는 손실을 보전(補塡)할 수 있는 것
2. 빼야 할 항목: 영업권 등 실질적으로 자본 충실에 기여하지 아니하는 것

[전문개정 2011. 1. 24.]

제5조(동일차주의 범위)

법 제2조제16호에서 "대통령령으로 정하는 자"란 「독점규제 및 공정거래에 관한 법률」 제2조제11호에 따른 기업집단에 속하는 회사를 말한다. 〈개정 2021. 12. 28.〉

[전문개정 2011. 1. 24.]

제6조삭제 〈2016. 7. 28.〉

제6조의2(전문보험계약자의 범위 등)

① 법 제2조제19호 각 목 외의 부분 단서에서 "대통령령으로 정하는 자"란 다음 각 호의 자를 말한다.

1. 지방자치단체
2. 주권상장법인
3. 제2항제15호에 해당하는 자
4. 제3항제15호, 제16호 및 제18호에 해당하는 자

② 법 제2조제19호다목에서 "대통령령으로 정하는 금융기관"이란 다음 각 호의 금융기관을 말한다.

1. 보험회사
2. 「금융지주회사법」에 따른 금융지주회사
3. 「농업협동조합법」에 따른 농업협동조합중앙회
4. 「산림조합법」에 따른 산림조합중앙회
5. 「상호저축은행법」에 따른 상호저축은행 및 그 중앙회
6. 「새마을금고법」에 따른 새마을금고연합회
7. 「수산업협동조합법」에 따른 수산업협동조합중앙회

8. 「신용협동조합법」에 따른 신용협동조합중앙회

9. 「여신전문금융업법」에 따른 여신전문금융회사

10. 「은행법」에 따른 은행

11. 「자본시장과 금융투자업에 관한 법률」에 따른 금융투자업자(같은 법 제22조에 따른 겸영금융투자업자는 제외한다), 증권금융회사, 종합금융회사 및 자금중개회사

12. 「중소기업은행법」에 따른 중소기업은행

13. 「한국산업은행법」에 따른 한국산업은행

14. 「한국수출입은행법」에 따른 한국수출입은행

15. 제1호부터 제14호까지의 기관에 준하는 외국금융기관

③ 법 제2조제19호마목에서 "대통령령으로 정하는 자"란 다음 각 호의 자를 말한다. 〈개정 2013. 8. 27., 2014. 3. 24., 2016. 3. 11., 2016. 5. 31., 2021. 6. 1., 2022. 2. 17.〉

1. 지방자치단체

2. 법 제83조에 따라 모집을 할 수 있는 자

3. 법 제175조에 따른 보험협회(이하 "보험협회"라 한다), 법 제176조에 따른 보험요율 산출기관(이하 "보험요율 산출기관"이라 한다) 및 법 제178조에 따른 보험 관계 단체

4. 「한국자산관리공사 설립 등에 관한 법률」에 따른 한국자산관리공사

5. 「금융위원회의 설치 등에 관한 법률」에 따른 금융감독원(이하 "금융감독원"이라 한다)

6. 「예금자보호법」에 따른 예금보험공사 및 정리금융회사

7. 「자본시장과 금융투자업에 관한 법률」에 따른 한국예탁결제원 및 같은 법 제373조의2에 따라 허가를 받은 거래소(이하 "거래소"라 한다)

8. 「자본시장과 금융투자업에 관한 법률」에 따른 집합투자기구. 다만, 금융위원회가 정하여 고시하는 집합투자기구는 제외한다.

9. 「한국주택금융공사법」에 따른 한국주택금융공사

10. 「한국투자공사법」에 따른 한국투자공사

11. 삭제 〈2014. 12. 30.〉

12. 「기술보증기금법」에 따른 기술보증기금

13. 「신용보증기금법」에 따른 신용보증기금

14. 법률에 따라 공제사업을 하는 법인

15. 법률에 따라 설립된 기금(제12호와 제13호에 따른 기금은 제외한다) 및 그 기금을 관리·운용하는 법인

16. 해외 증권시장에 상장된 주권을 발행한 국내법인

17. 다음 각 목의 어느 하나에 해당하는 외국인

　가. 외국 정부

　나. 조약에 따라 설립된 국제기구

　다. 외국 중앙은행

　라. 제1호부터 제15호까지 및 제18호의 자에 준하는 외국인

18. 그 밖에 보험계약에 관한 전문성, 자산규모 등에 비추어 보험계약의 내용을 이해하고 이행할 능력이 있는 자로서 금융위원회가 정하여 고시하는 자

[본조신설 2011. 1. 24.]

제7조(보험계약의 체결)

① 법 제3조 단서에 따라 보험회사가 아닌 자와 보험계약을 체결할 수 있는 경우는 다음 각 호의 어느 하나에 해당하는 경우로 한다.

1. 외국보험회사와 생명보험계약, 수출적하보험계약, 수입적하보험계약, 항공보험계약, 여행보험계약, 선박보험계약, 장기상해보험계약 또는 재보험계약을 체결하는 경우

2. 제1호 외의 경우로서 대한민국에서 취급되는 보험종목에 관하여 셋 이상의 보험회사로부터 가입이 거절되어 외국보험회사와 보험계약을 체결하는 경우

3. 대한민국에서 취급되지 아니하는 보험종목에 관하여 외국보험회사와 보험계약을 체결하는 경우

4. 외국에서 보험계약을 체결하고, 보험기간이 지나기 전에 대한민국에서 그 계약을 지속시키는 경우

5. 제1호부터 제4호까지 외에 보험회사와 보험계약을 체결하기 곤란한 경우로서 금융위원회의 승인을 받은 경우

② 제1항제1호부터 제3호까지에 따라 체결할 수 있는 보험계약의 확인방법 및 외국보험회사의 대한민국에서의 보험계약의 체결 또는 모집방법 등에 관하여 필요한 사항은 금융위원회가 정하여 고시한다.

[전문개정 2011. 1. 24.]

제2장 보험업의 허가 등

제8조(보험종목 등)

① 법 제4조제1항제2호바목에서 "대통령령으로 정하는 보험종목"이란 다음 각 호의 어느 하나에 해당하는 보험종목을 말한다. 〈개정 2014. 4. 15.〉

1. 책임보험

2. 기술보험

3. 권리보험

4. 도난 · 유리 · 동물 · 원자력 보험

5. 삭제 〈2014. 4. 15.〉

6. 삭제 〈2014. 4. 15.〉

7. 삭제 〈2014. 4. 15.〉

8. 비용보험

9. 날씨보험

② 법 제4조제1항 각 호에 따른 보험종목의 구체적 구분기준은 금융위원회가 정하여 고시한다.

[전문개정 2011. 1. 24.]

제9조(허가신청)

① 법 제5조에 따라 보험업의 허가를 신청하는 자는 금융위원회에 제출하는 신청서에 다음 각 호의 사항을 적어야 한다.

1. 상호

2. 주된 사무소의 소재지

3. 대표자 및 임원의 성명 · 주민등록번호 및 주소

4. 자본금 또는 기금에 관한 사항

5. 시설, 설비 및 인력에 관한 사항

6. 허가를 받으려는 보험종목

② 법 제5조제3호에서 "대통령령으로 정하는 서류"란 보험종목별 사업방법서를 말한다.

③ 법 제5조제4호에서 "대통령령으로 정하는 서류"란 다음 각 호의 구분에 따른 서류를 말한다. 이 경우 금융위원회는 「전자정부법」 제36조제1항 또는 제2항에 따른 행정정보의 공동이용을 통하여 회사의 법인 등기사항증명서(외국보험회사를 제외한 주식회사 또는 상호회사의 경우만 해당한다)를 확인해야 한다. 〈개정 2021. 9. 29.〉

1. 외국보험회사를 제외한 주식회사 또는 상호회사의 경우에는 다음 각 목의 서류. 다만, 취급하는 보험종목을 추가하려는 경우에는 가목부터 다목까지의 서류를 제출하지 아니할 수 있다.

   가. 발기인회의의 의사록

   나. 임원 및 발기인의 이력서 및 경력증명서

   다. 합작계약서(외국기업과 합작하여 보험업을 하려는 경우만 해당한다)

   라. 법 제9조제1항 및 제2항에 따른 자본금 또는 기금의 납입을 증명하는 서류

   마. 재무제표와 그 부속서류

   바. 주주(상호회사의 경우에는 사원)의 성명 또는 명칭과 소유 주식 수(상호회사의 경우에는 출자지분)를 적은 서류

   사. 그 밖에 법 또는 이 영에 따른 허가 요건의 심사에 필요한 서류로서 총리령으로 정하는 서류

2. 외국보험회사의 경우에는 다음 각 목의 서류. 다만, 취급하는 보험종목을 추가하려는 경우에는 나목, 라목 및 마목의 서류를 제출하지 않을 수 있다.

   가. 외국보험회사의 본점이 적법한 보험업을 경영하고 있음을 증명하는 해당 외국보험회사가 속한 국가의 권한 있는 기관의 증명서

   나. 대한민국에서 외국보험회사를 대표하는 자(이하 이 호에서 "대표자"라 한다)의 대표권을 증명하는 서류

   다. 외국보험회사 본점의 최근 3년간의 재무상태표와 손익계산서

   라. 법 제9조제3항에 따른 영업기금의 납입을 증명하는 서류

   마. 대표자의 이력서 및 경력증명서

   바. 재무제표와 그 부속서류

   사. 그 밖에 법 또는 이 영에 따른 허가 요건의 심사에 필요한 서류로서 총리령으로 정하는 서류

④ 금융위원회는 법 제5조에 따른 허가신청을 받았을 때에는 2개월(법 제7조에 따라 예비허가를 받은 경우에는 1개월) 이내에 이를 심사하여 신청인에게 허가 여부를 통지해야 한다. 다만, 신청서류의 보완 또는 실제 조사에 걸린 기간은 통지기간에 산입(算入)하지 않는다.

〈개정 2021. 1. 5.〉

[전문개정 2011. 1. 24.]

제10조(허가의 세부 요건 등)

① 법 제6조제1항제2호에 따라 보험업의 허가를 받으려는 자가 갖추어야 하는 전문 인력 및 물적 시설의 세부 요건은 다음 각 호와 같다. 〈개정 2016. 7. 28., 2019. 6. 25.〉

  1. 임원이 「금융회사의 지배구조에 관한 법률」 제5조제1항에 따른 임원의 결격사유에 해당되지 아니하여야 하며, 허가를 받으려는 보험업에 관한 전문성과 건전성을 갖춘 보험 전문 인력과 보험회사의 업무 수행을 위한 전산요원 등 필요한 인력을 갖출 것

  2. 허가를 받으려는 보험업을 경영하는 데에 필요한 전산설비를 구축하고 사무실 등 공간을 충분히 확보할 것

② 보험업의 허가를 받으려는 자가 다음 각 호의 어느 하나에 해당하는 업무를 외부에 위탁하는 경우에는 법 제6조제1항제2호 후단에 따라 그 업무와 관련된 전문 인력과 물적 시설을 갖춘 것으로 본다. 〈개정 2019. 6. 25.〉

  1. 손해사정업무

  2. 보험계약 심사를 위한 조사업무

  3. 보험금 지급심사를 위한 보험사고 조사업무

  4. 전산설비의 개발·운영 및 유지·보수에 관한 업무

  5. 정보처리 업무

③ 법 제6조제1항제3호에 따른 사업계획은 다음 각 호의 요건을 모두 충족하여야 한다.

  1. 사업계획이 지속적인 영업을 수행하기에 적합하고 추정재무제표 및 수익 전망이 사업계획에 비추어 타당성이 있을 것

  2. 사업계획을 추진하는 데 드는 자본 등 자금의 조달방법이 적절할 것

  3. 사업방법서가 보험계약자를 보호하기에 적절한 내용일 것

④ 법 제6조제1항제4호에 따른 대주주는 별표 1의 요건을 갖추어야 한다.

⑤ 법 제6조제3항제1호 단서에서 "대통령령으로 정하는 완화된 요건"이란 다음 각 호의 구분에 따른 요건을 말한다.

  1. 대주주가 별표 1 제1호부터 제3호까지의 어느 하나에 해당하는 자인 경우: 같은 표 제1호라목 및 마목1)·3)에 한정하여 그 요건을 충족할 것. 이 경우 별표 1 제1호마목1) 중 "최근 5년간"은 "최대주주가 최근 5년간"으로, "벌금형"은 "5억원의 벌금형"으로 본다.

  2. 대주주가 별표 1 제4호 또는 제5호라목에 해당하는 자인 경우: 같은 표 제1호마목1)·3) 및 제4호라목에 한정하여 그 요건을 충족할 것. 이 경우 별표 1 제1호마목1) 중 "최근 5년간"은 "최대주주가 최근 5년간"으로, "벌금형"은 "5억원의 벌금형"으로 보고, 같은 표 제4호라목 중 "최근 3년간"은 "최대주주가 최근 3년간"으로, "해당 외국법인이 속한 국가의 감독

기관으로부터 법인경고 이상에 상당하는 행정처분을 받거나 벌금형 이상에 상당하는 형사처벌을 받은 사실"은 "해당 외국법인이 속한 국가의 사법기관으로부터 5억원의 벌금형 이상에 상당하는 형사처벌을 받은 사실"로 본다.

  3. 대주주가 별표 1 제5호(라목은 제외한다)에 해당하는 자인 경우: 같은 표 제1호마목1)·3)에 한정하여 그 요건을 충족할 것. 이 경우 별표 1 제1호마목1) 중 "최근 5년간"은 "최대주주가 최근 5년간"으로, "벌금형"은 "5억원의 벌금형"으로 본다.

  ⑥ 법 제6조제3항제2호에서 "대통령령으로 정하는 건전한 재무상태와 사회적 신용"이란 다음 각 호의 구분에 따른 사항을 말한다.　　　　　　　　　　　　　　〈개정 2016. 7. 28.〉

    1. 건전한 재무상태: 보험회사의 보험금 지급능력과 경영건전성을 확보하기 위한 것으로서 금융위원회가 정하여 고시하는 재무건전성 기준을 충족할 수 있는 상태

    2. 사회적 신용: 다음 각 목의 요건을 모두 충족할 것. 다만, 그 위반 등의 정도가 경미하다고 인정되는 경우는 제외한다.

      가. 최근 3년간 「금융회사의 지배구조에 관한 법률 시행령」 제5조에 따른 법령(이하 "금융관련법령"이라 한다), 「독점규제 및 공정거래에 관한 법률」 및 「조세범 처벌법」을 위반하여 벌금형 이상에 상당하는 형사처벌을 받은 사실이 없을 것

      나. 최근 3년간 채무불이행 등으로 건전한 신용질서를 해친 사실이 없을 것

      다. 「금융산업의 구조개선에 관한 법률」에 따라 부실금융기관으로 지정되거나 금융관련법령에 따라 허가·인가 또는 등록이 취소된 자가 아닐 것. 다만, 법원의 판결에 따라 부실책임이 없다고 인정된 자 또는 부실에 따른 경제적 책임을 부담하는 등 금융위원회가 정하여 고시하는 기준에 해당하는 자는 제외한다.

      라. 「금융회사의 지배구조에 관한 법률」 제2조제7호에 따른 금융관계법령에 따라 금융위원회, 외국 금융감독기관 등으로부터 지점이나 그 밖의 영업소의 폐쇄 또는 그 업무의 전부나 일부의 정지 이상의 조치를 받은 후 다음 구분에 따른 기간이 지났을 것

        1) 업무의 전부정지: 업무정지가 끝난 날부터 3년

        2) 업무의 일부정지: 업무정지가 끝난 날부터 2년

        3) 지점이나 그 밖의 영업소의 폐쇄 또는 그 업무의 전부나 일부의 정지: 해당 조치를 받은 날부터 1년

  ⑦ 보험회사가 보험업 허가를 받은 이후 전산설비의 성능 향상이나 보안체계의 강화 등을 위하여 그 일부를 변경하는 경우에는 법 제6조제4항 본문에서 정하는 바에 따라 물적 시설을 유지한 것으로 본다.

  ⑧ 법 제6조제4항 단서에서 "대통령령으로 정하는 경우"란 보험계약자의 이익 보호에 지장을 주

지 아니하고 해당 보험회사의 경영효율성 향상 등을 위하여 불가피한 경우로서 다음 각 호의
요건을 모두 충족하는 경우를 말한다.

1. 개인정보 보호에 차질이 없을 것

2. 보험서비스 제공의 지연 등으로 인한 민원 발생의 우려가 없을 것

3. 보험계약과 관련한 신뢰성 있는 보험통계를 제때에 산출할 수 있을 것

4. 해당 보험회사에 대한 감독ㆍ검사 업무의 수행에 지장을 주지 아니할 것

⑨ 금융위원회는 제1항부터 제8항까지의 요건에 관한 세부 기준을 정하여 고시할 수 있다.

[전문개정 2011. 1. 24.]

제11조삭제 〈2016. 7. 28.〉

제12조(보험종목별 자본금 또는 기금)

① 법 제9조제1항 단서에 따라 보험종목의 일부만을 취급하려는 보험회사가 납입하여야 하는
보험종목별 자본금 또는 기금의 액수는 다음 각 호의 구분에 따른다.

  1. 생명보험: 200억원

  2. 연금보험(퇴직보험을 포함한다): 200억원

  3. 화재보험: 100억원

  4. 해상보험(항공ㆍ운송보험을 포함한다): 150억원

  5. 자동차보험: 200억원

  6. 보증보험: 300억원

  7. 재보험: 300억원

  8. 책임보험: 100억원

  9. 기술보험: 50억원

  10. 권리보험: 50억원

  11. 상해보험: 100억원

  12. 질병보험: 100억원

  13. 간병보험: 100억원

  14. 제1호부터 제13호까지 외의 보험종목: 50억원

② 제1항제7호는 재보험을 전업(專業)으로 하려는 보험회사에 한정하여 적용한다. 다만, 취급
하고 있는 보험종목에 대한 재보험을 하려는 경우에는 그러하지 아니하다.

③ 보험회사가 제1항 각 호의 보험종목 중 둘 이상의 보험종목을 취급하려는 경우에는 제1항 각

호의 구분에 따른 금액의 합계액을 자본금 또는 기금으로 한다. 다만, 그 합계액이 300억원 이상인 경우에는 300억원으로 한다.

[전문개정 2011. 1. 24.]₩

제13조(통신판매전문보험회사)

① 법 제9조제2항제1호에서 "대통령령으로 정하는 바에 따라 모집을 하는 보험회사"란 총보험 계약건수 및 수입보험료의 100분의 90 이상을 전화, 우편, 컴퓨터통신 등 통신수단을 이용하 여 모집하는 보험회사(이하 "통신판매전문보험회사"라 한다)를 말한다. 〈개정 2021. 6. 1.〉

② 통신판매전문보험회사가 제1항에 따른 모집비율을 위반한 경우에는 그 비율을 충족할 때까 지 제1항에 따른 통신수단 외의 방법으로 모집할 수 없다.

③ 모집비율의 산정기준 등 통신수단을 이용한 모집에 필요한 사항은 금융위원회가 정하여 고 시한다.

[전문개정 2011. 1. 24.]

제13조의2(소액단기전문보험회사)

① 법 제9조제2항제2호에서 "모집할 수 있는 보험상품의 종류, 보험기간, 보험금의 상한액, 연간 총보험료 상한액 등 대통령령으로 정하는 기준"이란 다음 각 호의 구분에 따른 기준을 말한 다.

  1. 모집할 수 있는 보험상품의 종류: 다음 각 목의 보험상품

    가. 생명보험상품 중 제1조의2제2항제1호에 따른 보험상품

    나. 손해보험상품 중 제1조의2제3항제6호, 제9호부터 제11호까지, 제13호 또는 제14호에 따른 보험상품

    다. 제3보험상품 중 제1조의2제4항제1호 또는 제2호에 따른 보험상품

  2. 보험기간: 2년 이내의 범위에서 금융위원회가 정하여 고시하는 기간

  3. 보험금의 상한액: 5천만원

  4. 연간 총보험료 상한액: 500억원

② 법 제9조제2항제2호에서 "대통령령으로 정하는 금액"이란 20억원을 말한다.

[본조신설 2021. 6. 1.]

제14조(외국보험회사의 영업기금)

법 제9조제3항에 따른 외국보험회사의 영업기금은 30억원 이상으로 한다.

[전문개정 2011. 1. 24.]

제15조(겸영 가능 보험종목)

① 법 제10조제2호에서 "대통령령으로 정하는 보험종목"이란 다음 각 호의 보험을 말한다. 다만, 법 제4조제1항제2호에 따른 손해보험업의 보험종목(재보험과 보증보험은 제외한다. 이하 이 조에서 같다) 일부만을 취급하는 보험회사와 제3보험업만을 경영하는 보험회사는 겸영할 수 없다. 〈개정 2012. 7. 24., 2021. 6. 1.〉

1. 「소득세법」 제20조의3제1항제2호 각 목 외의 부분에 따른 연금저축계좌를 설정하는 계약

2. 「근로자퇴직급여 보장법」 제29조제2항에 따른 보험계약 및 법률 제10967호 근로자퇴직급여 보장법 전부개정법률 부칙 제2조제1항 본문에 따른 퇴직보험계약

② 법 제10조제3호에서 "대통령령으로 정하는 기준에 따라 제3보험의 보험종목에 부가되는 보험"이란 질병을 원인으로 하는 사망을 제3보험의 특약 형식으로 담보하는 보험으로서 다음 각 호의 요건을 충족하는 보험을 말한다. 〈개정 2018. 6. 5.〉

1. 보험만기는 80세 이하일 것

2. 보험금액의 한도는 개인당 2억원 이내일 것

3. 만기 시에 지급하는 환급금은 납입보험료 합계액의 범위 내일 것

[전문개정 2011. 1. 24.]

제16조(겸영업무의 범위)

① 법 제11조제1호에서 "대통령령으로 정하는 금융 관련 법령에서 정하고 있는 금융업무"란 다음 각 호의 어느 하나에 해당하는 업무를 말한다. 〈개정 2020. 8. 4.〉

1. 「자산유동화에 관한 법률」에 따른 유동화자산의 관리업무

2. 「주택저당채권 유동화회사법」에 따른 유동화자산의 관리업무

3. 「한국주택금융공사법」에 따른 채권유동화자산의 관리업무

4. 「전자금융거래법」 제28조제2항제1호에 따른 전자자금이체업무[같은 법 제2조제6호에 따른 결제중계시스템(이하 이 호에서 "결제중계시스템"이라 한다)의 참가기관으로서 하는 전자자금이체업무와 보험회사의 전자자금이체업무에 따른 자금정산 및 결제를 위하여 결제중계시스템에 참가하는 기관을 거치는 방식의 전자자금이체업무는 제외한다]

5. 「신용정보의 이용 및 보호에 관한 법률」에 따른 본인신용정보관리업

② 법 제11조제2호에서 "대통령령으로 정하는 금융업"이란 다음 각 호의 어느 하나에 해당하는

업무를 말한다. 〈개정 2012. 7. 24.〉

1. 「자본시장과 금융투자업에 관한 법률」 제6조제4항에 따른 집합투자업
2. 「자본시장과 금융투자업에 관한 법률」 제6조제6항에 따른 투자자문업
3. 「자본시장과 금융투자업에 관한 법률」 제6조제7항에 따른 투자일임업
4. 「자본시장과 금융투자업에 관한 법률」 제6조제8항에 따른 신탁업
5. 「자본시장과 금융투자업에 관한 법률」 제9조제21항에 따른 집합투자증권에 대한 투자매매업
6. 「자본시장과 금융투자업에 관한 법률」 제9조제21항에 따른 집합투자증권에 대한 투자중개업
7. 「외국환거래법」 제3조제16호에 따른 외국환업무
8. 「근로자퇴직급여 보장법」 제2조제13호에 따른 퇴직연금사업자의 업무

③ 법 제11조제3호에서 "대통령령으로 정하는 금융업무"란 다른 금융기관의 업무 중 금융위원회가 정하여 고시하는 바에 따라 그 업무의 수행방법 또는 업무 수행을 위한 절차상 본질적 요소가 아니면서 중대한 의사결정을 필요로 하지 아니한다고 판단하여 위탁한 업무를 말한다.

[전문개정 2011. 1. 24.]

제16조의2(부수업무 등의 공고)

① 금융위원회는 보험회사가 법 제11조의2제1항에 따라 보험업에 부수(附隨)하는 업무(이하 "부수업무"라 한다)를 신고한 경우에는 그 신고일부터 7일 이내에 다음 각 호의 사항을 인터넷 홈페이지 등에 공고하여야 한다.

1. 보험회사의 명칭
2. 부수업무의 신고일
3. 부수업무의 개시 예정일
4. 부수업무의 내용
5. 그 밖에 보험계약자의 보호를 위하여 공시가 필요하다고 인정되는 사항으로서 금융위원회가 정하여 고시하는 사항

② 금융위원회는 법 제11조의2제3항에 따라 부수업무를 하는 것을 제한하거나 시정할 것을 명한 경우에는 그 내용과 사유를 인터넷 홈페이지 등에 공고해야 한다. 〈개정 2021. 6. 1.〉

[본조신설 2011. 1. 24.]

제17조(겸영업무 · 부수업무의 회계처리)

① 법 제11조의3에 따라 보험회사가 제16조제1항제1호부터 제3호까지, 제2항제2호부터 제4호까지의 업무 및 부수업무(직전 사업연도 매출액이 해당 보험회사 수입보험료의 1천분의 1 또는 10억원 중 많은 금액에 해당하는 금액을 초과하는 업무만 해당한다)를 하는 경우에는 해당 업무에 속하는 자산 · 부채 및 수익 · 비용을 보험업과 구분하여 회계처리하여야 한다.

〈개정 2016. 4. 1.〉

② 제1항에 따른 회계처리의 세부 기준 등 그 밖에 필요한 사항은 금융위원회가 정하여 고시한다.

〈개정 2016. 4. 1.〉

[전문개정 2011. 1. 24.]

[제목개정 2016. 4. 1.]

제18조(행정정보의 공동이용)

① 보험회사는 법 제2조제2호의 업무를 수행하기 위해 필요한 경우 「전자정부법」 제36조제2항에 따른 행정정보의 공동이용을 통해 별표 2에 따른 행정정보를 확인할 수 있다.

② 보험협회는 제84조제6호의 업무를 수행하기 위해 필요한 경우 「전자정부법」 제36조제2항에 따른 행정정보의 공동이용을 통해 다음 각 호의 행정정보를 확인할 수 있다.

1. 주민등록표 초본

2. 가족관계등록 전산정보

3. 외국인등록 사실증명

4. 자동차 운전면허증

③ 보험회사 및 보험협회는 제1항 및 제2항에 따라 행정정보(「전자정부법 시행령」 제49조제2항제3호에 따른 행정정보는 제외한다)를 확인하려는 경우 「개인정보 보호법」 제2조제3호의 정보주체로부터 사전동의를 받아야 한다.

[본조신설 2021. 6. 1.]

제3장 보험회사

제19조삭제 〈2016. 7. 28.〉

제20조삭제 〈2016. 7. 28.〉

제21조삭제 〈2016. 7. 28.〉

제21조의2삭제 〈2016. 7. 28.〉

제21조의3삭제 〈2016. 7. 28.〉

제22조삭제 〈2016. 7. 28.〉

제23조삭제 〈2016. 7. 28.〉

제23조의2(자본감소)

법 제18조제2항에서 "대통령령으로 정하는 자본감소"란 주식 금액 또는 주식 수의 감소에 따른
자본금의 실질적 감소를 말한다.

[본조신설 2011. 1. 24.]

제24조삭제 〈2016. 7. 28.〉

제25조(설립등기신청서의 첨부서류)

법 제40조에 따라 상호회사의 설립등기를 하려는 경우에는 등기신청서에 다음 각 호의 서류를
첨부하여야 한다.

　　1. 정관

　　2. 사원명부

　　3. 사원을 모집하는 경우에는 각 사원의 입사청약서

　　4. 이사, 감사 또는 검사인의 조사보고서 및 그 부속서류

　　5. 창립총회의 의사록

　　6. 대표이사에 관한 이사회의 의사록

[전문개정 2011. 1. 24.]

제25조의2(외국보험회사국내지점의 자산 보유 등)

법 제75조제1항에 따라 외국보험회사국내지점은 다음 각 호의 어느 하나에 해당하는 자산을 대
한민국에서 보유하여야 한다. 〈개정 2014. 4. 15.〉

1. 현금 또는 국내 금융기관에 대한 예금, 적금 및 부금

2. 국내에 예탁하거나 보관된 증권

3. 국내에 있는 자에 대한 대여금, 그 밖의 채권

4. 국내에 있는 고정자산

5. 미상각신계약비

6. 국내에 적립된 제63조제2항에 따른 재보험자산

7. 제1호부터 제6호까지의 자산과 유사한 자산으로서 금융위원회가 정하여 고시하는 자산

[본조신설 2011. 1. 24.]

제4장 모집

제26조(모집할 수 있는 자)

① 법 제83조제2항에 따라 법 제91조제2항에 따른 금융기관보험대리점등(이하 "금융기관보험대리점등"이라 한다) 중 다음 각 호의 어느 하나에 해당하는 자는 소속 임직원이 아닌 자로 하여금 모집을 하게 하거나, 보험계약 체결과 관련한 상담 또는 소개를 하게 하고 상담 또는 소개의 대가를 지급할 수 있다. 〈개정 2011. 12. 31., 2017. 6. 27.〉

1. 제40조제1항제3호에 따른 신용카드업자

2. 제40조제1항제4호에 따른 조합(「농업협동조합법」 제161조의12에 따라 설립된 농협생명보험 또는 농협손해보험이 판매하는 보험상품을 모집하는 경우로 한정한다)

② 제1항제2호에 따라 보험을 모집하거나 보험계약을 상담 또는 소개하게 할 수 있는 조합의 소속 임직원이 아닌 자는 보험설계사로서 구체적인 범위는 금융위원회가 정하여 고시한다. 〈신설 2011. 12. 31.〉

[전문개정 2011. 1. 24.]

[대통령령 제23479호(2011. 12. 31.) 부칙 제2조의 규정에 의하여 이 조 제1항제2호 및 같은 조 제2항은 2027년 3월 1일까지 유효함]

제27조(보험설계사의 구분 및 등록요건)

① 법 제84조에 따른 보험설계사는 생명보험설계사, 손해보험설계사[제30조제1항에 따른 간단손해보험대리점 소속의 손해보험설계사(이하 "간단손해보험설계사"라 한다)를 포함한다. 이하 같다] 및 제3보험설계사로 구분한다. 〈개정 2015. 1. 6., 2018. 6. 5.〉

② 제1항에 따른 보험설계사의 등록요건은 별표 3과 같다.

③ 법 제84조제2항제7호에서 "대통령령으로 정하는 자"란 다음 각 호의 어느 하나에 해당하는 사람을 말한다.

　　1. 직무정지 이상의 조치를 받은 임원

　　2. 정직 이상의 조치를 받은 직원

　　3. 제1호나 제2호에 따른 제재를 받기 전에 사임 또는 사직한 사람

④ 보험설계사 등록의 신청방법과 그 밖에 보험설계사의 등록에 필요한 사항은 금융위원회가 정하여 고시한다.

[전문개정 2011. 1. 24.]

제28조(보험설계사의 영업범위)

① 보험설계사의 영업범위는 다음 각 호의 구분에 따른다.　　　　　〈개정 2015. 1. 6., 2018. 6. 5.〉

　　1. 생명보험설계사: 법 제4조제1항제1호의 보험종목

　　2. 손해보험설계사: 법 제4조제1항제2호의 보험종목. 다만, 간단손해보험설계사의 영업범위는 제30조제1항에 따른 간단손해보험대리점이 영위하는 본업과의 관련성 등을 고려하여 금융위원회가 정하여 고시하는 보험종목으로 한다.

　　3. 제3보험설계사: 법 제4조제1항제3호의 보험종목

② 제1항에서 규정한 사항 외에 보험설계사의 영업에 관하여 필요한 사항은 금융위원회가 정하여 고시한다.

[전문개정 2011. 1. 24.]

제29조(보험설계사의 교차모집)

① 보험설계사가 법 제85조제3항에 따라 소속 보험회사 외의 보험회사를 위하여 모집(이하 이 조에서 "교차모집"이라 한다)하려는 경우에는 교차모집을 하려는 보험회사의 명칭 등 금융위원회가 정하여 고시하는 사항을 적은 서류를 보험협회에 제출해야 한다. 〈개정 2021. 6. 1.〉

② 교차모집을 하려는 보험설계사(이하 이 조에서 "교차모집보험설계사"라 한다)는 모집하려는 보험계약의 종류에 따라 제27조제1항 및 제2항의 구분에 따른 등록요건을 갖추어 보험협회에 보험설계사 등록을 하여야 한다.

③ 법 제85조제4항에 따라 교차모집보험설계사의 소속 보험회사 또는 교차모집을 위탁한 보험회사는 다음 각 호의 행위를 하여서는 아니 된다.

　　1. 교차모집보험설계사에게 자사 소속의 보험설계사로 전환하도록 권유하는 행위

　　2. 교차모집보험설계사에게 자사를 위하여 모집하는 경우 보험회사가 정한 수수료·수당 외

에 추가로 대가를 지급하기로 약속하거나 이를 지급하는 행위

3. 교차모집보험설계사가 다른 보험회사를 위하여 모집한 보험계약을 자사의 보험계약으로 처리하도록 유도하는 행위

4. 교차모집보험설계사에게 정당한 사유 없이 위탁계약 해지, 위탁범위 제한 등 불이익을 주는 행위

5. 교차모집보험설계사의 소속 영업소를 변경하거나 모집한 계약의 관리자를 변경하는 등 교차모집을 제약 · 방해하는 행위

6. 그 밖에 보험계약자 보호와 모집질서 유지를 위하여 총리령으로 정하는 행위

④ 교차모집보험설계사는 다음 각 호의 어느 하나에 해당하는 행위를 하여서는 아니 된다.

1. 업무상 알게 된 특정 보험회사의 정보를 다른 보험회사에 제공하는 행위

2. 보험계약을 체결하려는 자의 의사에 반하여 다른 보험회사와의 보험계약 체결을 권유하는 등 모집을 위탁한 보험회사 중 어느 한 쪽의 보험회사만을 위하여 모집하는 행위

3. 모집을 위탁한 보험회사에 대하여 회사가 정한 수수료 · 수당 외에 추가로 대가를 지급하도록 요구하는 행위

4. 그 밖에 보험계약자 보호와 모집질서 유지를 위하여 총리령으로 정하는 행위

[전문개정 2011. 1. 24.]

제29조의2(보험설계사 등의 교육)

① 법 제85조의2제1항에 따라 보험회사, 보험대리점 및 보험중개사(이하 이 조에서 "보험회사 등"이라 한다)는 소속 보험설계사에게 법 제84조에 따라 최초로 등록(등록이 유효한 경우로 한정한다)한 날부터 2년이 지날 때마다 2년이 된 날부터 6개월 이내에 별표 4 제1호 및 제3호의 기준에 따라 교육을 해야 한다. 〈개정 2019. 10. 1.〉

② 법 제85조의2제2항에 따라 법인이 아닌 보험대리점 및 보험중개사는 법 제87조 또는 제89조에 따라 등록한 날부터 2년이 지날 때마다 2년이 된 날부터 6개월 이내에 별표 4 제1호 및 제3호의 기준에 따라 교육을 받아야 한다. 〈개정 2019. 10. 1.〉

③ 보험회사등은 전년도 불완전판매 건수 및 비율이 금융위원회가 정하여 고시하는 기준 이상인 소속 보험설계사에게 제1항에 따른 교육과는 별도로 해당 사업연도에 별표 4 제2호의 기준에 따라 불완전 판매를 방지하기 위한 교육(이하 "불완전판매방지교육"이라 한다)을 해야 한다. 〈신설 2019. 10. 1., 2021. 6. 1.〉

④ 전년도 불완전판매 건수 및 비율이 금융위원회가 정하여 고시하는 기준 이상인 법인이 아닌 보험대리점 및 보험중개사는 제2항에 따른 교육과는 별도로 해당 사업연도에 별표 4 제2호

의 기준에 따라 불완전판매방지교육을 받아야 한다. 〈신설 2019. 10. 1., 2021. 6. 1.〉

⑤ 보험협회는 매월 제1항부터 제4항까지의 규정에 따른 교육 대상을 보험회사등에 알려야 하며, 보험회사등은 불완전 판매 건수 등 보험협회가 교육 대상을 파악하기 위해 필요한 정보를 제공해야 한다. 〈신설 2019. 10. 1.〉

⑥ 보험협회, 보험회사등은 제1항부터 제4항까지의 규정에 따른 교육을 효율적으로 실시하기 위하여 필요한 단체를 구성·운영할 수 있다. 〈개정 2019. 10. 1.〉

⑦ 제1항부터 제4항까지의 규정에 따른 교육의 세부적인 기준, 방법 및 절차, 제6항에 따른 단체의 구성 및 운영에 필요한 사항은 금융위원회가 정하여 고시한다.

〈개정 2011. 12. 31., 2019. 10. 1.〉

[본조신설 2011. 1. 24.]

제29조의3(고객응대직원의 보호를 위한 조치)

법 제85조의4제1항제4호에서 "법적 조치 등 대통령령으로 정하는 조치"란 다음 각 호의 조치를 말한다.

1. 고객의 폭언이나 성희롱, 폭행 등(이하 "폭언등"이라 한다)이 관계 법률의 형사처벌규정에 위반된다고 판단되고 그 행위로 피해를 입은 직원이 요청하는 경우: 관할 수사기관 등에 고발

2. 고객의 폭언등이 관계 법률의 형사처벌규정에 위반되지는 아니하나 그 행위로 피해를 입은 직원의 피해정도 및 그 직원과 다른 직원에 대한 장래 피해발생 가능성 등을 고려하여 필요하다고 판단되는 경우: 관할 수사기관 등에 필요한 조치 요구

3. 직원이 직접 폭언등의 행위를 한 고객에 대한 관할 수사기관 등에 고소, 고발, 손해배상 청구 등의 조치를 하는 데 필요한 행정적, 절차적 지원

4. 고객의 폭언등을 예방하거나 이에 대응하기 위한 직원의 행동요령 등에 대한 교육 실시

5. 그 밖에 고객의 폭언등으로부터 직원을 보호하기 위하여 필요한 사항으로서 금융위원회가 정하여 고시하는 조치

[본조신설 2016. 6. 28.]

제30조(보험대리점의 구분 및 등록요건)

① 법 제87조에 따른 보험대리점은 개인인 보험대리점(이하 "개인보험대리점"이라 한다)과 법인인 보험대리점(이하 "법인보험대리점"이라 한다)으로 구분하고, 각각 생명보험대리점·손해보험대리점[재화의 판매, 용역의 제공 또는 사이버몰(「전자상거래 등에서의 소비자보호

에 관한 법률」 제2조제4호에 따른 사이버몰을 말한다. 이하 같다)을 통한 재화·용역의 중개를 본업으로 하는 자가 판매·제공·중개하는 재화 또는 용역과 관련 있는 보험상품을 모집하는 손해보험대리점(이하 "간단손해보험대리점"이라 한다)을 포함한다. 이하 같다] 및 제3보험대리점으로 구분한다.　　　　　　　　　　　　　　　　　〈개정 2015. 1. 6., 2018. 6. 5.〉

② 제1항에 따른 보험대리점의 등록요건은 별표 3과 같다.

③ 보험대리점 등록의 신청방법과 그 밖에 보험대리점의 등록에 필요한 사항은 금융위원회가 정하여 고시한다.

[전문개정 2011. 1. 24.]

제31조(보험대리점의 영업범위)

① 보험대리점[법 제91조제1항에 따라 보험대리점으로 등록한 금융기관(이하 "금융기관보험대리점"이라 한다)은 제외한다. 이하 이 조에서 같다]의 영업범위는 다음 각 호의 구분에 따른다.　　　　　　　　　　　　　　　　　　　　　〈개정 2015. 1. 6., 2018. 6. 5.〉

　1. 생명보험대리점: 법 제4조제1항제1호의 보험종목

　2. 손해보험대리점: 법 제4조제1항제2호의 보험종목. 다만, 간단손해보험대리점의 영업범위는 개인 또는 가계의 일상생활 중 발생하는 위험을 보장하는 보험종목으로서 간단손해보험대리점을 통하여 판매·제공·중개되는 재화 또는 용역과의 관련성 등을 고려하여 금융위원회가 정하여 고시하는 보험종목으로 한다.

　3. 제3보험대리점: 법 제4조제1항제3호의 보험종목

② 제1항에서 규정한 사항 외에 보험대리점의 영업에 관하여 필요한 사항은 금융위원회가 정하여 고시한다.

[전문개정 2011. 1. 24.]

제32조(보험대리점의 등록 제한)

① 법 제87조제2항제5호에서 "대통령령으로 정하는 자"란 다음 각 호의 어느 하나에 해당하는 자를 말한다.　　　　　　　　　　　　　　　　　　　　　　　　　〈개정 2018. 6. 5.〉

　1. 국가기관과 특별법에 따라 설립된 기관 및 그 기관의 퇴직자로 구성된 법인 또는 단체

　2. 제1호의 기관, 「금융지주회사법」에 따른 금융지주회사 또는 법 제91조제1항 각 호의 금융기관(겸영업무로 「자본시장과 금융투자업에 관한 법률」에 따른 투자매매업 또는 투자중개업 인가를 받은 보험회사는 제외한다)이 출연·출자하는 등 금융위원회가 정하여 고시하는 방법과 기준에 따라 사실상의 지배력을 행사하고 있다고 인정되는 법인 또는 단

체

3. 「금융위원회의 설치 등에 관한 법률」 제38조 각 호의 기관(법 제91조제1항 각 호의 금융
   기관은 제외한다)

4. 제1호부터 제3호까지의 법인·단체 또는 기관의 임원 또는 직원

5. 그 밖에 보험대리점을 운영하는 것이 공정한 보험거래질서 확립 및 보험대리점 육성을 저
   해한다고 금융위원회가 인정하는 자

② 제1항제3호에도 불구하고 「전자금융거래법」 제2조제4호에 따른 전자금융업자(법 제91조
제1항 각 호의 금융기관은 제외한다)는 간단손해보험대리점으로 등록할 수 있다.

〈신설 2018. 6. 5.〉

[전문개정 2011. 1. 24.]

제33조(보험대리점의 영업보증금)

① 법 제87조제4항에 따른 보험대리점의 영업보증금은 1억원(법인보험대리점의 경우에는 3억
원)의 범위에서 보험회사와 대리점이 협의하여 정할 수 있다. 다만, 금융기관보험대리점에
대해서는 영업보증금 예탁의무를 면제한다.

② 금융위원회는 보험계약자의 보호와 모집질서의 유지를 위하여 필요하다고 인정하면 제1항
에도 불구하고 영업보증금의 증액을 명할 수 있다.

③ 보험대리점의 등록을 한 자는 제1항 및 제2항에 따른 영업보증금을 금융위원회가 지정하는
기관(이하 "영업보증금예탁기관"이라 한다)에 예탁하지 아니하고는 영업을 할 수 없다.

〈개정 2014. 4. 15.〉

④ 제1항 및 제2항에 따른 영업보증금은 현금 또는 다음 각 호의 어느 하나에 해당하는 증권 등
으로 예탁할 수 있다.   〈개정 2013. 8. 27.〉

1. 거래소에 상장된 증권 중 금융위원회가 인정하는 증권

2. 금융위원회가 인정하는 보증보험증권

3. 금융위원회가 인정하는 기관이 발행한 지급보증서

⑤ 보험대리점의 등록을 한 자는 제4항에 따라 예탁된 증권 등이 그 평가액의 변동으로 제1항
및 제2항에 따른 금액에 미치지 못하게 되었거나 보험기간이 만료되었을 때에는 금융위원회
가 정하는 기간 내에 그 부족한 금액을 보전하거나 제1항 및 제2항에 따른 영업보증금을 다
시 예탁하여야 한다.   〈개정 2014. 4. 15.〉

⑥ 제4항에 따라 예탁된 증권 등의 평가방법 및 평가액 결정은 「금융위원회의 설치 등에 관한
법률」에 따른 금융감독원장(이하 "금융감독원장"이라 한다)이 정하는 바에 따른다.

〈개정 2016. 7. 28.〉

[전문개정 2011. 1. 24.]

제33조의2(보험대리점의 영업기준 등)

① 법 제87조제4항에 따라 보험설계사가 100명 이상인 법인보험대리점으로서 금융위원회가 정하여 고시하는 법인보험대리점은 다음 각 호의 요건을 모두 갖추어야 한다.

　1. 법령을 준수하고 보험계약자를 보호하기 위한 업무지침을 정할 것

　2. 제1호에 따른 업무지침의 준수 여부를 점검하고 그 위반사항을 조사하는 임원 또는 직원을 1명 이상 둘 것

　3. 보험계약자를 보호하고 보험계약의 모집 업무를 수행하기 위하여 필요한 전산설비 등 물적 시설을 충분히 갖출 것

② 보험대리점과 그 보험대리점에 소속된 임직원 및 보험설계사는 법 제95조제1항에 따른 보험안내자료(이하 "보험안내자료"라 한다) 등 보험계약의 체결 또는 모집을 위하여 제공하는 자료에서 보험대리점의 상호를 사용하는 경우에는 그 상호 중에 "보험대리점"이라는 글자를 사용해야 한다. 〈개정 2021. 3. 23.〉

③ 보험대리점은 그 보험대리점에 소속된 보험설계사와의 위탁계약서, 수입 및 지출 명세에 관한 회계장부 등을 보관하고 관리하여야 한다.

④ 간단손해보험대리점은 다음 각 호의 사항을 준수하여야 한다. 〈신설 2018. 6. 5.〉

　1. 소비자에게 재화 또는 용역의 판매 · 제공 · 중개를 조건으로 보험가입을 강요하지 아니할 것

　2. 판매 · 제공 · 중개하는 재화 또는 용역과 별도로 소비자가 보험계약을 체결 또는 취소하거나 보험계약의 피보험자가 될 수 있는 기회를 보장할 것

　3. 단체보험계약(보험계약자에게 피보험이익이 없고 피보험자가 보험료의 전부를 부담하는 경우만 해당한다. 이하 이 조에서 같다)을 체결하는 경우 사전에 서면, 문자메세지, 전자우편 또는 팩스 등의 방법으로 다음 각 목의 사항이 포함된 안내자료를 피보험자가 되려는 자에게 제공할 것

　　가. 제42조의2제1항제1호부터 제11호까지에서 규정한 사항

　　나. 단체보험계약의 피보험자에서 제외되는 방법 및 절차에 관한 사항

　　다. 제2호에 따라 소비자에게 보장되는 기회에 관한 사항

　　라. 보험계약자 등 소비자 보호를 위하여 금융위원회가 정하여 고시하는 사항

　4. 재화 · 용역을 구매하면서 동시에 보험계약을 체결하는 경우와 보험계약만 체결하는 경우

간에 보험료, 보험금의 지급조건 및 보험금의 지급규모 등에 차이가 발생하지 아니하도록 할 것

5. 제32조제2항에 따라 등록한 간단손해보험대리점의 경우에는 인터넷 홈페이지[이동통신 단말장치에서 사용되는 애플리케이션(Application) 및 그 밖에 이와 비슷한 응용프로그램을 통하여 가상의 공간에 개설하는 장소를 포함한다]를 통해서만 다음 각 목의 행위를 할 것

가. 보험을 모집하는 행위

나. 단체보험계약을 위하여 피보험자로 이루어진 단체를 구성하는 행위

⑤ 제1항부터 제4항까지에서 규정한 사항 외에 보험대리점의 영업기준과 관련하여 필요한 사항은 금융위원회가 정하여 고시한다. 〈개정 2018. 6. 5.〉

[본조신설 2011. 1. 24.]

제33조의3(법인보험대리점 임원의 자격요건)

법 제87조의2제1항 각 호 외의 부분에서 "대통령령으로 정하는 자"란 「상법」 제401조의2제1항 각 호의 어느 하나에 해당하는 사람을 말한다.

[본조신설 2011. 1. 24.]

제33조의4(법인보험대리점의 업무범위 등)

① 법 제87조의3제1항에 따라 법인보험대리점은 다음 각 호의 어느 하나에 해당하는 업무를 하지 못한다.

1. 「방문판매 등에 관한 법률」에 따른 다단계판매업

2. 「대부업 등의 등록 및 금융이용자 보호에 관한 법률」에 따른 대부업 또는 대부중개업

② 법 제87조의3제2항에서 "경영현황 등 대통령령으로 정하는 업무상 주요 사항"이란 다음 각 호의 사항을 말한다.

1. 경영하고 있는 업무의 종류

2. 모집조직에 관한 사항

3. 모집실적에 관한 사항

4. 그 밖에 보험계약자 보호를 위하여 금융위원회가 정하여 고시하는 사항

③ 법 제87조의3제2항에 따른 공시를 위하여 보험회사는 공시에 필요한 자료를 모집에 관한 위탁계약을 체결한 법인보험대리점에 제공하여야 하며, 보험회사 또는 보험협회는 법인보험대리점을 대신하여 제2항 각 호의 사항을 금융위원회에 알릴 수 있다.

④ 법인보험대리점은 법 제87조의3제2항에 따라 제2항 각 호의 사항을 보험협회의 인터넷 홈페이지 등을 통하여 반기별로 공시하여야 한다.

⑤ 제2항부터 제4항까지에서 규정한 사항 외에 법인보험대리점의 공시 등의 방법 및 절차에 관하여 필요한 사항은 금융위원회가 정하여 고시한다.

[본조신설 2011. 1. 24.]

제34조(보험중개사의 구분 및 등록요건 등)

① 법 제89조에 따른 보험중개사는 개인인 보험중개사(이하 "개인보험중개사"라 한다)와 법인인 보험중개사(이하 "법인보험중개사"라 한다)로 구분하고, 각각 생명보험중개사 · 손해보험중개사 및 제3보험중개사로 구분한다.

② 제1항에 따른 보험중개사의 등록요건은 별표 3과 같다.

③ 보험중개사 등록의 신청방법과 그 밖에 보험중개사의 등록에 필요한 사항은 금융위원회가 정하여 고시한다.

[전문개정 2011. 1. 24.]

제35조(보험중개사의 영업범위)

보험중개사[법 제91조제1항에 따라 보험중개사로 등록한 금융기관(이하 "금융기관보험중개사"라 한다)은 제외한다]의 영업범위는 다음 각 호의 구분에 따른다.

　　1. 생명보험중개사: 법 제4조제1항제1호의 보험종목 및 그 재보험

　　2. 손해보험중개사: 법 제4조제1항제2호의 보험종목 및 그 재보험

　　3. 제3보험중개사: 법 제4조제1항제3호의 보험종목 및 그 재보험

[전문개정 2011. 1. 24.]

제36조(보험중개사의 영업기준)

① 법 제89조제4항에 따라 법인보험중개사로서 금융위원회가 정하여 고시하는 법인보험중개사는 다음 각 호의 요건을 모두 갖추어야 한다.

　　1. 법령을 준수하고 보험계약자를 보호하기 위한 업무지침을 정할 것

　　2. 제1호에 따른 업무지침의 준수 여부를 점검하고 그 위반사항을 조사하는 임원 또는 직원을 1명 이상 둘 것

　　3. 보험계약자를 보호하고 보험계약의 모집 업무를 수행하기 위하여 필요한 전산설비 등 물적 시설을 충분히 갖출 것

② 보험중개사와 그 보험중개사에 소속된 임직원 및 보험설계사는 보험안내자료 등 보험계약의 중개를 위하여 소비자에게 제공하는 자료에서 보험중개사의 상호를 사용하는 경우에는 그 상호 중에 "보험중개사"라는 글자를 사용해야 한다.　　　　〈개정 2021. 3. 23.〉

③ 보험중개사는 그 보험중개사에 소속된 보험설계사와의 위탁계약서, 수입 및 지출 명세에 관한 회계장부 등을 보관하고 관리하여야 한다.

④ 제1항부터 제3항까지에서 규정한 사항 외에 보험중개사의 영업기준과 관련하여 필요한 사항은 금융위원회가 정하여 고시한다.

[전문개정 2011. 1. 24.]

제37조(보험중개사의 영업보증금)

① 법 제89조제3항에 따른 보험중개사의 영업보증금은 개인은 1억원 이상, 법인은 3억원 이상으로 하며, 그 구체적인 금액은 해당 보험중개사의 영업 규모를 고려하여 총리령으로 정한다. 다만, 금융기관보험중개사에 대해서는 영업보증금 예탁의무를 면제한다.

② 금융위원회는 보험계약자의 보호와 모집질서의 유지를 위하여 필요하다고 인정하면 제1항에도 불구하고 최근 사업연도의 보험중개와 관련된 총수입금액의 5배의 범위에서 영업보증금의 증액을 명할 수 있다.

③ 금융위원회는 보험중개사가 다음 각 호의 어느 하나에 해당하는 경우에는 총리령으로 정하는 바에 따라 영업보증금의 전부 또는 일부를 반환한다.

1. 보험중개사가 보험중개업무를 폐지한 경우

2. 보험중개사인 개인이 사망한 경우

3. 보험중개사인 법인이 파산 또는 해산하거나 합병으로 소멸한 경우

4. 법 제90조제1항에 따라 등록이 취소된 경우

5. 보험중개사의 업무상황 변화 등으로 이미 예탁한 영업보증금이 예탁하여야 할 영업보증금을 초과하게 된 경우

④ 보험중개사의 영업보증금의 예탁방법 등에 관하여는 제33조제3항부터 제6항까지의 규정을 준용한다.　　　　〈개정 2014. 4. 15.〉

⑤ 제1항에 따른 영업보증금의 산출기준 등 보험중개사의 영업보증금에 관하여 필요한 사항은 금융위원회가 정하여 고시한다.

[전문개정 2011. 1. 24.]

제38조(보험중개사의 손해배상)

① 보험중개사의 보험계약 체결의 중개행위와 관련하여 손해를 입은 보험계약자 등은 그 보험 중개사의 영업보증금의 한도에서 영업보증금예탁기관에 손해배상금의 지급을 신청할 수 있다.

② 영업보증금예탁기관의 장은 제1항에 따른 손해배상금의 지급신청을 받았을 때에는 총리령으로 정하는 절차에 따라 해당 보험중개사의 영업보증금에서 손해배상금의 전부 또는 일부를 지급할 수 있다.

③ 보험중개사는 제2항에 따라 영업보증금예탁기관의 장으로부터 손해배상금의 전부 또는 일부를 지급받은 보험계약자 등에 대하여 그 금액만큼 손해배상책임을 면한다.

[전문개정 2011. 1. 24.]

제38조의2(법인보험중개사의 업무범위 등)

① 법 제89조의3제1항에 따라 법인보험중개사는 제33조의4제1항 각 호의 어느 하나에 해당하는 업무를 하지 못한다.

② 법 제89조의3제2항에서 "경영현황 등 대통령령으로 정하는 업무상 주요사항"이란 다음 각 호의 사항을 말한다.

1. 경영하고 있는 업무의 종류

2. 모집조직에 관한 사항

3. 모집실적에 관한 사항

4. 그 밖에 보험계약자 보호를 위하여 금융위원회가 정하여 고시하는 사항

③ 법 제89조의3제2항에 따른 공시를 위하여 보험회사는 공시에 필요한 자료를 보험계약 체결을 중개한 법인보험중개사에 제공하여야 한다.

④ 법인보험중개사는 법 제89조의3제2항에 따라 제2항 각 호의 사항을 법인보험중개사의 인터넷 홈페이지 등을 통하여 반기별로 공시하여야 한다.

⑤ 제2항부터 제4항까지에서 규정한 사항 외에 법인보험중개사의 공시 등의 방법 및 절차에 관하여 필요한 사항은 금융위원회가 정하여 고시한다.

[본조신설 2011. 1. 24.]

제39조(보험중개사에 대한 등록취소의 예외) \

① 법 제90조제1항제1호 단서에서 "대통령령으로 정하는 법인"이란 보험중개사의 사업 개시에 따른 투자비용의 발생, 급격한 영업환경의 변화, 그 밖에 보험중개사에게 책임을 물을 수 없

는 사유로 보험중개사의 재산상태에 변동이 생겨 부채가 자산을 초과하게 된 법인으로서 등록취소 대신 6개월 이내에 이를 개선하는 조건으로 금융위원회의 승인을 받은 법인을 말한다.

② 금융위원회는 제1항에 따라 승인을 받은 날부터 6개월이 지난 후에도 해당 보험중개사의 부채가 자산을 초과하는 경우에는 지체 없이 그 등록을 취소하여야 한다.

③ 제1항에 따른 승인의 방법 및 절차에 관하여 필요한 사항은 금융위원회가 정하여 고시한다.

[전문개정 2011. 1. 24.]

제40조(금융기관보험대리점등의 영업기준 등)

① 법 제91조제1항제4호에서 "대통령령으로 정하는 기관"이란 다음 각 호의 기관을 말한다.

〈개정 2011. 12. 31., 2012. 1. 6.〉

1. 「한국산업은행법」에 따라 설립된 한국산업은행

2. 「중소기업은행법」에 따라 설립된 중소기업은행

2의2. 삭제 〈2012. 6. 1.〉

3. 「여신전문금융업법」에 따라 허가를 받은 신용카드업자(겸영여신업자는 제외한다. 이하 같다)

4. 「농업협동조합법」에 따라 설립된 조합 및 농협은행

② 법 제91조제2항에 따라 금융기관보험대리점등이 모집할 수 있는 보험상품의 범위는 별표 5와 같다. 다만, 제1항제3호에 따른 신용카드업자가 모집할 수 있는 보험상품의 범위는 금융기관보험대리점등이 아닌 보험대리점이 모집할 수 있는 보험상품의 범위와 같고, 같은 항 제4호에 따른 조합이 모집할 수 있는 보험상품의 범위는 법률 제10522호 농업협동조합법 일부개정법률 부칙 제15조제8항에 따라 허가받은 것으로 보는 보험상품으로서 구체적인 보험상품의 범위는 금융위원회가 정하여 고시한다. 〈개정 2011. 12. 31.〉

③ 금융기관보험대리점등은 다음 각 호의 어느 하나에 해당하는 방법으로 모집하여야 한다. 다만, 제3호의 방법은 제1항제3호에 따른 신용카드업자만 사용할 수 있다.

1. 법 제100조제2항제3호에 따라 해당 금융기관보험대리점등의 점포 내의 지정된 장소에서 보험계약자와 직접 대면하여 모집하는 방법

2. 인터넷 홈페이지를 이용하여 불특정 다수를 대상으로 보험상품을 안내하거나 설명하여 모집하는 방법

3. 법 제96조제1항에 따른 전화, 우편, 컴퓨터통신 등의 통신수단을 이용하여 모집하는 방법

④ 금융기관보험대리점등(제1항제3호에 따른 신용카드업자는 제외한다)은 그 금융기관보험대

리점등의 본점 · 지점 등 점포별로 2명(보험설계사 자격을 갖춘 사람으로서 금융위원회가 정한 기준과 방법에 따라 채용된 사람은 제외한다)의 범위에서 법 제84조제1항에 따라 등록된 소속 임원 또는 직원으로 하여금 모집에 종사하게 할 수 있다.

⑤ 금융기관보험대리점등에서 모집에 종사하는 사람은 대출 등 불공정 모집의 우려가 있는 업무를 취급할 수 없다.

⑥ 금융기관보험대리점등(최근 사업연도 말 현재 자산총액이 2조원 이상인 기관만 해당한다)이 모집할 수 있는 1개 생명보험회사 또는 1개 손해보험회사 상품의 모집액은 매 사업연도별로 해당 금융기관보험대리점등이 신규로 모집하는 생명보험회사 상품의 모집총액 또는 손해보험회사 상품의 모집총액 각각의 100분의 25(제7항에 따라 보험회사 상품의 모집액을 합산하여 계산하는 경우에는 100분의 33)를 초과할 수 없다.

⑦ 제6항에 따른 1개 보험회사 상품의 모집액 산정 시 금융기관보험대리점등과 대리점계약을 체결한 보험회사(이하 이 조에서 "체약보험회사"라 한다)와 다음 각 호의 어느 하나에 해당하는 관계에 있는 보험회사 상품의 모집액은 합산하여 계산한다.

1. 최대주주가 동일한 보험회사

2. 체약보험회사 지분의 100분의 15 이상을 소유한 금융기관보험대리점등이 지분의 100분의 15 이상을 소유한 보험회사

3. 체약보험회사 지분의 100분의 15 이상을 소유한 금융기관보험대리점등의 지주회사가 지분의 100분의 15 이상을 소유한 보험회사

4. 제1호부터 제3호까지에 준하는 경우로서 금융위원회가 정하여 고시하는 관계에 있는 보험회사

⑧ 금융기관보험대리점등은 해당 금융기관에 적용되는 모집수수료율을 모집을 하는 점포의 창구 및 인터넷 홈페이지에 공시하여야 하며 보험회사는 모집을 위탁한 금융기관보험대리점등의 모집수수료율을, 보험협회는 전체 금융기관보험대리점등의 모집수수료율을 각각 비교 · 공시하여야 한다.

⑨ 금융기관보험대리점등은 보험계약의 체결을 대리하거나 중개할 때에는 금융위원회가 정하여 고시하는 바에 따라 다음 각 호의 모든 사항을 보험계약자에게 설명하여야 한다.

1. 대리하거나 중개하는 보험계약의 주요 보장 내용

2. 대리하거나 중개하는 보험계약의 환급금

3. 그 밖에 불완전 판매를 방지하기 위하여 필요한 경우로서 금융위원회가 정하여 고시하는 사항

⑩ 제2항부터 제9항까지의 규정에 관한 세부 기준 · 방법 등 그 밖에 금융기관보험대리점등의

모집에 필요한 사항은 금융위원회가 정하여 고시한다. 다만, 「전자상거래 등에서의 소비자 보호에 관한 법률」 등 소비자 관련 법령에서 규율하고 있는 사항에 대해서는 그러하지 아니 하다.

⑪ 금융감독원장은 제6항에 따른 금융기관보험대리점등의 모집총액과 제8항에 따른 모집수수 료율 등에 관한 보고서를 금융기관보험대리점등의 사업연도별로 작성하여야 한다.

⑫ 제1항제4호에 따른 조합이 농업인을 대상으로 다음 각 호의 보험상품을 모집하는 경우에는 제3항, 제4항 또는 제6항을 적용하지 아니한다.　　　　　　　　　　　　〈신설 2011. 12. 31.〉

1. 「농어업재해보험법」 제2조제2호에 따른 농어업재해보험

2. 「농어업인 삶의 질 향상 및 농어촌지역 개발촉진에 관한 특별법」 제3조제3호에 따른 농 어업인등의 복지증진 및 농어촌의 개발촉진 등을 위하여 정부나 지방자치단체가 보험료 의 일부를 지원하는 보험상품으로서 금융위원회가 정하여 고시하는 보험상품

[전문개정 2011. 1. 24.]

제41조(보험중개사의 의무)

① 법 제92조제1항에 따라 보험중개사가 장부에 적어야 할 사항은 다음 각 호와 같다.

1. 「상법」 제96조에 따라 작성·교부하는 결약서(이하 "결약서"라 한다)의 기재사항으로서 금융위원회가 정하여 고시하는 사항

2. 보험계약 체결의 중개와 관련하여 해당 보험중개사가 받은 수수료·보수와 그 밖의 대가

3. 법 제101조에 따른 자기 또는 자기를 고용하고 있는 자를 보험계약자 또는 피보험자로 하 는 보험계약의 체결을 중개한 경우에는 그 내용

② 법 제92조제1항에 따라 보험중개사가 갖춰 두어야 할 장부 및 서류는 다음 각 호와 같다.

1. 결약서 사본

2. 제1항제2호 및 제3호의 사항을 적은 서류

3. 제3항에 따라 발급한 서류

4. 보험회사와 중개업무계약을 체결하거나 보험계약자와 보수계약을 체결한 경우에는 그 계 약서

③ 삭제 〈2021. 3. 23.〉

④ 보험중개사는 보험계약자가 요청하는 경우에는 보험계약체결의 중개와 관련하여 보험회사 로부터 받은 수수료·보수와 그 밖의 대가를 알려 주어야 한다.

⑤ 보험중개사는 제2항에 따라 갖춰 두고 있는 장부 또는 서류를 보험계약자나 이해당사자가 열람할 수 있도록 하고 보험계약자 등이 요청할 때에는 그 내용에 대한 증명서를 발급하여야

한다.

⑥ 제2항에 따른 장부 및 서류의 비치방법 등에 관하여 그 밖에 필요한 사항은 금융위원회가 정하여 고시한다.

[전문개정 2011. 1. 24.]

제42조(보험안내자료의 기재사항 등)

① 법 제95조제1항제2호에 따른 보험 가입에 따른 권리·의무에 관한 사항에는 법 제108조제1항제3호에 따른 변액보험계약(이하 "변액보험계약"이라 한다)의 경우 다음 각 호의 사항이 포함된다.

1. 변액보험자산의 운용성과에 따라 납입한 보험료의 원금에 손실이 발생할 수 있으며 그 손실은 보험계약자에게 귀속된다는 사실

2. 최저로 보장되는 보험금이 설정되어 있는 경우에는 그 내용

② 보험안내자료에는 다음 각 호의 사항을 적어서는 아니 된다.   〈개정 2021. 12. 28.〉

1. 「독점규제 및 공정거래에 관한 법률」 제45조에 따른 사항

2. 보험계약의 내용과 다른 사항

3. 보험계약자에게 유리한 내용만을 골라 안내하거나 다른 보험회사 상품과 비교한 사항

4. 확정되지 아니한 사항이나 사실에 근거하지 아니한 사항을 기초로 다른 보험회사 상품에 비하여 유리하게 비교한 사항

③ 법 제95조제1항제6호에서 "대통령령으로 정하는 사항"이란 다음 각 호의 사항을 말한다.

〈개정 2015. 1. 6.〉

1. 보험금이 금리에 연동되는 보험상품의 경우 적용금리 및 보험금 변동에 관한 사항

2. 보험금 지급제한 조건의 예시

3. 보험안내자료의 제작자·제작일, 보험안내자료에 대한 보험회사의 심사 또는 관리번호

4. 보험 상담 및 분쟁의 해결에 관한 사항

④ 금융위원회는 보험계약자를 보호하고 정보취득자의 오해를 방지하기 위하여 보험안내자료의 작성 및 관리 등에 필요한 사항을 정하여 고시할 수 있다.

[전문개정 2011. 1. 24.]

제42조의2(설명의무의 중요 사항 등)

① 삭제 〈2021. 3. 23.〉

② 삭제 〈2021. 3. 23.〉

③ 보험회사는 법 제95조의2제3항 본문 및 제4항에 따라 다음 각 호의 단계에서 중요 사항을 항목별로 일반보험계약자에게 설명해야 한다. 다만, 제1호에 따른 보험계약 체결 단계(마목에 따른 보험계약 승낙 거절 시 거절사유로 한정한다), 제2호에 따른 보험금 청구 단계 또는 제3호에 따른 보험금 심사·지급 단계의 경우 일반보험계약자가 계약 체결 전에 또는 보험금 청구권자가 보험금 청구 단계에서 동의한 경우에 한정하여 서면, 문자메시지, 전자우편 또는 팩스 등으로 중요 사항을 통보하는 것으로 이를 대신할 수 있다.

〈개정 2011. 12. 31., 2016. 4. 1., 2021. 1. 5.〉

1. 보험계약 체결 단계

　가. 보험의 모집에 종사하는 자의 성명, 연락처 및 소속

　나. 보험의 모집에 종사하는 자가 보험회사를 위하여 보험계약의 체결을 대리할 수 있는지 여부

　다. 보험의 모집에 종사하는 자가 보험료나 고지의무사항을 보험회사를 대신하여 수령할 수 있는지 여부

　라. 보험계약의 승낙절차

　마. 보험계약 승낙거절 시 거절 사유

　바. 「상법」 제638조의3제2항에 따라 3개월 이내에 해당 보험계약을 취소할 수 있다는 사실 및 그 취소 절차·방법

　사. 그 밖에 일반보험계약자가 보험계약 체결 단계에서 설명받아야 하는 사항으로서 금융위원회가 정하여 고시하는 사항

2. 보험금 청구 단계

　가. 담당 부서, 연락처 및 보험금 청구에 필요한 서류

　나. 보험금 심사 절차, 예상 심사기간 및 예상 지급일

　다. 일반보험계약자가 보험사고 조사 및 손해사정에 관하여 설명받아야 하는 사항으로서 금융위원회가 정하여 고시하는 사항

　라. 그 밖에 일반보험계약자가 보험금 청구 단계에서 설명받아야 하는 사항으로서 금융위원회가 정하여 고시하는 사항

3. 보험금 심사·지급 단계

　가. 보험금 지급일 등 지급절차

　나. 보험금 지급 내역

　다. 보험금 심사 지연 시 지연 사유 및 예상 지급일

　라. 보험금을 감액하여 지급하거나 지급하지 아니하는 경우에는 그 사유

마. 그 밖에 일반보험계약자가 보험금 심사·지급 단계에서 설명받아야 하는 사항으로서 금융위원회가 정하여 고시하는 사항

④ 삭제 〈2016. 4. 1.〉

⑤ 제3항과 관련하여 필요한 세부 사항은 금융위원회가 정하여 고시한다.

〈개정 2011. 12. 31., 2016. 4. 1., 2021. 3. 23.〉

[본조신설 2011. 1. 24.]

제42조의3삭제 〈2021. 3. 23.〉

제42조의4삭제 〈2021. 3. 23.〉

제42조의5(중복계약 체결 확인 의무)

① 법 제95조의5제1항에서 "대통령령으로 정하는 보험계약"이란 실제 부담한 의료비만 지급하는 제3보험상품계약(이하 "실손의료보험계약"이라 한다)과 실제 부담한 손해액만을 지급하는 것으로서 금융감독원장이 정하는 보험상품계약(이하 "기타손해보험계약"이라 한다)을 말한다. 다만, 다음 각 호의 보험계약은 제외한다. 〈개정 2015. 1. 6., 2018. 6. 5.〉

1. 삭제 〈2014. 4. 15.〉

2. 여행 중 발생한 위험을 보장하는 보험계약으로서 다음 각 목의 어느 하나에 해당하는 보험계약

가. 「관광진흥법」 제4조에 따라 등록한 여행업자가 여행자를 위하여 일괄 체결하는 보험계약

나. 특정 단체가 그 단체의 구성원을 위하여 일괄 체결하는 보험계약

3. 국외여행, 연수 또는 유학 등 국외체류 중 발생한 위험을 보장하는 보험계약

② 보험회사 또는 보험의 모집에 종사하는 자가 실손의료보험계약 또는 기타손해보험계약을 모집하는 경우에는 법 제95조의5제1항에 따라 피보험자가 되려는 자가 이미 다른 실손의료보험계약 또는 보장내용이 동일한 기타손해보험계약의 피보험자로 되어 있는지를 확인하여야 한다. 〈개정 2018. 6. 5.〉

③ 제2항에 따른 확인 결과, 피보험자가 되려는 자가 다른 실손의료보험계약 또는 보장내용이 동일한 기타손해보험계약의 피보험자로 되어 있는 경우에는 보험금 비례분담 등 보장금 지급에 관한 세부 사항을 안내하여야 한다. 〈개정 2018. 6. 5.〉

④ 제2항 및 제3항에 따른 확인 및 안내에 관한 세부 사항은 금융위원회가 정하여 고시한다.

[본조신설 2011. 1. 24.]

제43조(통신수단을 이용한 모집·철회 및 해지 등 관련 준수사항)

① 법 제96조제1항에 따른 통신수단을 이용한 모집은 통신수단을 이용한 모집에 대하여 동의를 한 자를 대상으로 하여야 한다. 〈개정 2016. 4. 1.〉

1. 삭제 〈2016. 4. 1.〉

2. 삭제 〈2016. 4. 1.〉

3. 삭제 〈2016. 4. 1.〉

4. 삭제 〈2016. 4. 1.〉

② 법 제96조제1항에 따른 통신수단 중 전화를 이용하여 모집하는 자는 보험계약의 청약이 있는 경우 보험계약자의 동의를 받아 청약 내용, 보험료의 납입, 보험기간, 고지의무, 약관의 주요 내용 등 보험계약 체결을 위하여 필요한 사항을 질문 또는 설명하고 그에 대한 보험계약자의 답변 및 확인 내용을 음성녹음하는 등 증거자료를 확보·유지하여야 하며, 우편이나 팩스 등을 통하여 지체 없이 보험계약자로부터 청약서에 자필서명을 받아야 한다.

③ 제2항에도 불구하고 청약자의 신원을 확인할 수 있는 증명자료가 있는 등 금융위원회가 정하여 고시하는 경우에는 제2항에 따른 자필서명을 받지 아니할 수 있다.

④ 사이버몰을 이용하여 모집하는 자는 다음 각 호의 사항을 준수하여야 한다.

〈개정 2016. 4. 1., 2018. 6. 5., 2020. 12. 8.〉

1. 삭제 〈2016. 4. 1.〉

2. 사이버몰에는 보험약관의 주요 내용을 표시하여야 하며 보험계약자의 청약 내용에 대해서는 다음 각 목의 어느 하나에 해당하는 경우 외에는 보험계약자로부터 자필서명을 받을 것

가. 「전자서명법」 제2조제2호에 따른 전자서명(서명자의 실지명의를 확인할 수 있는 것으로 한정한다)을 받은 경우

나. 그 밖에 금융위원회가 정하는 기준을 준수하는 안전성과 신뢰성이 확보될 수 있는 수단을 활용하여 청약 내용에 대하여 보험계약자의 확인을 받은 경우

3. 보험약관 또는 보험증권을 전자문서로 발급하는 경우에는 보험계약자가 해당 문서를 수령하였는지를 확인하여야 하며 보험계약자가 서면으로 발급해 줄 것을 요청하는 경우에는 서면으로 발급할 것

⑤ 보험회사는 법 제96조제2항제1호에 따라 보험계약을 청약한 자가 전화를 이용하여 청약의 내용을 확인·정정 요청하거나 청약을 철회하려는 경우에는 상대방의 동의를 받아 청약 내

용, 청약자 본인인지를 확인하고 그 내용을 음성녹음하는 등 증거자료를 확보 · 유지하여야 한다.

⑥ 보험회사는 법 제96조제2항제1호에 따라 보험계약을 청약한 자가 컴퓨터통신을 이용하여 청약의 내용을 확인 · 정정 요청하거나 청약을 철회하려는 경우에는 다음 각 호의 어느 하나에 해당하는 방법을 이용하여 청약자 본인인지를 확인하여야 한다.

〈개정 2016. 4. 1., 2020. 12. 8.〉

1. 「전자서명법」 제2조제2호에 따른 전자서명(서명자의 실지명의를 확인할 수 있는 것으로 한정한다)

2. 그 밖에 금융위원회가 정하는 기준을 준수하는 안전성과 신뢰성이 확보될 수 있는 수단을 활용하여 청약자 본인인지를 확인하는 방법

⑦ 보험회사는 법 제96조제2항제2호에 따라 보험계약자가 전화를 이용하여 체결한 계약의 내용을 확인하려는 경우에는 상대방의 동의를 받아 보험계약자 본인인지를 확인하고 그 내용을 음성녹음하는 등 증거자료를 확보 · 유지하여야 한다.

⑧ 보험회사는 법 제96조제2항제3호에 따라 보험계약자가 전화를 이용하여 체결한 계약을 해지하려는 경우에는 상대방의 동의를 받아 보험계약자 본인인지를 확인하고 그 내용을 음성녹음하는 등 증거자료를 확보 · 유지해야 한다. 〈개정 2022. 2. 17.〉

1. 삭제 〈2022. 2. 17.〉

2. 삭제 〈2022. 2. 17.〉

3. 삭제 〈2011. 12. 31.〉

⑨ 보험회사는 법 제96조제2항제3호에 따라 보험계약자가 컴퓨터통신을 이용하여 체결한 계약을 해지하려는 경우에는 다음 각 호의 방법으로 보험계약자 본인인지를 확인해야 한다.

〈개정 2016. 4. 1., 2020. 12. 8., 2022. 2. 17.〉

1. 「전자서명법」에 따른 전자서명(서명자의 실지명의를 확인할 수 있는 것으로 한정한다)

2. 그 밖에 금융위원회가 정하여 고시하는 기준을 충족하는 수단으로서 안전성 및 신뢰성이 확보된 수단을 이용하여 보험계약자 본인인지를 확인할 수 있는 방법

⑩ 금융위원회는 사이버몰의 표시사항, 통신수단을 이용한 모집, 청약 내용의 확인, 청약의 철회, 계약 내용의 확인 및 계약의 해지에 필요한 세부 사항을 정하여 고시할 수 있다. 다만, 「전자상거래 등에서의 소비자보호에 관한 법률」 등 소비자 관련 법령에서 규율하고 있는 사항에 대해서는 그러하지 아니하다.

[전문개정 2011. 1. 24.]

제43조의2(보험계약의 체결 또는 모집에 관한 금지행위)

① 법 제97조제1항제5호에 따라 이미 성립된 보험계약(이하 "기존보험계약"이라 한다)과 보장 내용 등이 비슷한 새로운 보험계약은 다음 각 호의 사항에 모두 해당하여야 한다. 다만, 기존 보험계약 또는 새로운 보험계약의 보험기간이 1년 이하인 경우 또는 컴퓨터통신을 이용하여 새로운 보험계약을 체결하는 경우에는 그러하지 아니하다.　〈개정 2016. 4. 1.〉

　1. 기존보험계약과 새로운 보험계약의 피보험자가 같을 것

　2. 기존보험계약과 새로운 보험계약의 위험보장의 범위가 법 제2조제1호 각 목의 생명보험 상품, 손해보험상품, 제3보험상품의 구분에 따라 비슷할 것

② 법 제97조제3항제1호 단서에 따른 본인 의사의 증명은 다음 각 호의 어느 하나에 해당하는 방법으로 한다.　〈개정 2011. 12. 31., 2016. 4. 1.〉

　1. 서명(「전자서명법」 제2조제2호에 따른 전자서명을 포함한다)

　2. 기명날인

　3. 녹취

　4. 그 밖에 금융위원회가 정하는 기준을 준수하는 안전성과 신뢰성이 확보될 수 있는 수단을 활용하여 보험계약자 본인의 의사에 따른 행위임을 명백히 증명하는 방법

③ 보험회사는 제2항 각 호의 어느 하나에 해당하는 방법에 의한 본인 의사 증명 사실을 확인할 수 있는 서류 등을 금융위원회가 정하여 고시하는 방법에 따라 보관·관리하여야 한다.

〈신설 2014. 4. 15.〉

[본조신설 2011. 1. 24.]

제44조(보험계약 변경 시 비교·고지사항) ①법 제97조제3항제2호에서 "보험기간 및 예정 이자율 등 대통령령으로 정하는 중요한 사항"이란 다음 각 호의 사항을 말한다.　〈개정 2014. 4. 15.〉

　1. 보험료, 보험기간, 보험료 납입주기 및 납입기간

　2. 보험가입금액 및 주요 보장 내용

　3. 보험금액 및 환급금액

　4. 예정 이자율 중 공시이율

　5. 보험 목적

　6. 보험회사의 면책사유 및 면책사항

② 보험회사는 제1항 각 호의 사항을 비교하여 알린 사실을 확인할 수 있는 서류 등을 금융위원회가 정하여 고시하는 방법에 따라 보관·관리하여야 한다.　〈신설 2014. 4. 15.〉

[전문개정 2011. 1. 24.]

제45조(보험계약의 부활 청구 절차 등)

① 법 제97조제4항에 따라 소멸된 보험계약의 부활을 청구하고 새로운 보험계약을 취소하려는 보험계약자는 보험계약 부활청구서에 다음 각 호의 서류를 첨부하여 보험회사에 제출하여야 한다.

    1. 기존보험계약의 소멸을 증명하는 서류

    2. 새로운 보험계약의 보험증권

② 보험회사는 제1항에 따른 서류를 접수하였을 때에는 접수증을 발급하고 부활사유 및 제출된 서류의 기재사항 등을 확인하여야 한다.

③ 보험회사는 보험계약의 부활 청구를 받은 날(건강진단을 받는 계약의 경우에는 진단일)부터 30일 이내에 승낙 또는 거절의 통지를 하여야 하며 그 기간에 통지가 없을 때에는 승낙한 것으로 본다.

④ 법 제97조제4항에 따른 소멸된 보험계약의 부활 및 새로운 보험계약의 취소의 효력은 다음 각 호의 요건을 충족하였을 때에 발생한다.

    1. 기존보험계약의 소멸로 인하여 보험계약자가 수령한 해약환급금의 반환

    2. 새로운 보험계약으로부터 보험계약자가 제급부금을 수령한 경우 그 반환

⑤ 법 제97조제4항 및 제5항에 따른 보험계약의 부활 및 취소는 해당 보험계약이 같은 보험회사를 대상으로 한 계약에만 적용한다.

⑥ 금융위원회는 보험계약의 부활에 필요한 세부 사항을 정하여 고시할 수 있다.

[전문개정 2011. 1. 24.]

제46조(특별이익의 제공 금지)

법 제98조제1호에서 "대통령령으로 정하는 금액"이란 보험계약 체결 시부터 최초 1년간 납입되는 보험료의 100분의 10과 3만원 중 적은 금액을 말한다.

[전문개정 2011. 1. 24.]

제47조(수수료 지급 등의 금지 예외)

① 법 제99조제3항에서 "대통령령으로 정하는 경우"란 보험계약 체결의 중개와는 별도로 보험계약자에게 특별히 제공한 서비스에 대하여 일정 금액으로 표시되는 보수나 그 밖의 대가를 지급할 것을 미리 보험계약자와 합의한 서면약정서에 의하여 청구하는 경우를 말한다.

② 보험중개사는 제1항에 따른 보수나 그 밖의 대가를 청구하려는 경우에는 해당 서비스를 제공하기 전에 제공할 서비스별 내용이 표시된 보수명세표를 보험계약자에게 알려야 한다.

제48조(금융기관보험대리점등의 금지행위 등)

① 법 제100조제1항제6호에서 "대통령령으로 정하는 행위"란 다음 각 호의 어느 하나에 해당하는 행위를 말한다. 〈개정 2014. 4. 15., 2021. 1. 5.〉

  1. 제40조제4항에 따라 모집에 종사하는 자 외에 소속 임직원으로 하여금 보험상품의 구입에 대한 상담 또는 소개를 하게 하거나 상담 또는 소개의 대가를 지급하는 행위

  2. 삭제 〈2021. 3. 23.〉

  3. 삭제 〈2021. 3. 23.〉

  4. 삭제 〈2021. 3. 23.〉

  5. 삭제 〈2021. 3. 23.〉

② 법 제100조제2항제4호에서 "대통령령으로 정하는 사항"이란 보험계약자 등의 보험민원을 접수하여 처리할 전담창구를 해당 금융기관의 본점에 설치 · 운영하는 것을 말한다.

③ 법 제100조제3항제3호에서 "대통령령으로 정하는 행위"란 모집수수료 외에 금융기관보험대리점등이 모집한 보험계약에서 발생한 이익의 배분을 요구하는 행위(금융위원회가 정하여 고시하는 기준에 따라 이익의 배분을 요구하는 경우는 제외한다)를 말한다.

④ 법 제100조제4항에 따라 금융기관보험대리점등 또는 금융기관보험대리점등이 되려는 자의 금지행위 기준은 다음 각 호와 같다.

  1. 금융기관보험대리점등이 요구하는 행위가 일반적인 거래조건에 비추어 명백히 보험회사의 이익에 반하는 것으로 인정될 수 있을 것

  2. 해당 행위가 보험회사의 경영건전성이나 보험계약자의 이익, 그 밖에 건전한 모집질서를 명백히 해치는 것으로 인정될 수 있을 것

⑤ 제1항부터 제4항까지의 규정에 따른 금융기관보험대리점등의 금지행위 기준 및 우월적 지위 남용 방지를 위한 기준 등에 관하여 필요한 사항은 금융위원회가 정하여 고시한다.

[전문개정 2011. 1. 24.]

제48조의2삭제 〈2021. 3. 23.〉

제5장 자산운용 등

제49조(금지 또는 제한되는 자산운용)

① 법 제105조제1호에서 "대통령령으로 정하는 업무용 부동산"이란 「법인세법 시행령」 제49조제1항제1호에 해당하지 아니하는 부동산으로서 다음 각 호의 어느 하나에 해당하는 것을 말한다.

1. 업무시설용 부동산: 영업장(연면적의 100분의 10 이상을 보험회사가 직접 사용하고 있는 것만 해당한다), 연수시설, 임원 또는 직원의 복리후생시설 및 이에 준하는 용도로 사용하고 있거나 사용할 토지ㆍ건물과 그 부대시설. 다만, 영업장은 원칙적으로 단일 소유권의 객체가 되는 부동산이어야 하며, 단일 건물에 구분소유되어 있는 경우에는 다음 각 목의 요건을 모두 충족하여야 한다.

   가. 구분소유권의 객체인 여러 개의 층이 연접해 있거나 물리적으로 하나의 부동산으로 인정할 수 있을 것

   나. 부동산의 소유 목적, 경제적 효용 및 거래관행에 비추어 복수 부동산 취득의 불가피성이 인정될 것

2. 투자사업용 부동산: 주택사업, 부동산임대사업, 장묘사업 등 사회복지사업, 도시재개발사업, 사회기반시설사업 등 공공성 사업과 해외부동산업을 위한 토지ㆍ건물 및 그 부대시설

② 법 제105조제7호에서 "대통령령으로 정하는 행위"란 다음 각 호의 어느 하나에 해당하는 행위를 말한다.

1. 금융위원회가 정하는 기준을 충족하지 아니하는 외국환(「외국환 거래법」 제3조제13호에 따른 외국환 중 대외지급수단, 외화증권, 외화채권만 해당한다) 및 파생금융거래(「외국환 거래법」 제3조제9호에 따른 파생상품에 관한 거래로서 채무불이행, 신용등급 하락 등 계약 당사자 간의 약정된 조건에 의한 신용사건 발생 시 신용위험을 거래 당사자 한쪽에게 전가(轉嫁)하는 거래 또는 이와 유사한 거래를 포함한다)

2. 삭제 〈2011. 12. 31.〉

3. 그 밖에 자산운용의 안정성을 크게 해칠 우려가 있는 행위로서 금융위원회가 정하여 고시하는 행위

③ 제1항 및 제2항에 관한 세부 사항은 금융위원회가 정하여 고시한다.

[전문개정 2011. 1. 24.]

제50조(자산운용의 비율)

① 법 제106조제1항제5호 각 목 외의 부분 및 제6호 각 목 외의 부분에서 "대통령령으로 정하는 자회사"란 다음 각 호의 어느 하나에 해당하지 아니하는 자회사를 말한다.

〈개정 2014. 4. 15., 2014. 12. 23., 2020. 8. 11., 2021. 6. 1.〉

1. 제59조제3항제1호부터 제14호까지에 해당하는 업무를 수행하는 회사로서 보험회사가 해당 회사의 의결권 있는 발행주식(출자지분을 포함한다)의 전부를 소유하는 회사

1의2. 「벤처투자 촉진에 관한 법률」 제2조제10호 및 제11호에 따른 중소기업창업투자회사 및 벤처투자조합

2. 「자본시장과 금융투자업에 관한 법률」에 따른 집합투자기구

3. 「부동산투자회사법」에 따른 부동산투자회사

4. 「선박투자회사법」에 따른 선박투자회사

4의2. 삭제 〈2020. 8. 11.〉

4의3. 「여신전문금융업법」에 따른 신기술사업투자조합

5. 제59조제3항제15호에 따른 업무를 수행하는 회사

5의2. 제59조제4항제3호에 따른 업무를 수행하는 회사

6. 제59조제2항제1호에 따른 업무를 수행하는 회사

② 법 제106조제1항제10호 각 목 외의 부분에 따른 위탁증거금(장외파생상품거래의 경우에는 약정금액)은 다음 각 호의 구분에 따른 금액으로 한다.

1. 장내파생상품거래: 「자본시장과 금융투자업에 관한 법률」 제396조제1항에 따른 파생상품시장업무규정에서 정하는 위탁증거금

2. 장외파생상품거래: 장외파생상품의 거래구조 등을 반영하여 금융위원회가 정하여 고시하는 기준에 따라 산정한 약정금액

③ 법 제106조제2항에 따라 법 제106조제1항제8호가목에 따른 부동산 소유에 대한 자산운용비율을 총자산의 100분의 15로 인하한다.

④ 법 제106조제3항에서 "대통령령으로 정하는 금액"이란 매 분기 말 기준으로 300억원을 말한다.

[전문개정 2011. 1. 24.]

제51조(자산운용 제한의 예외)

법 제107조 각 호 외의 부분 단서에서 "대통령령으로 정하는 사유"란 보험회사가 자산운용비율의 한도를 초과하게 된 날부터 1년 이내에 한도를 초과하는 자산을 처분하는 것이 일반적인 경우

에 비추어 해당 보험회사에 현저한 재산상의 손실이나 재무건전성의 악화를 초래할 것이 명백하다고 금융위원회가 인정하는 경우를 말한다.

[전문개정 2011. 1. 24.]

제52조(특별계정의 설정ㆍ운용)

① 법 제108조제1항에 따른 특별계정을 설정ㆍ운용하는 보험회사는 같은 항 각 호의 구분에 따른 보험계약별로 별도의 특별계정을 설정ㆍ운용하여야 한다.

② 보험회사는 특별계정의 효율적인 운용을 위하여 금융위원회가 필요하다고 인정하는 경우에는 법 제108조제1항 각 호의 구분에 따른 보험계약별로 둘 이상의 특별계정을 설정ㆍ운용할 수 있다.

[전문개정 2011. 1. 24.]

제53조(특별계정자산의 운용비율)

① 보험회사는 특별계정(법 제108조제1항제3호의 계약에 따라 설정된 특별계정은 제외한다)의 자산으로 취득한 주식에 대하여 의결권을 행사할 수 없다. 다만, 주식을 발행한 회사의 합병, 영업의 양도ㆍ양수, 임원의 선임, 그 밖에 이에 준하는 사항으로서 특별계정의 자산에 손실을 초래할 것이 명백하게 예상되는 사항에 관하여는 그러하지 아니하다.

② 보험회사는 법 제108조제1항제2호의 계약에 대하여 설정된 특별계정의 부담으로 차입(借入)할 수 없다. 다만, 각 특별계정별로 자산의 100분의 10의 범위에서 다음 각 호의 어느 하나에 해당하는 방법으로 차입하는 경우에는 그러하지 아니하다. 〈개정 2016. 7. 28.〉

1. 「은행법」에 따른 은행으로부터의 당좌차월

2. 금융기관으로부터의 만기 1개월 이내의 단기자금 차입

3. 일반계정(특별계정에 속하는 보험계약을 제외한 보험계약이 속하는 계정을 말한다. 이하 같다)으로부터의 만기 1개월 이내의 단기자금 차입. 이 경우 금리는 금융위원회가 정하여 고시하는 기준에 따른다.

4. 제1호부터 제3호까지에 준하는 방법으로서 금융위원회가 정하여 고시하는 방법

③ 보험회사는 특별계정의 자산을 운용할 때 다음 각 호의 어느 하나에 해당하는 행위를 하여서는 아니 된다. 〈개정 2016. 4. 1.〉

1. 보험계약자의 지시에 따라 자산을 운용하는 행위

2. 변액보험계약에 대하여 사전수익률을 보장하는 행위

3. 특별계정에 속하는 자산을 일반계정 또는 다른 특별계정에 편입하거나 일반계정의 자산

을 특별계정에 편입하는 행위. 다만, 다음 각 목의 어느 하나에 해당하는 행위는 제외한다.

　가. 특별계정의 원활한 운영을 위하여 금융위원회가 정하여 고시하는 바에 따라 초기투자
　　자금을 일반계정에서 편입받는 행위

　나. 특별계정이 일반계정으로부터 만기 1개월 이내의 단기자금을 금융위원회가 정하여 고
　　시하는 금리 기준에 따라 차입받는 행위

　다. 법률 제7379호 근로자퇴직급여보장법 부칙 제2조제1항에 따른 퇴직보험계약을 같은
　　법 제16조제2항에 따른 보험계약으로 전환하면서 자산을 이전하는 행위

　라. 법 제108조제1항제3호의 계약에 따라 설정된 특별계정을 「자본시장과 금융투자업에
　　관한 법률」 제233조에 따른 모자형집합투자기구로 전환하면서 모집합투자기구로 자
　　집합투자기구의 자산을 이전하는 행위

　마. 그 밖에 가목부터 라목까지에 준하는 행위로서 금융위원회가 정하여 고시하는 행위

4. 보험료를 어음으로 수납하는 행위

5. 특정한 특별계정 자산으로 제3자의 이익을 꾀하는 행위

④ 보험회사의 자산가격의 변동, 담보권의 실행, 그 밖에 보험회사의 의사에 의하지 아니하는
사유로 자산상태에 변동이 있는 경우에는 법 제106조제1항을 적용하지 아니한다. 이 경우 그
보험회사는 그 한도를 초과하게 된 날부터 1년 이내에 법 제106조제1항에 적합하게 하여야
하고, 제51조에서 정하는 사유에 해당하는 경우에는 금융위원회가 그 기간을 연장할 수 있
다.

[전문개정 2011. 1. 24.]

제54조(특별계정 자산의 평가 및 손익배분)

① 특별계정(법 제108조제1항제3호의 계약에 따라 설정된 특별계정은 제외한다)에 속하는 자
산은 금융위원회가 정하는 방법으로 평가한다.

② 보험회사는 변액보험 특별계정의 운용수익에서 해당 특별계정의 운용에 대한 보수 및 그 밖
의 수수료를 뺀 수익을 해당 특별계정 보험계약자의 몫으로 처리하여야 한다.

[전문개정 2011. 1. 24.]

제55조(특별계정 운용실적의 공시 등)

① 보험회사는 특별계정(법 제108조제1항제3호의 계약에 따라 설정된 특별계정은 제외한다)의
자산운용에 관한 다음 각 호의 사항을 공시하여야 한다.

1. 매월 말 현재의 특별계정별 자산 · 부채 및 자산구성 내용

2. 자산운용에 대한 보수 및 수수료

3. 그 밖에 보험계약자의 보호를 위하여 공시가 필요하다고 인정되는 사항으로서 금융위원회가 정하여 고시하는 사항

② 보험협회는 보험회사별로 보험회사가 설정하고 있는 특별계정별 자산의 기준가격 및 수익률 등 자산운용실적을 비교·공시할 수 있다.

③ 보험회사는 특별계정(법 제108조제1항제3호의 계약에 따라 설정된 특별계정은 제외한다)으로 설정·운용되는 보험계약의 관리 내용을 매년 1회 이상 보험계약자에게 제공하여야 한다.

④ 제1항부터 제3항까지의 규정에 따른 공시의 방법·절차, 그 밖에 필요한 사항은 금융위원회가 정하여 고시한다.

[전문개정 2011. 1. 24.]

제56조(특별계정의 운용전문인력 확보의무 등)

① 특별계정(법 제108조제1항제3호의 계약에 따라 설정된 특별계정은 제외한다)을 설정·운용하는 보험회사는 특별계정의 공정한 관리를 위하여 특별계정의 관리 및 운용을 전담하는 조직과 인력을 갖추어야 한다. 다만, 특별계정을 통한 대출업무의 경우에는 내부통제기준의 준수 여부에 대한 준법감시인의 확인을 거쳐 일반계정의 운용인력 및 조직을 이용할 수 있다.

② 법 제83조제1항 각 호의 자가 변액보험계약을 모집하려는 경우에는 금융위원회가 정하여 고시하는 바에 따라 변액보험계약의 모집에 관한 연수과정을 이수하여야 한다.

[전문개정 2011. 1. 24.]

제56조의2삭제 〈2021. 3. 23.〉

제56조의3(금리인하 요구)

① 보험회사와 신용공여 계약을 체결한 자는 법 제110조의3제1항에 따라 다음 각 호의 어느 하나에 해당하는 경우 보험회사에 금리인하를 요구할 수 있다. 〈개정 2020. 8. 4.〉

1. 개인이 신용공여 계약을 체결한 경우: 취업, 승진, 재산 증가 또는 개인신용평점 상승 등 신용상태의 개선이 나타났다고 인정되는 경우

2. 개인이 아닌 자(개인사업자를 포함한다)가 신용공여 계약을 체결한 경우: 재무상태 개선, 신용등급 또는 개인신용평점 상승 등 신용상태의 개선이 나타났다고 인정되는 경우

② 제1항에 따라 금리인하 요구를 받은 보험회사는 해당 요구의 수용 여부를 판단할 때 신용상

태의 개선이 금리 산정에 영향을 미치는지 여부 등 금융위원회가 정하여 고시하는 사항을 고려할 수 있다.

③ 보험회사는 제1항에 따른 금리인하 요구를 받은 날부터 10영업일 이내(금리인하 요구자에게 자료의 보완을 요구하는 날부터 자료가 제출되는 날까지의 기간은 포함하지 않는다)에 해당 요구의 수용 여부 및 그 사유를 금리인하 요구자에게 전화, 서면, 문자메시지, 전자우편, 팩스 또는 그 밖에 이와 유사한 방법으로 알려야 한다.

④ 제1항부터 제3항까지에서 규정한 사항 외에 금리인하 요구의 요건 및 절차 등에 관하여 필요한 사항은 금융위원회가 정하여 고시한다.

[본조신설 2019. 6. 11.]

제57조(대주주와의 거래제한 등)

① 법 제111조제1항제2호에 따라 보험회사는 직접 또는 간접으로 그 보험회사의 대주주와 다음 각 호의 행위를 하여서는 아니 된다.

1. 증권, 부동산, 무체재산권 등 경제적 가치가 있는 유형·무형의 자산을 무상으로 제공하는 행위

2. 제1호의 자산을 정상가격(일반적인 거래에서 적용되거나 적용될 것으로 판단되는 가격을 말한다. 이하 이 조에서 같다)에 비하여 뚜렷하게 낮거나 높은 가격으로 매매하는 행위

3. 제1호의 자산을 정상가격에 비하여 뚜렷하게 낮은 가격의 자산과 교환하는 행위

4. 정상가격에 비하여 뚜렷하게 낮은 가격의 자산을 대가로 신용공여를 하는 행위

5. 정상가격에 비하여 뚜렷하게 낮거나 높은 보험료를 지급받거나 지급하고 재보험계약을 체결하는 행위

② 법 제111조제1항제2호를 적용할 때 같은 항 각 호 외의 부분에 따른 대주주에는 그와 「금융회사의 지배구조에 관한 법률 시행령」 제3조제1항 각 호의 어느 하나에 해당하는 특수한 관계가 있는 자(이하 "특수관계인"이라 한다) 중 「상속세 및 증여세법」 제16조제1항에 따른 공익법인등에 해당하는 비영리법인 또는 단체(이하 이 조에서 "공익법인등"이라 한다)는 포함되지 아니한다. 〈신설 2013. 7. 8., 2016. 7. 28.〉

③ 법 제111조제2항 전단 및 같은 조 제3항제1호·제2호에서 "대통령령으로 정하는 금액"이란 단일거래금액(법 제111조제2항 및 같은 조 제3항제2호에 따른 대주주가 발행한 주식을 취득하는 경우에는 「자본시장과 금융투자업에 관한 법률」 에 따른 증권시장·다자간매매체결회사 또는 이와 유사한 시장으로서 외국에 있는 시장에서 취득하는 금액은 제외한다)이 자기자본의 1천분의 1에 해당하는 금액 또는 10억원 중 적은 금액을 말한다. 이 경우 단일거래금

액의 구체적인 산정기준은 금융위원회가 정하여 고시한다. 〈개정 2013. 7. 8., 2013. 8. 27.〉

④ 법 제111조제4항에 따라 보험회사는 매 분기 말 현재 대주주에 대한 신용공여 규모, 분기 중 신용공여의 증감액, 신용공여의 거래조건, 해당 보험회사의 대주주가 발행한 채권 또는 주식의 취득 규모, 그 밖에 금융위원회가 정하여 고시하는 사항을 매 분기 말이 지난 후 1개월 이내에 금융위원회에 보고하고, 인터넷 홈페이지 등을 이용하여 공시하여야 한다.

〈개정 2013. 7. 8.〉

⑤ 법 제111조제5항제5호에서 "대통령령으로 정하는 행위"란 다음 각 호의 어느 하나에 해당하는 행위를 말한다. 〈개정 2013. 7. 8.〉

1. 대주주의 경쟁사업자에 대하여 신용공여를 할 때 정당한 이유 없이 금리, 담보 등 계약조건을 불리하게 하도록 요구하는 행위

2. 보험회사로 하여금 제2항에 따른 공익법인등에게 자산을 무상으로 양도하게 하거나 일반적인 거래 조건에 비추어 해당 보험회사에게 뚜렷하게 불리한 조건으로 매매·교환·신용공여 또는 재보험계약을 하게 하는 행위

⑥ 법 제111조제6항 각 호 외의 부분 중 "대통령령으로 정하는 경우"란 대주주가 다음 각 호의 어느 하나에 해당하는 경우를 말한다. 〈개정 2013. 7. 8., 2013. 8. 27.〉

1. 대주주(회사만 해당하며, 회사인 특수관계인을 포함한다. 이하 이 항에서 같다)의 부채가 자산을 초과하는 경우

2. 대주주가 「자본시장과 금융투자업에 관한 법률」에 따른 신용평가회사 중 둘 이상의 신용평가회사에 의하여 투자부적격 등급으로 평가받은 경우

[전문개정 2011. 1. 24.]

제57조의2(타인을 위한 채무보증 금지의 예외)

① 보험회사는 법 제113조 단서에 따라 신용위험을 이전하려는 자가 신용위험을 인수한 자에게 금전 등의 대가를 지급하고, 신용사건이 발생하면 신용위험을 인수한 자가 신용위험을 이전한 자에게 손실을 보전해 주기로 하는 계약에 기초한 증권(「자본시장과 금융투자업에 관한 법률」 제3조제2항제1호에 따른 증권을 말한다) 또는 예금을 매수하거나 가입할 수 있다.

〈개정 2011. 12. 31.〉

② 보험회사는 법 제113조 단서에 따라 법 제115조제1항에 따른 자회사(외국에서 보험업을 경영하는 자회사를 말한다. 이하 이 조에서 같다)를 위한 채무보증을 할 수 있다. 이 경우 다음 각 호의 요건을 모두 갖추어야 한다. 〈신설 2011. 12. 31.〉

1. 채무보증 한도액이 보험회사 총자산의 100분의 3 이내일 것

2. 보험회사의 직전 분기 말 지급여력비율이 100분의 200 이상일 것

3. 보험금 지급 채무에 대한 채무보증일 것

4. 보험회사가 채무보증을 하려는 자회사의 의결권 있는 발행주식(출자지분을 포함한다) 총수의 100분의 50을 초과하여 소유할 것(외국 정부에서 최대 소유 한도를 정하는 경우 그 한도까지 소유하는 것을 말한다)

③ 금융위원회는 제2항 각 호의 요건을 갖추었는지를 확인하기 위하여 보험회사에 필요한 자료의 제출을 요청할 수 있다. 〈신설 2011. 12. 31.〉

④ 제2항에 따른 채무보증 한도액, 지급여력비율의 산정 및 제3항에 따른 자료제출 요청 방법 등에 관한 구체적인 사항은 금융위원회가 정하여 고시한다. 〈신설 2011. 12. 31.〉

[본조신설 2011. 1. 24.]

제58조(자산평가의 방법 등)

① 법 제114조에 따라 보험회사가 자산의 취득·처분 또는 대출 등을 위한 감정을 필요로 하는 경우에는 「감정평가 및 감정평가사에 관한 법률」에 따라야 한다. 〈개정 2016. 8. 31.〉

② 법 제114조에 따라 보험회사는 법 제123조에 따른 재무건전성 기준을 충족시키기 위한 경우 또는 적정한 유동성을 유지하기 위한 경우에만 다음 각 호의 어느 하나에 해당하는 방법으로 자금을 차입할 수 있다. 〈개정 2019. 6. 25.〉

1. 「은행법」에 따른 은행으로부터의 당좌차월

2. 사채 또는 어음의 발행

3. 환매조건부채권의 매도

4. 후순위차입

4의2. 신종자본증권(만기의 영구성, 배당지급의 임의성, 채무변제의 후순위성 등의 특성을 갖는 자본증권을 말한다)의 발행

5. 그 밖에 보험회사의 경영건전성을 해칠 우려가 없는 자금 차입 방법으로서 금융위원회가 정하여 고시하는 방법

③ 제2항제2호에 따른 사채 및 같은 항 제4호의2에 따른 신종자본증권의 총 발행한도는 직전 분기 말 현재 자기자본의 범위 내로 한다. 〈개정 2019. 6. 25.〉

④ 금융위원회는 사채 또는 어음의 발행조건 등 제2항 각 호에 따른 자금차입 방법에 관하여 필요한 세부 사항을 정하여 고시할 수 있다.

[전문개정 2011. 1. 24.]

제59조(자회사의 소유)

① 삭제 〈2021. 6. 1.〉

② 법 제115조제1항제4호에서 "대통령령으로 정하는 업무"란 다음 각 호의 어느 하나에 해당하는 업무를 말한다. 〈개정 2019. 6. 25., 2021. 6. 1.〉

1. 외국에서 하는 사업(제3항제15호에 해당하는 사업은 제외한다)

2. 기업의 후생복지에 관한 상담 및 사무처리 대행업무

2의2. 「신용정보의 이용 및 보호에 관한 법률」에 따른 본인신용정보관리업

3. 그 밖에 제3항 및 제4항에 따른 업무가 아닌 업무로서 보험회사의 효율적인 업무수행을 위해 필요하고 보험업과 관련되는 것으로 금융위원회가 인정하는 업무

③ 법 제115조제2항에서 "대통령령으로 정하는 업무"란 다음 각 호의 업무를 말한다. 〈신설 2021. 6. 1.〉

1. 보험회사의 사옥관리업무

2. 보험수리업무

3. 손해사정업무

4. 보험대리업무

5. 보험사고 및 보험계약 조사업무

6. 보험에 관한 교육 · 연수 · 도서출판 · 금융리서치 및 경영컨설팅 업무

7. 보험업과 관련된 전산시스템 · 소프트웨어 등의 대여 · 판매 및 컨설팅 업무

8. 보험계약 및 대출 등과 관련된 상담업무

9. 보험에 관한 인터넷 정보서비스의 제공업무

10. 자동차와 관련된 긴급출동 · 차량관리 및 운행정보 등 부가서비스 업무

11. 보험계약자 등에 대한 위험관리 업무

12. 건강 · 장묘 · 장기간병 · 신체장애 등의 사회복지사업 및 이와 관련된 조사 · 분석 · 조언 업무

13. 「노인복지법」 제31조에 따른 노인복지시설의 설치 · 운영에 관한 업무 및 이와 관련된 조사 · 분석 · 조언 업무

14. 건강 유지 · 증진 또는 질병의 사전 예방 등을 위해 수행하는 업무

15. 외국에서 하는 보험업, 보험수리업무, 손해사정업무, 보험대리업무, 보험에 관한 금융리서치 업무, 투자자문업, 투자일임업, 집합투자업 및 부동산업

④ 법 제115조제3항 전단에서 "대통령령으로 정하는 업무"란 다음 각 호의 업무를 말한다. 〈신설 2021. 6. 1., 2021. 10. 21.〉

1. 「벤처투자 촉진에 관한 법률」에 따른 중소기업창업투자회사 및 벤처투자조합의 업무

2. 「부동산투자회사법」에 따른 부동산투자회사의 업무

3. 「사회기반시설에 대한 민간투자법」에 따른 사회기반시설사업 및 사회기반시설사업에 대한 투융자사업

4. 「선박투자회사법」에 따른 선박투자회사의 업무

5. 「여신전문금융업법」에 따른 신기술사업투자조합의 업무

6. 「자본시장과 금융투자업에 관한 법률」에 따른 투자회사 또는 기관전용 사모집합투자기구가 하는 업무

7. 「자산유동화에 관한 법률」에 따른 자산유동화업무 및 유동화자산의 관리업무

8. 그 밖에 제1호부터 제7호까지의 업무와 유사한 것으로서 금융위원회가 정하여 고시하는 업무

⑤ 법 제115조제3항 후단에서 "대통령령으로 정하는 기간"이란 해당 자회사를 소유한 날부터 2개월까지의 기간을 말한다. 〈신설 2021. 6. 1.〉

⑥ 법 제115조제1항부터 제3항까지의 규정에 따라 자회사 소유의 승인을 받거나 신고 또는 보고를 하려는 보험회사는 다음 각 호의 요건을 모두 갖추어야 한다. 〈개정 2021. 6. 1.〉

1. 보험회사의 재무상태와 경영관리상태가 건전할 것

2. 자회사의 재무상태가 적정할 것

3. 법 제106조제1항제6호에 따른 자산운용의 비율 한도를 초과하지 아니할 것

⑦ 금융위원회는 법 제115조제1항 또는 제2항에 따라 자회사 소유의 승인 신청 또는 신고를 받은 경우에는 2개월 이내에 승인 또는 신고의 수리 여부를 신청인 또는 신고인에게 알려야 한다. 〈개정 2021. 6. 1.〉

⑧ 제6항 및 제7항에서 규정한 사항 외에 자회사 소유의 승인, 신고 또는 보고의 요건 및 절차 등에 관하여 필요한 세부 사항은 금융위원회가 정하여 고시한다. 〈개정 2021. 6. 1.〉

[전문개정 2011. 1. 24.]

제59조의2(자회사와의 금지행위)

법 제116조제1호에 따라 보험회사는 자회사와 제57조제1항 각 호의 어느 하나에 해당하는 행위를 하여서는 아니 된다. 다만, 보험회사가 외국에서 보험업을 경영하는 자회사(자회사로 편입된 지 5년이 경과하지 아니한 경우만 해당한다)에 대하여 무형의 자산을 무상으로 제공하는 행위는 제외한다. 〈개정 2016. 4. 1.〉

[본조신설 2011. 1. 24.]

제60조(자회사에 관한 보고서류 등)

① 법 제117조제1항에서 "대통령령으로 정하는 서류"란 다음 각 호의 서류를 말한다.

〈개정 2021. 9. 29.〉

1. 정관

2. 업무의 종류 및 방법을 적은 서류

3. 주주현황

4. 재무상태표 및 손익계산서 등의 재무제표와 영업보고서

5. 자회사가 발행주식 총수의 100분의 10을 초과하여 소유하고 있는 회사의 현황

② 법 제117조제2항에서 "대통령령으로 정하는 서류"란 다음 각 호의 서류를 말한다.

〈개정 2021. 9. 29.〉

1. 재무상태표 및 손익계산서 등의 재무제표와 영업보고서

2. 자회사와의 주요거래 상황을 적은 서류

③ 법 제117조제3항에서 "대통령령으로 정하는 자회사"란 다음 각 호의 어느 하나에 해당하는 회사를 말한다.

1. 「자본시장과 금융투자업에 관한 법률」에 따른 투자회사 및 외국에서 이와 같은 유형의 사업을 수행하는 회사

2. 설립일부터 1년이 지나지 아니한 회사

④ 제3항에 따른 자회사를 소유한 보험회사는 법 제117조제3항에 따라 다음 각 호의 구분에 따른 서류를 제출하지 아니할 수 있다.

1. 제3항제1호에 해당하는 자회사를 소유한 경우: 제1항제1호 및 제2호의 서류, 제2항제2호의 서류

2. 제3항제2호에 해당하는 자회사를 소유한 경우: 제1항제4호의 서류

[전문개정 2011. 1. 24.]

제61조(장부폐쇄일)

법 제118조제1항에서 "대통령령으로 정하는 날"이란 12월 31일을 말한다.

[전문개정 2011. 1. 24.]

제62조(전자문서의 제출방법)

① 보험회사는 법 제118조제3항에 따라 같은 조 제1항 및 제2항에 따른 서류를 정보통신망(「정보통신망 이용촉진 및 정보보호 등에 관한 법률」에 따른 정보통신망을 말한다)을 이

용한 전자문서(「전자문서 및 전자거래 기본법」 제2조제1호에 따른 전자문서를 말한다)로 제출할 수 있다. 〈개정 2012. 8. 31.〉

② 금융위원회는 제1항에 따른 서류 제출 방법에 관하여 필요한 세부 기준을 정하여 고시할 수 있다.

[전문개정 2011. 1. 24.]

제63조(책임준비금 등의 계상)

① 보험회사는 법 제120조제1항에 따라 장래에 지급할 보험금·환급금 및 계약자배당금(이하 이 조에서 "보험금등"이라 한다)의 지급에 충당하기 위하여 다음 각 호의 금액을 책임준비금으로 계상(計上)하여야 한다. 〈개정 2015. 1. 6.〉

1. 매 결산기 말 현재 보험금등의 지급사유가 발생하지 아니한 계약과 관련하여 다음 각 목의 금액

   가. 보험금을 일정 수준 이상으로 지급하기 위하여 적립한 금액

   나. 장래에 보험금 및 환급금을 지급하기 위하여 적립한 금액

   다. 결산기 말 이전에 납입된 보험료 중 결산기 말 후의 기간에 해당하는 보험료를 적립한 금액

2. 매 결산기 말 현재 보험금등의 지급사유가 발생한 계약에 대하여 보험금등에 관한 소송이 계속 중인 금액이나 지급이 확정된 금액과 보험금 지급사유가 이미 발생하였으나 보험금 지급금액의 미확정으로 인하여 아직 지급하지 아니한 금액

3. 보험회사가 보험계약자에게 배당하기 위하여 적립한 금액

② 보험회사가 다음 각 호의 요건을 모두 충족하는 재보험에 가입하는 경우에 재보험을 받은 보험회사는 재보험을 받은 부분에 대한 책임준비금을 적립하여야 하며, 보험회사는 재보험을 받은 보험회사가 적립한 책임준비금을 별도의 자산(이하 이 조에서 "재보험자산"이라 한다)으로 표기하여야 한다.

1. 보험위험의 전가가 있을 것

2. 해당 재보험계약으로 인하여 재보험을 받은 회사에 손실 발생 가능성이 있을 것

③ 보험회사는 제2항에도 불구하고 재보험을 받은 회사가 다음 각 호의 어느 하나에 해당하는 경우에는 금융위원회가 정하여 고시하는 방법에 따라 재보험자산을 감액하여야 한다.

1. 국내외 감독기관이 정하는 재무건전성에 관한 기준을 충족하지 못하는 경우

2. 국제적으로 인정받는 신용평가기관에서 실시한 최근 3년 이내의 신용평가에서 평가등급(이에 상응하는 국내 신용평가기관의 신용등급을 포함한다)이 투자적격이 아닌 경우. 다

만, 외국 정부가 자본금의 2분의 1 이상을 출자한 외국보험회사로서 국제적으로 인정받는 신용평가기관에서 실시한 최근 3년 이내의 신용평가에서 해당 정부가 받은 국가신용등급이 투자적격인 경우는 제외한다.

④ 손해보험업을 경영하는 보험회사는 법 제120조제1항에 따라 해당 사업연도의 보험료 합계액의 100분의 50(보증보험의 경우 100분의 150)의 범위에서 금융위원회가 정하여 고시하는 기준에 따라 비상위험준비금을 계상하여야 한다. 〈개정 2014. 4. 15.〉

⑤ 법 제120조제3항에서 "대통령령으로 정하는 사항"이란 다음 각 호의 사항을 말한다.

1. 장래의 손실 보전을 목적으로 하는 준비금의 적립에 관한 사항

2. 책임준비금 및 비상위험준비금의 계상과 관련된 손익의 처리에 관한 사항

[전문개정 2011. 1. 24.]

제63조의2(책임준비금의 적정성 검증)

① 법 제120조의2제1항에서 "대통령령으로 정하는 보험회사"란 다음 각 호의 어느 하나에 해당하는 보험회사를 말한다.

1. 직전 사업연도 말의 재무상태표에 따른 자산총액이 1조원 이상인 보험회사

2. 다음 각 목의 어느 하나에 해당하는 보험종목을 취급하는 보험회사

　가. 생명보험

　나. 연금보험

　다. 자동차보험

　라. 상해보험

　마. 질병보험

　바. 간병보험

② 법 제120조의2제1항에 따라 보험회사가 받아야 하는 책임준비금 적정성 검증의 내용은 다음 각 호와 같다.

1. 책임준비금의 규모에 관한 사항

2. 책임준비금의 산출 기준 및 방법에 관한 사항

3. 제1호 및 제2호와 유사한 것으로서 금융위원회가 정하여 고시하는 사항

③ 보험회사는 법 제120조의2제1항에 따라 책임준비금을 계상한 날이 속하는 사업연도의 종료 후 6개월 이내에 책임준비금의 적정성 검증을 받아야 한다. 이 경우 보험회사가 같은 독립계리업자(법 제128조제2항에 따른 독립계리업자를 말한다. 이하 같다) 또는 보험요율 산출기관으로부터 연속해서 책임준비금의 적정성 검증을 받을 수 있는 기간은 3개 사업연도로 한

정한다.

④ 법 제120조의2제1항에 따라 책임준비금의 적정성 검증을 수행하는 독립계리업자 또는 보험요율 산출기관은 해당 보험회사에 대해 적정성 검증에 필요한 추가 또는 보완 자료를 요청할 수 있다.

⑤ 제1항부터 제4항까지에서 규정한 사항 외에 책임준비금 적정성 검증의 절차 및 방법 등에 관하여 필요한 세부 사항은 금융위원회가 정하여 고시한다.

[본조신설 2021. 6. 1.]

제64조(배당보험계약의 회계처리 등)

① 법 제121조제1항에 따라 보험회사는 매 결산기 말에 배당보험계약의 손익과 무배당보험계약의 손익을 구분하여 회계처리하고, 배당보험계약 이익의 계약자지분 중 일부는 금융위원회가 정하여 고시하는 범위에서 배당보험계약의 손실 보전을 위한 준비금으로 적립할 수 있다. 〈개정 2016. 4. 1.〉

② 보험회사는 법 제121조제2항에 따라 배당을 할 때 이익 발생에 대한 기여도, 보험회사의 재무건전성 등을 고려하여 총리령으로 정하는 기준에 따라 계약자지분과 주주지분을 정하여야 한다.

③ 보험회사는 다음 각 호의 어느 하나의 재원으로 배당보험계약에 대하여 배당을 할 수 있다. 다만, 제1호의 재원은 제1항에 따른 준비금 적립의 재원으로 사용할 수 있다.

1. 해당 회계연도에 배당보험계약에서 발생한 계약자지분

2. 해당 회계연도 이전에 발생한 계약자지분 중 배당에 지급되지 아니하고 총액으로 적립된 금액

3. 제1호 및 제2호의 재원으로 배당재원이 부족한 경우에는 주주지분

④ 배당보험계약에서 손실이 발생한 경우에는 제1항에 따른 준비금을 우선 사용하여 보전하고, 손실이 남는 경우에는 총리령으로 정하는 방법에 따라 이를 보전한다.

⑤ 배당보험계약의 계약자지분은 계약자배당을 위한 재원과 배당보험계약의 손실을 보전하기 위한 목적 외에 다른 용도로 사용할 수 없다.

⑥ 제1항부터 제5항까지에서 규정한 사항 외에 배당보험계약의 계약자배당에 필요한 사항은 금융위원회가 정하여 고시한다.

[전문개정 2011. 1. 24.]

[제목개정 2016. 4. 1.]

제64조의2(배당보험계약 외의 보험계약에 대한 회계처리)

① 법 제121조의2에 따른 배당보험계약 외의 보험계약별 자산 또는 손익의 회계처리는 다음 각 호의 어느 하나에 해당하는 방식으로 한다.　　　　　　　　　　　　〈개정 2016. 4. 1.〉

1. 자산을 보험계약별로 구분하지 아니하고 통합하여 운용하되, 이 경우 발생한 손익을 전체 보험계약의 평균 책임준비금에 대한 보험계약별 평균 책임준비금의 비율을 기준으로 구분하여 보험계약별로 배분하는 방식

2. 자산을 보험계약별로 구분하지 아니하고 통합하여 운용하되, 이 경우 발생한 손익을 자산을 취득할 때 필요한 자금에 대한 보험계약별로 조성된 자금의 비율을 기준으로 구분하여 보험계약별로 배분하는 방식

3. 자산을 보험계약별로 구분하여 운용하되, 이 경우 발생한 손익을 보험계약별로 직접 배분하는 방식

4. 그 밖에 금융위원회가 합리적이라고 인정하는 배분 방식

② 제1항제3호 또는 제4호의 방식에 따르는 경우에는 미리 금융위원회의 승인을 받아야 한다.

③ 제1항 및 제2항에 관한 세부 적용기준, 그 밖에 필요한 사항은 금융위원회가 정하여 고시한다.

[전문개정 2011. 1. 24.]

[제목개정 2016. 4. 1.]

제6장 감독

제65조(재무건전성 기준)

① 이 조에서 사용하는 용어의 뜻은 다음 각 호와 같다.

1. "지급여력금액"이란 자본금, 계약자배당을 위한 준비금, 대손충당금, 후순위차입금, 그 밖에 이에 준하는 것으로서 금융위원회가 정하여 고시하는 금액을 합산한 금액에서 미상각신계약비, 영업권, 그 밖에 이에 준하는 것으로서 금융위원회가 정하여 고시하는 금액을 뺀 금액을 말한다.

2. "지급여력기준금액"이란 보험업을 경영함에 따라 발생하게 되는 위험을 금융위원회가 정하여 고시하는 방법에 의하여 금액으로 환산한 것을 말한다.

3. "지급여력비율"이란 지급여력금액을 지급여력기준금액으로 나눈 비율을 말한다.

② 법 제123조제1항에 따라 보험회사가 지켜야 하는 재무건전성 기준은 다음 각 호와 같다.

1. 지급여력비율은 100분의 100 이상을 유지할 것

2. 대출채권 등 보유자산의 건전성을 정기적으로 분류하고 대손충당금을 적립할 것

3. 보험회사의 위험, 유동성 및 재보험의 관리에 관하여 금융위원회가 정하여 고시하는 기준을 충족할 것

③ 법 제123조제2항에 따라 금융위원회가 보험회사에 대하여 자본금 또는 기금의 증액명령, 주식 등 위험자산 소유의 제한 등의 조치를 하려는 경우에는 다음 각 호의 사항을 고려하여야 한다.

1. 해당 조치가 보험계약자의 보호를 위하여 적절한지 여부

2. 해당 조치가 보험회사의 부실화를 예방하고 건전한 경영을 유도하기 위하여 필요한지 여부

④ 금융위원회는 제1항부터 제3항까지의 규정에 관하여 필요한 세부 기준을 정하여 고시할 수 있다.

[전문개정 2011. 1. 24.]

제66조(재무건전성 평가의 실시)

금융위원회는 법 제123조제2항에 따라 보험회사의 재무건전성 확보를 위한 경영실태 및 위험에 대한 평가를 실시하여야 한다.

[전문개정 2011. 1. 24.]

제67조(공시사항)

① 법 제124조제1항에서 "대통령령으로 정하는 사항"이란 다음 각 호의 사항을 말한다.

1. 재무 및 손익에 관한 사항

2. 자금의 조달 및 운용에 관한 사항

3. 법 제123조제2항, 제131조제1항, 제134조 및 「금융산업의 구조개선에 관한 법률」 제10조, 제14조에 따른 조치를 받은 경우 그 내용

4. 보험약관 및 사업방법서, 보험료 및 해약환급금, 공시이율 등 보험료 비교에 필요한 자료

5. 그 밖에 보험계약자의 보호를 위하여 공시가 필요하다고 인정되는 사항으로서 금융위원회가 정하여 고시하는 사항

② 법 제124조제2항에서 "대통령령으로 정하는 사항"이란 다음 각 호의 사항을 말한다.

1. 보험료, 보험금, 보험기간, 보험계약에 따라 보장되는 위험, 보험회사의 면책사유, 공시이율 등 보험료 비교에 필요한 자료

2. 그 밖에 보험계약자 보호 및 보험계약 체결에 필요하다고 인정되는 사항으로 금융위원회
   가 정하여 고시하는 사항

③ 금융위원회는 제1항 및 제2항에 따른 공시사항에 관한 세부 기준, 공시 방법 및 절차 등에 관
   하여 필요한 사항을 정하여 고시할 수 있다.

[전문개정 2011. 1. 24.]

제68조(보험상품공시위원회)

① 법 제124조제3항에 따른 보험상품공시위원회(이하 이 조에서 "위원회"라 한다)는 보험협회
   가 실시하는 보험상품의 비교·공시에 관한 중요 사항을 심의·의결한다.

② 위원회는 위원장 1명을 포함하여 9명의 위원으로 구성한다.

③ 위원회의 위원장은 위원 중에서 호선하며, 위원회의 위원은 금융감독원 상품담당 부서장, 보
   험협회의 상품담당 임원, 보험요율 산출기관의 상품담당 임원 및 보험협회의 장이 위촉하는
   다음 각 호의 사람으로 구성한다.   〈개정 2015. 1. 6.〉

   1. 보험회사 상품담당 임원 또는 선임계리사 2명

   2. 판사, 검사 또는 변호사의 자격이 있는 사람 1명

   3. 소비자단체에서 추천하는 사람 2명

   4. 보험에 관한 학식과 경험이 풍부한 사람 1명

④ 위원의 임기는 2년으로 한다. 다만, 금융감독원 상품담당 부서장과 보험협회의 상품담당 임
   원 및 보험요율 산출기관의 상품담당 임원인 위원의 임기는 해당 직(職)에 재직하는 기간으
   로 한다.   〈개정 2015. 1. 6., 2016. 7. 28.〉

⑤ 위원회의 회의는 재적위원 과반수의 출석으로 개의(開議)하고 출석위원 과반수의 찬성으로
   의결한다.

⑥ 제1항부터 제5항까지에서 규정한 사항 외에 위원회의 구성 및 운영에 필요한 사항은 위원회
   의 의결을 거쳐 위원장이 정한다.

[전문개정 2011. 1. 24.]

제69조(상호협정의 인가)

① 보험회사는 법 제125조제1항에 따라 상호협정의 체결·변경 또는 폐지의 인가를 받으려는
   경우에는 다음 각 호의 사항을 적은 신청서에 총리령으로 정하는 서류를 첨부하여 금융위원
   회에 제출하여야 한다.

   1. 상호협정을 체결하는 경우

가. 상호협정 당사자의 상호 또는 명칭과 본점 또는 주된 사무소의 소재지

　나. 상호협정의 명칭과 그 내용

　다. 상호협정의 효력의 발생시기와 기간

　라. 상호협정을 하려는 사유

　마. 상호협정에 관한 사무를 총괄하는 점포 또는 사무소가 있는 경우에는 그 명칭과 소재
　　지

　바. 외국보험회사와의 상호협정인 경우에는 그 보험회사의 영업 종류와 현재 수행 중인 사
　　업의 개요 및 현황

　2. 상호협정을 변경하는 경우

　　가. 제1호가목 및 나목의 기재사항

　　나. 변경될 상호협정의 효력의 발생시기와 기간

　　다. 상호협정을 변경하려는 사유 및 변경 내용

　3. 상호협정을 폐지하는 경우

　　가. 폐지할 상호협정의 명칭

　　나. 상호협정 폐지의 효력 발생시기

　　다. 상호협정을 폐지하려는 사유

② 금융위원회는 제1항의 신청서를 받았을 때에는 다음 각 호의 사항을 심사하여 그 인가 여부
　를 결정하여야 한다.

　1. 상호협정의 내용이 보험회사 간의 공정한 경쟁을 저해하는지 여부

　2. 상호협정의 내용이 보험계약자의 이익을 침해하는지 여부

③ 법 제125조제1항 단서 및 제3항 단서에서 "대통령령으로 정하는 경미한 사항"이란 다음 각
　호의 어느 하나에 해당하는 사항을 말한다.

　1. 보험회사의 상호 변경, 보험회사 간의 합병, 보험회사의 신설 등으로 상호협정의 구성원이
　　변경되는 사항

　2. 조문체제의 변경, 자구수정 등 상호협정의 실질적인 내용이 변경되지 아니하는 사항

[전문개정 2011. 1. 24.]

제70조(정관변경의 보고 등)

① 금융위원회는 법 제126조에 따라 보고받은 내용이 이 법 또는 관계 법령에 위반되거나 보험
　계약자 및 피보험자 등의 권익을 침해하는 내용이 있는 경우에는 해당 보험회사에 대하여 이
　를 보완하도록 요구할 수 있다.

② 법 제126조에 따른 정관변경의 보고의 방법 및 절차 등에 관하여 필요한 사항은 금융위원회
가 정하여 고시한다.

[전문개정 2011. 1. 24.]

제71조(기초서류의 작성 및 변경)

① 법 제127조제2항제3호에 따라 보험회사가 기초서류(법 제5조제3호에 따른 기초서류를 말한
다. 이하 같다)를 작성하거나 변경하려는 경우 미리 금융위원회에 신고하여야 하는 사항은
별표 6과 같다. 다만, 조문체제의 변경, 자구수정 등 보험회사가 이미 신고한 기초서류의 내
용의 본래 취지를 벗어나지 아니하는 범위에서 기초서류를 변경하는 경우는 제외한다.
〈개정 2015. 1. 6., 2016. 4. 1.〉

② 보험회사는 법 제127조제2항에 따라 기초서류를 신고하는 경우에는 판매개시일 30일(법 제
127조의2제1항에 따라 권고받은 사항을 반영하여 신고하는 경우에는 15일을 말한다) 전까지
금융위원회가 정하여 고시하는 보험상품신고서에 다음 각 호의 서류를 첨부하여 제출해야
한다. 다만, 다른 법령의 개정에 따라 기초서류의 내용을 변경하는 경우 등 금융위원회가 정
하여 고시하는 경우에는 금융위원회가 정하여 고시하는 기한까지 보험상품신고서를 제출할
수 있다. 〈개정 2015. 1. 6., 2021. 6. 1.〉

1. 법 제184조제1항에 따라 선임계리사가 검증·확인한 기초서류

2. 보험료, 책임준비금 및 위험률 산출의 변경이 있는 경우에는 그 변경이 적절한지에 대한
보험요율 산출기관 또는 독립계리업자의 검증확인서

③ 삭제 〈2021. 6. 1.〉

④ 금융위원회는 법 제127조제3항에 따라 보험계약자 보호 등에 필요하다고 인정되면 보험회
사로 하여금 매 분기 종료일의 다음 달 말일까지 금융위원회가 정하여 고시하는 바에 따라
분기별 보험상품 판매 목록을 제출하게 할 수 있다. 〈개정 2016. 1. 19., 2016. 4. 1.〉

⑤ 금융위원회는 법 제127조제3항에 따라 보험계약자 보호 등을 위하여 확인이 필요하다고 인
정되는 보험상품에 대해서는 그 사유를 적어 서면으로 법 제184조제1항에 따라 선임계리사
가 검증·확인한 기초서류를 제출하도록 요구할 수 있다. 〈개정 2016. 1. 19.〉

⑥ 금융위원회는 제5항에 따라 확인한 보험상품에 대하여 보험료 및 책임준비금의 적절성 검증
이 필요하다고 판단한 경우에는 그 사유를 적어 서면으로 제5항의 제출서류 외에 보험요율
산출기관 또는 독립계리업자의 검증확인서 및 제2항에 따른 보험상품신고서를 제출하도록
요구할 수 있다. 이 경우 보험회사는 제출요구일부터 30일 이내에 검증확인서를 제출해야 한
다. 〈개정 2015. 1. 6., 2016. 1. 19., 2021. 6. 1.〉

⑦ 제1항부터 제6항까지의 규정과 관련하여 필요한 세부 사항은 금융위원회가 정하여 고시한다. 〈개정 2016. 1. 19.〉

[전문개정 2011. 1. 24.]

제71조의2(기초서류의 변경 권고)

금융위원회는 법 제127조의2제1항에 따라 보험회사가 제71조제2항에 따라 신고한 기초서류 및 같은 조 제5항에 따라 제출한 기초서류의 내용이 법 제128조의3 또는 제129조를 위반하는 경우에는 신고접수일 또는 제출접수일(제71조제6항에 따라 검증확인서를 제출한 경우에는 검증확인서의 제출일을 말한다)부터 20일(권고받은 사항에 대하여 다시 변경을 권고하는 경우에는 10일을 말한다) 이내에 그 기초서류의 변경을 권고할 수 있다. 〈개정 2015. 1. 6., 2016. 1. 19.〉

[본조신설 2011. 1. 24.]

제71조의3(독립계리업자의 자격 요건)

법 제128조제2항에서 "대통령령으로 정하는 보험계리업자"란 법 제183조제1항에 따라 등록된 법인(5명 이상의 상근 보험계리사를 두고 있는 법인만 해당한다)인 보험계리업자를 말한다. 다만, 다음 각 호의 어느 하나에 해당하는 보험계리업자는 제외한다.

1. 법 제181조제1항에 따라 해당 보험회사로부터 보험계리에 관한 업무를 위탁받아 수행 중인 보험계리업자
2. 대표자가 최근 2년 이내에 해당 보험회사에 고용된 사실이 있는 보험계리업자
3. 대표자나 그 배우자가 해당 보험회사의 대주주인 보험계리업자
4. 보험회사의 자회사인 보험계리업자
5. 보험계리업자 또는 보험계리업자의 대표자가 최근 5년 이내에 다음 각 목의 어느 하나에 해당하는 제재조치를 받은 사실이 있는 경우 해당 보험계리업자
   가. 법 제134조제1항제1호에 따른 경고 또는 문책
   나. 법 제134조제1항제3호에 따른 해임 또는 직무정지
   다. 법 제190조에 따른 보험계리업자 등록의 취소
   라. 법 제192조제1항에 따른 업무의 정지 또는 해임

[본조신설 2011. 1. 24.]

제71조의4(기초서류관리기준)

① 법 제128조의2제2항제5호에서 "기초서류관리기준의 제정·개정 절차 등 대통령령으로 정하

는 사항"이란 다음 각 호의 사항을 말한다.

1. 법 제128조의2제1항에 따른 기초서류관리기준(이하 "기초서류관리기준"이라 한다)의 제정 및 개정 절차

2. 기초서류 작성 · 변경과 관련한 업무의 분장 및 기초서류 관리책임자에 관한 사항

3. 임직원의 기초서류관리기준 준수 여부를 확인하는 절차 · 방법과 그 기준을 위반한 임직원의 처리에 관한 사항

4. 그 밖에 법령을 준수하고 보험계약자를 보호하기 위하여 기초서류를 작성 · 변경할 때 따라야 할 사항으로서 금융위원회가 정하여 고시하는 사항

② 금융위원회는 법 제128조의2제3항에 따라 보험회사가 보고한 기초서류관리기준이 부당하다고 판단되면 보고일부터 15일 이내에 해당 기준의 변경 또는 업무의 개선을 명할 수 있다.

[본조신설 2011. 1. 24.]

제71조의5(기초서류 작성 · 변경 원칙)

법 제128조의3제1항에 따라 보험회사가 기초서류를 작성 · 변경할 때 지켜야 할 사항은 별표 7과 같다.

[본조신설 2011. 1. 24.]

제71조의6(보험약관 이해도 평가)

① 법 제128조의4제1항에서 "보험소비자와 보험의 모집에 종사하는 자 등 대통령령으로 정하는 자"란 다음 각 호의 사람을 말한다. 〈개정 2019. 6. 25.〉

1. 금융감독원장이 추천하는 보험소비자 3명

2. 「소비자기본법」에 따라 설립된 한국소비자원의 장이 추천하는 보험소비자 3명

3. 삭제 〈2019. 6. 25.〉

4. 보험요율 산출기관의 장이 추천하는 보험 관련 전문가 1명

5. 보험협회 중 생명보험회사로 구성된 협회(이하 "생명보험협회"라 한다)의 장이 추천하는 보험의 모집에 종사하는 자 1명

6. 보험협회 중 손해보험회사로 구성된 협회(이하 "손해보험협회"라 한다)의 장이 추천하는 보험의 모집에 종사하는 자 1명

7. 「민법」 제32조에 따라 금융위원회의 허가를 받아 설립된 사단법인 보험연구원의 장이 추천하는 보험 관련 법률전문가 1인

② 법 제128조의4제2항에 따라 지정된 평가대행기관(이하 "평가대행기관"이라 한다)은 제1항에

따른 평가대상자에 의한 보험약관 이해도 평가 외에 별도의 보험소비자만을 대상으로 하는 보험약관의 이해도 평가를 실시할 수 있다. 〈신설 2019. 6. 25.〉

③ 법 제128조의4제1항에 따른 보험약관 이해도 평가결과에 대한 공시기준은 다음 각 호와 같다. 〈개정 2019. 6. 25.〉

　　1. 공시대상: 보험약관의 이해도 평가 기준 및 해당 기준에 따른 평가 결과

　　2. 공시방법: 평가대행기관의 홈페이지에 공시

　　3. 공시주기: 연 2회 이상

④ 제1항에 따른 보험약관 이해도 평가대상자의 추천 기준 및 추천 절차 등에 관하여 필요한 세부사항은 금융위원회가 정하여 고시한다. 〈개정 2019. 6. 25.〉

[전문개정 2011. 9. 29.]

제72조(보고사항)

법 제130조제6호에서 "대통령령으로 정하는 경우"란 다음 각 호의 어느 하나에 해당하는 경우를 말한다.

　　1. 자본금 또는 기금을 증액한 경우

　　2. 법 제21조에 따른 조직 변경의 결의를 한 경우

　　3. 법 제13장에 따른 처벌을 받은 경우

　　4. 조세 체납처분을 받은 경우 또는 조세에 관한 법령을 위반하여 형벌을 받은 경우

　　5. 「외국환 거래법」에 따른 해외투자를 하거나 외국에 영업소, 그 밖의 사무소를 설치한 경우

　　6. 보험회사의 주주 또는 주주였던 자가 제기한 소송의 당사자가 된 경우

[전문개정 2011. 1. 24.]

제73조(금융위원회의 명령권)

① 법 제131조제1항제6호에서 "대통령령으로 정하는 필요한 조치"란 보험계약자 보호에 필요한 사항의 공시를 명하는 것을 말한다.

② 법 제131조제2항 단서에서 "대통령령으로 정하는 경미한 사항"이란 법령의 개정에 따라 기초서류의 변경이 필요한 사항을 말한다.

③ 법 제131조제5항에 따른 공고는 전국적으로 배포되는 둘 이상의 일간신문에 각각 1회 이상 하여야 하며, 금융위원회가 필요하다고 인정하는 경우에는 보험계약자 등에게 서면으로 안내하여야 한다.

[전문개정 2011. 1. 24.]

제73조의2(제재 사실의 공표)

① 금융위원회는 법 제134조제3항에 따라 보험회사가 같은 조 제1항 및 제2항에 따른 제재를 받은 경우에는 그 사실을 다음 각 호의 구분에 따라 공표하도록 할 수 있다.

1. 보험회사에 대한 경고, 임원의 해임권고 · 직무정지의 요구: 해당 보험회사의 인터넷 홈페이지에 7영업일 이상 게재

2. 시정명령, 영업의 일부 또는 전부의 정지, 허가취소: 전국적으로 배포되는 일간신문에 1회 이상 게재 및 해당 보험회사의 본점과 영업소에 7영업일 이상 게시

② 제1항에서 규정한 사항 외에 제재 사실의 공표에 필요한 세부 사항은 금융위원회가 정하여 고시한다.

[본조신설 2011. 1. 24.]

제74조(자료 제출 및 검사 등에 관한 규정의 준용)

① 법 제136조제2항 전단에서 "대통령령으로 정하는 업무"란 제59조제3항제2호 · 제3호 및 제5호의 업무를 말한다. 〈개정 2021. 6. 1.〉

② 법 제136조제3항 전단에서 "대통령령으로 정하는 업무"란 제59조제3항 및 제4항에 따른 업무를 말한다. 〈개정 2021. 6. 1.〉

[전문개정 2011. 1. 24.]

제7장 해산 · 청산

제75조(합병계약서의 기재사항 등)

① 보험회사가 법 제139조에 따라 합병의 인가를 받으려는 경우에는 법 제141조제2항에 따른 이의제출 기간이 지난 후 1개월 이내에 신청서에 다음 각 호의 서류를 첨부하여 양쪽 회사가 공동으로 금융위원회에 제출해야 한다. 〈개정 2021. 9. 29.〉

1. 합병계약서

2. 합병 후 존속하는 회사 또는 합병으로 인하여 설립되는 회사의 정관

3. 각 회사의 재산목록과 재무상태표

4. 각 회사의 보험계약건수 · 금액 · 계약자수 및 그 지역별 통계표

5. 그 밖에 합병인가에 필요한 서류로서 금융위원회가 정하여 고시하는 서류

② 법 제153조제4항에 따라 합병 후 존속하는 회사가 상호회사인 경우에는 합병계약서에 다음 각 호의 사항을 적어야 한다.

1. 존속하는 회사가 그 사원총회에서의 사원의 의결권을 증가시킬 것을 정한 경우에는 그 수

2. 합병으로 인하여 소멸되는 회사의 보험계약자 또는 사원이 존속하는 회사의 사원총회에서 가질 수 있는 권리에 관한 사항

3. 합병으로 인하여 소멸되는 회사의 주주 또는 기금의 갹출자나 사원에게 지급할 금액을 정한 경우에는 그 규정

4. 각 회사에서 합병의 결의를 할 주주총회 또는 사원총회의 기일

5. 합병의 시기를 정한 경우에는 그 시기

6. 제1호부터 제5호까지에 준하는 사항으로서 금융위원회가 정하여 고시하는 사항

③ 합병으로 인하여 설립되는 회사가 상호회사인 경우에는 합병계약서에 다음 각 호의 사항을 적어야 한다.

1. 법 제34조제2호 및 제4호부터 제7호까지의 기재사항과 주된 사무소의 소재지

2. 합병으로 인하여 설립되는 회사의 사원총회에서의 의결권 수와 각 회사의 보험계약자 또는 사원에 대한 의결권의 배정에 관한 사항

3. 각 회사의 주주 또는 기금의 갹출자나 사원에게 지급할 금액을 정한 경우에는 그 규정

4. 이전하여야 할 보험계약에 관한 책임준비금, 그 밖의 준비금의 금액과 그 산출방법

5. 이전하여야 할 재산의 총액과 그 종류별 수량 및 가격

6. 제1호부터 제5호까지에 준하는 경우로서 금융위원회가 정하여 고시하는 사항

④ 주식회사와 상호회사가 합병하는 경우에 합병 후 존속하는 회사가 주식회사인 경우에는 합병계약서에 다음 각 호의 사항을 적어야 한다.

1. 존속하는 회사가 자본을 증가시킬 것을 정한 경우에는 그 증가액

2. 제1호의 경우에는 존속하는 회사가 발행할 신주(新株)의 종류·수 및 납입금액과 신주의 배정에 관한 사항

3. 제2항제3호부터 제5호까지의 기재사항

4. 제1호부터 제3호까지에 준하는 사항으로서 금융위원회가 정하여 고시하는 사항

⑤ 주식회사와 상호회사가 합병하는 경우에 합병으로 인하여 설립되는 회사가 주식회사인 경우에는 합병계약서에 다음 각 호의 사항을 적어야 한다.

1. 「상법」 제524조제1호의 기재사항

2. 합병으로 인하여 설립되는 회사가 발행할 주식의 종류·수 및 납입금액과 주식의 배정에

관한 사항

  3. 제3항제3호부터 제5호까지의 기재사항

  4. 제1호부터 제3호까지에 준하는 사항으로서 금융위원회가 정하여 고시하는 사항

⑥ 해산의 결의, 보험계약 이전 및 해산·합병 등에 대한 인가 절차·방법, 그 밖에 필요한 사항은 금융위원회가 정하여 고시한다.

[전문개정 2011. 1. 24.]

제75조의2(보험계약 이전 결의의 통지)

법 제141조제1항에서 "대통령령으로 정하는 방법"이란 다음 각 호의 방법을 말한다.

  1. 서면 교부

  2. 우편 또는 전자우편

  3. 전화 또는 팩스

  4. 휴대전화 문자메시지 또는 이에 준하는 전자적 의사표시

[본조신설 2021. 6. 1.]

제75조의3(신계약 금지의 예외)

법 제142조 단서에서 "대통령령으로 정하는 경우"란 다음 각 호의 경우를 말한다.

  1. 외국보험회사의 국내지점을 국내법인으로 전환함에 따라 국내지점의 보험계약을 국내법인으로 이전하려는 경우

  2. 모회사에서 자회사인 보험회사를 합병함에 따라 자회사의 보험계약을 모회사로 이전하려는 경우

  3. 그 밖에 제1호 및 제2호에 준하는 경우로서 금융위원회가 정하여 고시하는 경우

[본조신설 2021. 6. 1.]

제8장 관계자에 대한 조사

제76조(보험조사협의회의 구성)

① 법 제163조제1항에 따른 보험조사협의회(이하 "협의회"라 한다)는 다음 각 호의 사람 중에서 금융위원회가 임명하거나 위촉하는 15명 이내의 위원으로 구성할 수 있다.

〈개정 2014. 4. 15., 2014. 11. 19., 2017. 7. 26.〉

1. 금융위원회가 지정하는 소속 공무원 1명

2. 보건복지부장관이 지정하는 소속 공무원 1명

2의2. 삭제 〈2017. 7. 26.〉

3. 경찰청장이 지정하는 소속 공무원 1명

4. 해양경찰청장이 지정하는 소속 공무원 1명

5. 금융감독원장이 추천하는 사람 1명

6. 생명보험협회의 장, 손해보험협회의 장, 보험요율 산출기관의 장이 추천하는 사람 각 1명

7. 보험사고의 조사를 위하여 필요하다고 금융위원회가 지정하는 보험 관련 기관 및 단체의 장이 추천하는 사람

8. 그 밖에 보험계약자 · 피보험자 · 이해관계인의 권익보호 또는 보험사고의 조사 등 보험에 관한 학식과 경험이 있는 사람

② 협의회의 의장(이하 "협의회장"이라 한다)은 위원 중에서 호선(互選)한다.

③ 협의회 위원의 임기는 3년으로 한다.

④ 협의회의 구성에 필요한 사항은 금융위원회가 정하여 고시한다.

[전문개정 2011. 1. 24.]

제76조의2(협의회 위원의 해임 및 해촉)

금융위원회는 협의회 위원이 다음 각 호의 어느 하나에 해당하는 경우에는 해당 위원을 해임 또는 해촉할 수 있다.

1. 심신장애로 인하여 직무를 수행할 수 없게 된 경우

2. 직무와 관련된 비위사실이 있는 경우

3. 직무 태만, 품위 손상, 그 밖의 사유로 인하여 위원으로 적합하지 아니하다고 인정되는 경우

4. 위원 스스로 직무를 수행하는 것이 곤란하다고 의사를 밝히는 경우

[본조신설 2016. 4. 1.]

제77조(협의회의 기능)

협의회는 보험조사와 관련된 다음 각 호의 사항을 심의한다.

1. 법 제162조에 따른 조사업무의 효율적 수행을 위한 공동 대책의 수립 및 시행에 관한 사항

2. 조사한 정보의 교환에 관한 사항

3. 공동조사의 실시 등 관련 기관 간 협조에 관한 사항

4. 조사 지원에 관한 사항

5. 그 밖에 협의회장이 협의회의 회의에 부친 사항

[전문개정 2011. 1. 24.]

제78조(협의회의 운영)

① 협의회장은 협의회를 대표하고 회의를 총괄한다.

② 협의회 회의는 협의회장이 필요하다고 인정하거나 재적위원 3분의 1 이상이 요구할 때에 협의회장이 소집한다.

③ 협의회의 회의는 재적위원 과반수 이상의 출석으로 개의하고 출석위원 과반수 이상의 찬성으로 의결한다.

④ 협의회장은 제2항에 따라 회의를 소집하려는 경우에는 회의 개최 2일 전까지 회의의 일시·장소 및 회의에 부치는 사항을 위원에게 서면으로 알려야 한다. 다만, 긴급한 사정이 있거나 부득이한 경우에는 그러하지 아니하다.

⑤ 협의회는 보험조사에 필요한 경우 제76조제1항제7호에 따른 기관 및 단체에 자료 제공을 요청할 수 있다. 〈개정 2016. 4. 1.〉

⑥ 협의회의 운영에 필요한 사항은 협의회의 의결을 거쳐 협의회장이 정한다.

[전문개정 2011. 1. 24.]

제79조(조사 관련 정보의 공표)

법 제164조에 따라 금융위원회는 조사대상 행위의 유형 및 조사의 처리결과에 관한 통계자료와 위법행위의 예방에 필요한 홍보자료를 신문, 방송 또는 인터넷 홈페이지 등을 통하여 공표할 수 있다.

[전문개정 2011. 1. 24.]

제9장 손해보험계약의 제3자 보호

제80조(보장대상 손해보험계약의 범위)

① 법 제166조 본문에서 "대통령령으로 정하는 손해보험계약"이란 다음 각 호의 어느 하나에 해당하는 손해보험계약을 말한다. 〈개정 2012. 7. 31., 2012. 9. 7., 2015. 7. 24., 2017. 3. 29., 2019. 1. 22.〉

1. 「자동차손해배상 보장법」 제5조에 따른 책임보험계약

2. 「화재로 인한 재해보상과 보험가입에 관한 법률」 제5조에 따른 신체손해배상특약부화재보험계약

3. 「도시가스사업법」 제43조, 「고압가스 안전관리법」 제25조 및 「액화석유가스의 안전관리 및 사업법」 제57조에 따라 가입이 강제되는 손해보험계약

4. 「선원법」 제98조에 따라 가입이 강제되는 손해보험계약

5. 「체육시설의 설치 · 이용에 관한 법률」 제26조에 따라 가입이 강제되는 손해보험계약

6. 「유선 및 도선사업법」 제33조에 따라 가입이 강제되는 손해보험계약

7. 「승강기 안전관리법」 제30조에 따라 가입이 강제되는 손해보험계약

8. 「수상레저안전법」 제34조 및 제44조에 따라 가입이 강제되는 손해보험계약

9. 「청소년활동 진흥법」 제25조에 따라 가입이 강제되는 손해보험계약

10. 「유류오염손해배상 보장법」 제14조에 따라 가입이 강제되는 유류오염 손해배상 보장계약

11. 「항공사업법」 제70조에 따라 가입이 강제되는 항공보험계약

12. 「낚시 관리 및 육성법」 제48조에 따라 가입이 강제되는 손해보험계약

13. 「도로교통법 시행령」 제63조제1항, 제67조제2항 및 별표 5 제9호에 따라 가입이 강제되는 손해보험계약

14. 「국가를 당사자로 하는 계약에 관한 법률 시행령」 제53조에 따라 가입이 강제되는 손해보험계약

15. 「야생생물 보호 및 관리에 관한 법률」 제51조에 따라 가입이 강제되는 손해보험계약

16. 「자동차손해배상 보장법」에 따라 가입이 강제되지 아니한 자동차보험계약

17. 제1호부터 제15호까지 외에 법령에 따라 가입이 강제되는 손해보험으로 총리령으로 정하는 보험계약

② 법 제166조 단서에서 "대통령령으로 정하는 법인"이란 「예금자보호법 시행령」 제3조제4항 제1호에서 수입보험료가 예금등의 범위에 포함되지 아니하는 보험계약의 보험계약자 및 보험납부자인 법인을 말한다.

[전문개정 2011. 1. 24.]

제81조(출연 비율 등)

① 법 제168조제1항에 따라 개별 손해보험회사(재보험과 보증보험을 전업으로 하는 손해보험회사는 제외한다. 이하 이 조 및 제82조에서 같다)는 법 제169조제1항에 따라 손해보험계약의 제3자에게 손해보험협회가 지급하여야 하는 금액에 제2항에 따라 산정한 비율을 곱한 금

액을 손해보험협회에 출연하여야 한다.

② 법 제168조제1항에서 "대통령령으로 정하는 비율"이란 개별 손해보험회사의 수입보험료(법 제167조에 따른 지급불능의 보고가 있는 사업연도의 직전 사업연도 수입보험료를 말한다. 이하 이 조에서 같다)와 책임준비금의 산술평균액을 전체 손해보험회사의 수입보험료와 책임준비금의 산술평균액으로 나눈 비율을 말한다. 다만, 그 비율을 산정할 때 금융위원회가 정하여 고시하는 장기보험계약은 포함하지 아니한다.

③ 제1항 및 제2항에도 불구하고 자동차보험만을 취급하는 손해보험회사는 제80조제1항제1호 및 제16호의 보험계약에 제1항 및 제2항을 적용하여 산정한 금액만을 출연하며, 자동차보험을 취급하지 아니하는 손해보험회사는 제80조제1항제2호부터 제15호까지 및 제17호의 보험계약에 제1항 및 제2항을 적용하여 산정한 금액을 출연한다.

④ 제1항에 따라 손해보험회사가 출연하여야 하는 출연금은 연도별로 분할하여 출연하되, 연간 출연금은 「예금자보호법 시행령」 제16조제1항에 따른 보험료 금액의 범위에서 금융위원회가 정하여 고시한다.

⑤ 손해보험회사는 손해보험협회로부터 출연금 납부 통보를 받은 날부터 1개월 이내에 제1항에 따른 출연금을 손해보험협회에 내야 한다. 다만, 경영상의 문제 등으로 인하여 출연금을 한꺼번에 내기 어렵다고 손해보험협회의 장이 인정하는 경우에는 6개월 이내의 범위에서 출연금의 납부를 유예할 수 있다.

⑥ 제5항에 따른 납부기한까지 출연금을 내지 아니한 경우에는 내야 할 출연금에 대하여 손해보험회사의 일반자금 대출 시의 연체이자율을 기준으로 손해보험협회의 장이 정하는 이자율을 곱한 금액을 지체기간에 따라 가산하여 출연하여야 한다.

⑦ 손해보험협회의 장은 출연금의 납부 및 관리에 필요한 세부 기준을 정할 수 있다.

[전문개정 2011. 1. 24.]

제82조(지급보험금 등)

① 법 제169조제1항에서 "대통령령으로 정하는 보험금"이란 법 제167조제1항에 따른 지급불능의 보고를 한 손해보험회사가 제80조제1항 각 호에 해당하는 손해보험계약에 따라 피해를 입은 제3자의 신체손해에 대하여 지급하여야 하는 보험금(이하 "지급불능금액"이라 한다)을 다음 각 호의 기준에 따라 산정한 금액에서 「예금자보호법 시행령」 제18조제6항에 따른 보장금액을 뺀 금액을 말한다.

1. 제80조제1항 각 호의 손해보험계약 중 손해보험회사가 지급하여야 할 보험금액의 한도를 해당 법령에서 따로 정하고 있는 보험계약의 경우: 해당 법령에서 정한 보험금액의 한도액

2. 제80조제1항 각 호의 손해보험계약 중 손해보험회사가 지급하여야 할 보험금액의 한도를 해당 법령에서 따로 정하고 있지 아니하는 보험계약의 경우에는 「자동차손해배상 보장법 시행령」 제3조제1항에 따른 금액

② 제1항에도 불구하고 제80조제1항제16호의 보험계약에 대해서는 피해자 1명당 1억원을 초과하지 아니하는 범위에서 제1항의 지급불능금액의 100분의 80에 해당하는 금액을 지급한다.

③ 손해보험협회의 장은 제1항 및 제2항에 따른 보험금을 지급하기 전에 보험금 지급대상, 보험금 지급 신청기간, 보험금 지급 시기 및 방법 등을 전국적으로 배포되는 둘 이상의 일간신문에 1회 이상 공고하여야 한다.

④ 손해보험협회의 장은 보험금의 지급 방법 및 절차 등에 관하여 필요한 세부 기준을 정할 수 있으며, 세부 기준을 정한 경우에는 그 내용을 지체 없이 금융위원회에 보고하여야 한다.

⑤ 금융위원회는 출연금의 납부로 인하여 여러 손해보험회사의 경영이 부실화되고 보험시장의 혼란이 초래될 수 있다고 판단되는 경우에는 제1항 각 호 및 제2항에 따른 지급보험금을 인하 · 조정할 수 있다.

[전문개정 2011. 1. 24.]

제83조(자금차입 금융기관)

법 제171조제1항에서 "대통령령으로 정하는 금융기관"이란 다음 각 호의 어느 하나에 해당하는 금융기관을 말한다. ⟨개정 2012. 1. 6., 2016. 10. 25.⟩

1. 「은행법」에 따라 인가를 받아 설립된 은행
2. 「한국산업은행법」에 따른 한국산업은행
3. 「중소기업은행법」에 따른 중소기업은행
4. 「농업협동조합법」에 따른 농협은행
5. 「수산업협동조합법」에 따른 수협은행
6. 보험회사
7. 「상호저축은행법」에 따른 상호저축은행
8. 「신용협동조합법」에 따른 신용협동조합

[전문개정 2011. 1. 24.]

제10장 보험관계단체 등

제84조(보험협회의 업무)

법 제175조제3항제5호에서 "대통령령으로 정하는 업무"란 다음 각 호의 업무를 말한다.

〈개정 2015. 1. 6., 2015. 9. 11., 2020. 8. 4.〉

1. 법 제194조제1항 및 제4항에 따라 위탁받은 업무

2. 다른 법령에서 보험협회가 할 수 있도록 정하고 있는 업무

3. 보험회사의 경영과 관련된 정보의 수집 및 통계의 작성업무

4. 차량수리비 실태 점검업무

5. 모집 관련 전문자격제도의 운영·관리 업무

5의2. 보험설계사 및 개인보험대리점의 모집에 관한 경력(금융위원회가 정하여 고시하는 사항으로 한정한다)의 수집·관리·제공에 관한 업무

6. 보험가입 조회업무

7. 설립 목적의 범위에서 보험회사, 그 밖의 보험 관계 단체로부터 위탁받은 업무

8. 보험회사가 공동으로 출연하여 수행하는 사회 공헌에 관한 업무

[전문개정 2011. 1. 24.]

제85조(보험요율 산출기관의 설립인가)

① 법 제176조제1항에 따라 보험요율 산출기관의 설립인가를 받으려는 자는 다음 각 호의 사항을 적은 신청서를 금융위원회에 제출하여야 한다.

1. 명칭

2. 설립 목적

3. 사무소의 소재지

4. 발기인과 임원에 관한 사항

② 제1항의 신청서에는 다음 각 호의 서류를 첨부하여야 한다.

1. 정관

2. 업무 개시 후 2년간의 사업계획서 및 예상 수지계산서

3. 발기인의 이력서

4. 업무의 종류와 방법을 적은 서류

5. 그 밖에 금융위원회가 설립인가의 심사에 필요하다고 인정하는 서류

③ 제1항에 따라 인가신청을 하는 자는 다음 각 호의 요건을 모두 충족하여야 한다.

1. 법 제176조제3항 각 호의 업무 수행에 필요한 전문 인력을 확보할 것

2. 임원 등 경영진을 보험사업에 관한 충분한 지식과 경험이 있는 사람들로 구성할 것

3. 제10조제3항제1호 및 제2호의 요건을 충족할 것

[전문개정 2011. 1. 24.]

제86조(보험요율 산출기관의 업무)

법 제176조제3항제6호에서 "대통령령으로 정하는 업무"란 다음 각 호의 업무를 말한다.

〈개정 2012. 7. 24., 2019. 10. 1., 2020. 12. 1., 2021. 6. 1.〉

1. 보유정보의 활용을 통한 자동차사고 이력, 자동차 기준가액 및 자동차 주행거리의 정보 제
   공 업무

1의2. 자동차 제작사, 보험회사 등으로부터 수집한 사고기록정보(「자동차관리법」 제2조
   제10호에 따른 사고기록장치에 저장된 정보를 말한다), 운행정보, 자동차의 차대번
   호·부품 및 사양 정보의 관리

2. 보험회사 등으로부터 제공받은 보험정보 관리를 위한 전산망 운영 업무

3. 보험수리에 관한 업무

3의2. 법 제120조의2제1항에 따른 책임준비금의 적정성 검증

4. 법 제125조의 상호협정에 따라 보험회사가 공동으로 인수하는 보험계약(국내 경험통계
   등의 부족으로 담보위험에 대한 보험요율을 산출할 수 없는 보험계약은 제외한다)에 대한
   보험요율의 산출

4의2. 자동차보험 관련 차량수리비에 관한 연구

5. 법 제194조제4항에 따라 위탁받은 업무

6. 「근로자퇴직급여 보장법」 제28조제2항에 따라 퇴직연금사업자로부터 위탁받은 업무

7. 다른 법령에서 보험요율 산출기관이 할 수 있도록 정하고 있는 업무

[전문개정 2011. 1. 24.]

제87조(참조순보험요율의 산출 및 검증)

① 보험요율 산출기관의 장은 보험회사의 경험통계 등을 기초로 보험종목별·위험별 특성에
   따른 위험률을 산출하거나 조정하여 금융위원회에 신고한 순보험요율(이하 "참조순보험요
   율"이라 한다)을 보험회사가 요청하는 경우에 제시할 수 있다.

② 제1항에 따른 신고는 참조순보험요율 시행예정일 90일 전까지 하여야 한다. 〈개정 2016. 4. 1.〉

③ 보험요율 산출기관의 장은 참조순보험요율의 적정성 여부를 파악하고 참조순보험요율이 합

리적인 수준을 유지할 수 있도록 매년(생명보험, 그 밖에 이와 유사한 보험상품으로서 금융위원회가 정하여 고시하는 보험상품은 5년마다) 이에 대한 검증을 실시하고, 그 검증보고서를 사업연도가 끝난 후 6개월 이내에 금융위원회에 제출하여야 한다.

〈개정 2011. 12. 31., 2016. 4. 1.〉

④ 그 밖에 참조순보험요율의 산출 및 검증에 관하여 필요한 사항은 금융위원회가 정하여 고시한다. 〈신설 2016. 4. 1.〉

[전문개정 2011. 1. 24.]

제88조(통계의 집적 및 관리 등)

① 보험요율 산출기관의 장은 법 제176조제5항에 따라 경험생명표 등 참조순보험요율의 산출·검증을 위하여 연 1회(자동차보험계약 정보의 경우 월 1회)에 한정하여 보험회사에 보험계약 정보의 제공을 요청할 수 있다. 이 경우 제공받은 보험계약 정보는 참조순보험요율을 산출하거나 검증하는 용도로만 활용하여야 한다.

② 법 제176조제12항제4호에서 "대통령령으로 정하는 경우"란 다음 각 호의 어느 하나에 해당하는 경우를 말한다.

1. 보험회사의 보험계약 체결·유지 및 보험금 지급업무에 필요한 경우

2. 법 또는 다른 법률에 따른 보험계약의 이전에 필요한 경우

[전문개정 2011. 1. 24.]

제89조(교통법규 위반 및 운전면허의 효력에 관한 개인정보의 이용 절차 및 범위)

① 보험요율 산출기관의 장은 법 제176조제10항 및 제13항에 따라 교통법규 위반 또는 운전면허의 효력에 관한 개인정보를 보유하고 있는 기관의 장에게 교통법규 위반 또는 운전면허의 효력과 관련이 있는 다음 각 호의 개인정보의 제공을 요청할 수 있다. 〈개정 2014. 7. 14.〉

1. 교통법규 위반자의 성명·주민등록번호 및 운전면허번호

2. 교통법규의 위반일시 및 위반 항목

3. 운전면허 취득자의 성명, 주민등록번호 및 운전면허번호

4. 운전면허의 범위, 정지·취소 여부 및 정지기간·취소일

② 보험요율 산출기관의 장은 제1항제1호 및 제2호에 따라 제공받은 교통법규 위반에 관한 개인정보를 기초로 하여 교통법규 위반자별로 보험요율을 산출하고 이를 보험회사에 제공하거나 보험회사가 열람하도록 할 수 있다. 〈개정 2014. 7. 14.〉

③ 보험요율 산출기관의 장이 제1항에 따라 제공받은 교통법규 위반 또는 운전면허의 효력에

관한 개인정보는 다음 각 호의 어느 하나에 해당하는 경우에만 이용할 수 있다.

〈개정 2014. 7. 14.〉

1. 금융위원회 및 금융감독원장이 보험요율의 산출·적용에 관한 감독·검사를 위하여 이용하는 경우

2. 보험요율 산출기관이 보험요율을 산출하기 위하여 이용하는 경우

3. 보험회사가 자동차보험계약의 체결·유지 및 관리를 위한 보험요율 적용 또는 보험금 지급업무에 이용하는 경우

[전문개정 2011. 1. 24.]

[제목개정 2014. 7. 14.]

제90조(질병에 관한 통계의 이용 절차 및 범위)

① 보험요율 산출기관의 장은 법 제176조제11항 및 제13항에 따라 질병에 관한 통계를 보유하고 있는 기관의 장에게 질병에 대한 다음 각 호의 자료(이하 "질병에 관한 통계자료"라 한다)의 제공을 요청할 수 있다.

1. 질병의 종류 및 질병 발생자의 성(性)·연령·직업, 그 밖에 보험요율 산출에 필요한 질병의 발생·진행·결과 및 치료비용 등에 관한 통계

2. 보험요율 산출에 필요한 질병의 관리실태에 관한 통계

② 보험요율 산출기관의 장은 제1항에 따라 제공받은 질병에 관한 통계자료를 기초로 하여 질병에 대한 보험요율을 산출하고 이를 보험회사에 제공하거나 보험회사가 열람하도록 할 수 있다.

③ 보험요율 산출기관의 장이 제1항에 따라 제공받은 질병에 관한 통계자료는 다음 각 호의 어느 하나에 해당하는 경우에만 이용할 수 있다.

1. 금융위원회 및 금융감독원장이 보험요율의 산출·적용에 관한 감독·검사를 위하여 이용하는 경우

2. 보험요율 산출기관이 보험요율을 산출하기 위하여 이용하는 경우

3. 보험회사가 해당 질병을 보장하는 보험계약의 체결·유지 및 관리를 위한 보험요율 적용에 이용하는 경우

[전문개정 2011. 1. 24.]

제91조(보험요율 산출기관의 보유정보 제공 방법 및 절차 등)

① 법 제176조제14항에 따라 보험요율 산출기관은 보유하고 있는 개인정보를 타인에게 제공한

경우에는 제공대상자, 제공정보, 제공 목적, 그 밖에 금융위원회가 정하여 고시하는 사항을 기록·관리하여야 한다.

② 보험요율 산출기관은 제89조제1항 및 제90조제1항에 따라 제공받거나 그 밖에 보유하고 있는 개인정보의 보안유지 및 관리를 위하여 필요한 규정을 정하여 운영하여야 한다.

③ 보험요율 산출기관이 보유하고 있는 개인정보의 취급자, 이용 절차 및 방법 등에 관한 세부사항은 금융위원회가 정하여 고시한다.

[전문개정 2011. 1. 24.]

제92조(보험계리업의 등록)

① 법 제183조제1항에 따라 보험계리업의 등록을 하려는 자는 다음 각 호의 사항을 적은 신청서를 금융위원회에 제출하여야 한다.

1. 성명(법인인 경우에는 상호 및 대표자의 성명)

2. 사무소의 소재지

3. 수행하려는 업무의 종류와 범위

4. 제93조에 따른 보험계리사의 고용에 관한 사항

② 제1항에 따른 신청서에는 다음 각 호의 서류를 첨부하여야 한다.

1. 정관(법인인 경우만 해당한다)

2. 대표자(법인인 경우에는 임원을 포함한다) 및 소속 보험계리사의 이력서

3. 영업용 재산상황을 적은 서류

③ 금융위원회는 제1항에 따른 등록 신청이 다음 각 호의 어느 하나에 해당하는 경우를 제외하고는 등록을 해주어야 한다. 〈신설 2011. 12. 31.〉

1. 법 제190조에서 준용하는 법 제86조제1항제1호에 해당하는 경우

2. 제1항 및 제2항에 따른 등록신청서류를 거짓으로 기재한 경우

3. 그 밖에 법, 이 영 또는 다른 법령에 따른 제한에 위반되는 경우

④ 제1항 및 제2항에 따라 등록을 한 보험계리업자는 등록한 사항이 변경되었을 때에는 1주일 이내에 그 변경사항을 금융위원회에 신고하여야 한다. 〈개정 2011. 12. 31.〉

[전문개정 2011. 1. 24.]

제93조(보험계리업의 영업기준)

① 법 제183조제2항에 따라 보험계리를 업(業)으로 하려는 법인은 2명 이상의 상근 보험계리사를 두어야 한다.

② 제1항에 따른 인원에 결원이 생겼을 때에는 2개월(지점·사무소의 경우에는 1개월) 이내에 충원하여야 한다.

③ 제1항에 따른 인원에 결원이 생긴 기간이 제2항에 따른 기간을 초과하는 경우에는 그 기간 동안 보험계리업자는 보험계리업무를 수행할 수 없다.

④ 법 제183조제4항에 따라 개인으로서 보험계리를 업으로 하려는 사람은 보험계리사의 자격이 있어야 한다.

⑤ 법 제183조제4항에 따라 보험계리업자는 등록일부터 1개월 내에 업무를 시작하여야 한다. 다만, 불가피한 사유가 있다고 금융위원회가 인정하는 경우는 그 기간을 연장할 수 있다.

⑥ 법 제183조제4항에 따라 보험계리업자가 지켜야 할 영업기준은 다음 각 호와 같다.

  1. 상호 중에 "보험계리"라는 글자를 사용할 것

  2. 장부폐쇄일은 보험회사의 장부폐쇄일을 따를 것

[전문개정 2011. 1. 24.]

제94조(선임계리사 등의 금지행위)

법 제184조제3항제4호에서 "대통령령으로 정하는 행위"란 다음 각 호의 어느 하나에 해당하는 행위를 말한다.

  1. 정당한 이유 없이 보험계리업무를 게을리하는 행위

  2. 충분한 조사나 검증을 하지 아니하고 보험계리업무를 수행하는 행위

  3. 업무상 제공받은 자료를 무단으로 보험계리업무와 관련이 없는 자에게 제공하는 행위

[전문개정 2011. 1. 24.]

제95조(선임계리사의 자격요건)

① 법 제184조제5항에 따라 선임계리사가 되려는 사람은 다음 각 호의 요건을 모두 갖추어야 한다. 〈개정 2018. 12. 24.〉

  1. 법 제182조제1항에 따라 등록된 보험계리사일 것

  2. 보험계리업무에 10년 이상 종사한 경력이 있을 것. 이 경우 손해보험회사의 선임계리사가 되려는 사람은 금융위원회가 정하여 고시하는 보험계리업무에 3년 이상 종사한 경력을 포함하여 보험계리업무에 10년 이상 종사한 경력이 있어야 한다.

  3. 최근 5년 이내에 법 제134조제1항제1호(경고·문책만 해당한다) 및 제3호, 제190조 또는 제192조제1항에 따른 조치를 받은 사실이 없을 것

② 보험회사는 선임계리사로 선임된 사람이 선임 당시 제1항에 따른 자격요건을 갖추지 못하였

던 것으로 판명되었을 때에는 해임하여야 한다.

[전문개정 2011. 1. 24.]

제96조(선임계리사의 권한 및 업무 수행의 독립성 보장 등)

① 법 제184조제5항에 따라 선임계리사는 보험회사에 대하여 그 업무 수행에 필요한 정보나 자료의 제공을 요청할 수 있으며, 요청을 받은 보험회사는 정당한 사유 없이 정보나 자료의 제공 및 접근을 거부해서는 아니 된다.

② 선임계리사는 그 업무 수행과 관련하여 이사회(「상법」 제393조의2에 따른 이사회 내 위원회를 포함한다)에 참석할 수 있다.

③ 선임계리사는 법 제184조제1항에 따른 업무와 관련된 사항을 검증·확인하였을 때에는 그 의견서(이하 "선임계리사검증의견서"라 한다)를 이사회와 감사 또는 감사위원회(이하 이 조에서 "이사회등"이라 한다)에 제출하여야 한다. 다만, 금융위원회가 정하여 고시하는 사항에 대한 선임계리사검증의견서는 대표이사에게 제출함으로써 이사회등에의 제출을 갈음할 수 있다.

④ 제3항의 보고를 받은 이사회등은 선임계리사검증의견서에 따라 필요한 조치를 하여야 한다. 다만, 선임계리사의 의견이 부적절하다고 판단되는 경우에는 이사회등은 이를 거부할 수 있다.

⑤ 보험회사는 선임계리사가 그 업무를 원활하게 수행할 수 있도록 필요한 인력 및 시설을 지원하여야 하며, 인력 및 시설의 구체적인 기준은 금융위원회가 정하여 고시한다.

⑥ 보험회사는 선임계리사에 대하여 직무 수행과 관련한 사유로 부당한 인사상의 불이익을 주어서는 아니 된다.

[전문개정 2011. 1. 24.]

제96조의2(손해사정사 고용의무)

법 제185조 본문에서 "대통령령으로 정하는 보험회사"란 다음 각 호의 어느 하나에 해당하는 보험회사를 말한다.

1. 손해보험상품(보증보험계약은 제외한다)을 판매하는 보험회사

2. 제3보험상품을 판매하는 보험회사

[본조신설 2011. 1. 24.]

제97조(손해사정업의 등록)

① 법 제187조제1항에 따라 손해사정업의 등록을 하려는 자는 다음 각 호의 사항을 적은 신청서를 금융위원회에 제출하여야 한다.

  1. 성명(법인인 경우에는 상호 및 대표자의 성명)

  2. 사무소의 소재지

  3. 수행하려는 업무의 종류와 범위

  4. 제98조에 따른 손해사정사의 고용에 관한 사항

② 제1항에 따른 신청서에는 다음 각 호의 서류를 첨부하여야 한다.

  1. 정관(법인인 경우만 해당한다)

  2. 대표자(법인인 경우에는 임원을 포함한다) 및 소속 손해사정사의 이력서

  3. 영업용 재산상황을 적은 서류

③ 금융위원회는 제1항에 따른 등록 신청이 다음 각 호의 어느 하나에 해당하는 경우를 제외하고는 등록을 해주어야 한다. 〈신설 2011. 12. 31.〉

  1. 법 제190조에서 준용하는 법 제86조제1항제1호에 해당하는 경우

  2. 제1항 및 제2항에 따른 등록신청서류를 거짓으로 기재한 경우

  3. 그 밖에 법, 이 영 또는 다른 법령에 따른 제한에 위반되는 경우

④ 제1항 및 제2항에 따라 등록을 한 손해사정업자는 등록한 사항이 변경되었을 때에는 1주일 이내에 그 변경사항을 금융위원회에 신고하여야 한다. 〈개정 2011. 12. 31.〉

[전문개정 2011. 1. 24.]

제98조(손해사정업의 영업기준)

① 법 제187조제2항에 따라 손해사정을 업으로 하려는 법인은 2명 이상의 상근 손해사정사를 두어야 한다. 이 경우 총리령으로 정하는 손해사정사의 구분에 따라 수행할 업무의 종류별로 1명 이상의 상근 손해사정사를 두어야 한다.

② 제1항에 따른 법인이 지점 또는 사무소를 설치하려는 경우에는 각 지점 또는 사무소별로 총리령으로 정하는 손해사정사의 구분에 따라 수행할 업무의 종류별로 1명 이상의 손해사정사를 두어야 한다.

③ 제1항 및 제2항에 따른 인원에 결원이 생겼을 때에는 2개월(지점·사무소의 경우 1개월) 이내에 충원하여야 한다.

④ 제1항 및 제2항에 따른 인원에 결원이 생긴 기간이 제3항에 따른 기간을 초과하는 경우에는 그 기간 동안 손해사정업자는 손해사정업무를 할 수 없다.

⑤ 법 제187조제4항에 따라 개인으로서 손해사정을 업으로 하려는 사람은 총리령으로 정하는 구분에 따른 손해사정사의 자격이 있어야 한다.

⑥ 법 제183조제4항에 따라 손해사정업자는 등록일부터 1개월 내에 업무를 시작하여야 한다. 다만, 불가피한 사유가 있다고 금융위원회가 인정하는 경우에는 그 기간을 연장할 수 있다.

⑦ 법 제187조제4항에 따라 손해사정업자가 지켜야 할 영업기준은 다음 각 호와 같다.

1. 상호 중에 "손해사정"이라는 글자를 사용할 것

2. 장부폐쇄일은 보험회사의 장부폐쇄일을 따를 것

[전문개정 2011. 1. 24.]

제99조(손해사정사 등의 의무)

① 법 제189조제1항에서 "대통령령으로 정하는 방법"이란 서면, 문자메시지, 전자우편, 팩스 또는 그 밖에 이와 유사한 방법을 말한다. 〈신설 2018. 8. 7.〉

② 보험회사로부터 손해사정업무를 위탁받은 손해사정사 또는 손해사정업자는 법 제189조제1항에 따른 손해사정서에 피보험자의 건강정보 등 「개인정보 보호법」 제23조제1항에 따른 민감정보가 포함된 경우 피보험자의 동의를 받아야 하며, 동의를 받지 아니한 경우에는 해당 민감정보를 삭제하거나 식별할 수 없도록 하여야 한다. 〈신설 2018. 8. 7.〉

③ 법 제189조제3항제7호에서 "대통령령으로 정하는 행위"란 다음 각 호의 어느 하나에 해당하는 행위를 말한다. 〈개정 2018. 8. 7.〉

1. 등록된 업무범위 외의 손해사정을 하는 행위

2. 자기 또는 자기와 총리령으로 정하는 이해관계를 가진 자의 보험사고에 대하여 손해사정을 하는 행위

3. 자기와 총리령으로 정하는 이해관계를 가진 자가 모집한 보험계약에 관한 보험사고에 대하여 손해사정을 하는 행위(보험회사 또는 보험회사가 출자한 손해사정법인에 소속된 손해사정사가 그 소속 보험회사 또는 출자한 보험회사가 체결한 보험계약에 관한 보험사고에 대하여 손해사정을 하는 행위는 제외한다)

[전문개정 2011. 1. 24.]

제100조(금융위원회 업무의 위탁)

① 금융위원회는 법 제194조제3항에 따라 별표 8에 따른 업무를 금융감독원장에게 위탁한다.

② 금융감독원장은 제1항에 따라 위탁받은 업무의 처리 내용을 반기별로 금융위원회에 보고하여야 한다. 다만, 금융위원회는 금융위원회가 정하여 고시하는 업무에 대해서는 보고의 시기

를 달리 정할 수 있다.

[전문개정 2011. 1. 24.]

제101조(금융감독원장 업무의 위탁)

① 금융감독원장은 법 제194조제4항에 따라 다음 각 호의 업무를 보험협회의 장에게 위탁한다.

1. 법 제86조제4항에 따른 보험설계사의 등록취소 또는 업무정지 통지에 관한 업무

2. 법 제88조제3항에 따른 보험대리점의 등록취소 또는 업무정지 통지에 관한 업무

3. 법 제93조제1항제1호부터 제6호까지 및 제8호에서 정한 사항 중 보험설계사에 관한 신고의 수리

4. 법 제93조제1항에서 정한 사항 중 보험대리점에 관한 신고의 수리

② 금융감독원장은 법 제194조제4항에 따라 법 제182조제1항 및 제186조제1항의 시험에 관한 업무 중 다음 각 호의 업무를 보험요율 산출기관의 장에게 위탁한다.

1. 시험 응시원서의 교부 및 접수

2. 시험의 시행 및 그에 부수하는 업무

③ 금융감독원장은 법 제136조에 따른 보험대리점에 대한 검사업무 중 보험대리점 및 소속 모집인의 영업행위에 대한 검사업무의 일부를 보험협회의 장 또는 법 제178조에 따른 보험 관계 단체의 장에게 위탁한다. 이 경우 검사업무 수탁기관은 위탁받은 검사업무를 공정하고 독립적으로 수행할 수 있는 조직구조를 갖추어 금융감독원장에게 미리 확인을 받아야 한다.

④ 금융감독원장은 제3항에 따른 위탁 검사업무의 대상, 범위, 방법 및 절차 등에 관하여 기준을 정할 수 있다.

⑤ 제3항의 검사업무 위탁에 관하여는 「행정권한의 위임 및 위탁에 관한 규정」 제11조제2항·제3항, 제12조제1항·제3항 및 제13조부터 제16조까지의 규정을 준용한다.

[전문개정 2011. 1. 24.]

제102조(민감정보 및 고유식별정보의 처리)

① 금융위원회(법 제194조 및 이 영 제100조에 따라 금융위원회의 업무를 위탁받은 자를 포함한다) 또는 금융감독원장(법 제194조 및 이 영 제101조에 따라 금융감독원장의 업무를 위탁받은 자를 포함한다)은 다음 각 호의 사무를 수행하기 위해 불가피한 경우 「개인정보 보호법 시행령」 제19조에 따른 주민등록번호, 여권번호, 운전면허의 면허번호 또는 외국인등록번호가 포함된 자료를 처리할 수 있다.

1. 법 제12조에 따른 국내사무소 설치신고에 관한 사무

2. 법 제89조에 따른 영업보증금 예탁·관리에 관한 사무

3. 법 제93조에 따른 보험설계사 등의 신고사항 처리에 관한 사무

4. 법 제107조에 따른 자산운용비율 한도 초과 예외 승인에 관한 사무

5. 법 제111조에 따른 대주주와의 거래 관련 보고 등에 관한 사무

6. 법 제112조에 따른 대주주 등에 대한 자료 제출 요구에 관한 사무

7. 법 제114조에 따른 자산평가의 방법 등에 관한 사무

8. 법 제115조, 제117조에 따른 자회사 소유 승인, 신고 또는 보고에 관한 사무

9. 법 제118조에 따른 재무제표 등의 제출에 관한 사무

10. 법 제120조에 따른 책임준비금 적립 등의 심의에 관한 사무

11. 법 제131조(법 제132조에서 준용하는 경우를 포함한다) 및 제131조의2에 따른 조치, 명령 등에 관한 사무

12. 법 제139조에 따른 해산·합병·계약이전 등의 인가에 관한 사무

13. 법 제150조에 따른 영업양도·양수의 인가에 관한 사무

14. 법 제156조에 따른 청산인의 선임·해임에 관한 사무

15. 법 제160조에 따른 청산인에 대한 감독 등에 관한 사무

16. 법 제163조에 따른 보험조사협의회 구성에 관한 사무

② 금융위원회(법 제194조 및 이 영 제100조에 따라 금융위원회의 업무를 위탁받은 자를 포함한다) 또는 금융감독원장(법 제194조 및 이 영 제101조에 따라 금융감독원장의 업무를 위탁받은 자를 포함한다)은 다음 각 호의 사무를 수행하기 위해 불가피한 경우 「개인정보 보호법」 제23조에 따른 건강에 관한 정보, 같은 법 시행령 제18조제2호에 따른 범죄경력자료에 해당하는 정보, 같은 영 제19조에 따른 주민등록번호, 여권번호, 운전면허의 면허번호 또는 외국인등록번호가 포함된 자료를 처리할 수 있다. 〈개정 2014. 8. 6., 2016. 7. 28.〉

1. 법 제3조 단서 및 이 영 제7조에 따른 보험계약 체결 승인에 관한 사무

2. 법 제4조부터 제7조까지의 규정에 따른 허가, 승인, 예비허가 등에 관한 사무

4. 법 제20조제3항에 따른 손실보전 준비금적립액 산정에 관한 사무

5. 법 제74조에 따른 외국보험회사국내지점의 허가취소 등에 관한 사무

6. 법 제84조, 제87조, 제89조, 제182조, 제183조, 제186조 및 제187조에 따른 보험설계사, 보험대리점, 보험중개사, 보험계리사, 보험계리업, 손해사정사 및 손해사정업의 등록 및 자격시험 운영·관리에 관한 사무

7. 법 제86조, 제88조, 제90조, 제190조 및 제192조에 따른 보험설계사, 보험대리점, 보험중개사, 보험계리사, 선임계리사, 보험계리업자, 손해사정사, 손해사정업자의 등록취소 및 업

무정지 등 제재에 관한 사무

8. 법 제130조에 따른 보고에 관한 사무

9. 법 제133조·제134조(법 제136조에서 준용하는 경우를 포함한다), 제135조 및 제179조에 따른 자료 제출, 검사, 제재, 통보 및 이에 따른 사후조치 등에 관한 사무

10. 법 제162조에 따른 조사 및 이에 따른 사후조치 등에 관한 사무

11. 법 제196조에 따른 과징금 부과에 관한 사무

12. 삭제〈2016. 7. 28.〉

③ 보험요율 산출기관은 법 제176조제3항제1호·제2호 및 이 영 제86조제2호에 따른 사무를 수행하기 위하여 불가피한 경우 제2항 각 호 외의 부분에 따른 개인정보가 포함된 자료를 처리할 수 있다.

④ 보험협회의 장은 다음 각 호의 사무를 수행하기 위하여 불가피한 경우 「개인정보 보호법」 제23조에 따른 건강에 관한 정보, 같은 법 시행령 제19조에 따른 주민등록번호, 여권번호, 운전면허의 면허번호 또는 외국인등록번호가 포함된 자료를 처리할 수 있다.

〈개정 2014. 8. 6., 2015. 1. 6.〉

1. 법 제95조의5에 따라 중복계약의 체결을 확인하거나 이 영 제7조제2항에 따라 보험계약을 확인하는 경우 그에 따른 사무

2. 법 제125조에 따라 금융위원회로부터 인가받은 상호협정을 수행하는 경우 그에 따른 사무

3. 법 제169조, 제170조에 따른 보험금 지급 및 자료 제출 요구에 관한 사무

3의2. 제56조제2항에 따른 변액보험계약의 모집에 관한 연수과정의 운영·관리에 관한 사무

4. 제84조제4호에 따른 차량수리비 실태 점검에 관한 사무

4의2. 제84조제5호의2에 따른 보험설계사 및 개인보험대리점의 모집 경력 수집·관리·제공에 관한 사무

5. 제84조제6호에 따른 보험가입 조회에 관한 사무

⑤ 보험회사는 다음 각 호의 사무를 수행하기 위하여 필요한 범위로 한정하여 해당 각 호의 구분에 따라 「개인정보 보호법」 제23조에 따른 민감정보 중 건강에 관한 정보(이하 이 항에서 "건강정보"라 한다)나 같은 법 시행령 제19조에 따른 주민등록번호, 여권번호, 운전면허의 면허번호 또는 외국인등록번호(이하 이 항에서 "고유식별정보"라 한다)가 포함된 자료를 처리할 수 있다. 〈신설 2012. 6. 1., 2017. 6. 20., 2019. 6. 25., 2019. 10. 1.〉

1. 「상법」 제639조에 따른 타인을 위한 보험계약의 체결, 유지·관리, 보험금의 지급 등에 관한 사무: 피보험자에 관한 건강정보 또는 고유식별정보

2. 「상법」 제719조(「상법」 제726조에서 준용하는 재보험계약을 포함한다) 및 제726조의

2에 따라 제3자에게 배상할 책임을 이행하기 위한 사무: 제3자에 관한 건강정보 또는 고유식별정보

3. 「상법」 제733조에 따른 보험수익자 지정 또는 변경에 관한 사무: 보험수익자에 관한 고유식별정보

4. 「상법」 제735조의3에 따른 단체보험계약의 체결, 유지·관리, 보험금지급 등에 관한 사무: 피보험자에 관한 건강정보 또는 고유식별정보

5. 제1조의2제3항제4호에 따른 보증보험계약으로서 「주택임대차보호법」 제2조에 따른 주택의 임차인이 임차주택에 대한 보증금을 반환받지 못하여 입은 손해를 보장하는 보험계약의 체결, 유지·관리 및 보험금의 지급 등에 관한 사무: 임대인에 관한 고유식별정보

5의2. 제1조의2제3항제4호에 따른 보증보험계약으로서 「상가건물 임대차보호법」 제2조에 따른 상가건물의 임차인이 임차상가건물에 대한 보증금을 반환받지 못해 입은 손해를 보장하는 보험계약의 체결, 유지·관리 및 보험금의 지급 등에 관한 사무: 임대인에 관한 고유식별정보

6. 제1조의2제3항제4호에 따른 보증보험계약으로서 임대인의 「상가건물 임대차보호법」 제10조의4제1항 위반으로 임차인이 입은 손해를 보장하는 보험계약의 체결, 유지·관리 및 보험금의 지급 등에 관한 사무: 임대인에 관한 고유식별정보

⑥ 보험회사등은 법 제84조, 제87조 및 제93조에 따른 보험설계사·보험대리점의 등록 및 신고에 관한 사무를 수행하기 위하여 불가피한 경우 「개인정보 보호법 시행령」 제19조제1호에 따른 주민등록번호가 포함된 자료를 처리할 수 있다. 〈신설 2014. 8. 6.〉

⑦ 손해사정사 또는 손해사정업자는 법 제188조에 따른 사무를 수행하기 위하여 불가피한 경우 해당 보험계약자 등의 동의를 받아 「개인정보 보호법 시행령」 제19조제1호에 따른 주민등록번호가 포함된 자료를 처리할 수 있다. 〈신설 2014. 8. 6.〉

⑧ 다음 각 호의 어느 하나에 해당하는 자는 법 제124조제2항, 제4항 또는 제5항에 따라 자동차보험계약의 보험료 비교·공시에 관한 사무를 수행하기 위하여 불가피한 경우 「개인정보 보호법 시행령」 제19조제1호에 따른 주민등록번호가 포함된 자료를 처리할 수 있다. 〈신설 2017. 2. 28., 2019. 6. 25.〉

1. 보험협회

2. 보험협회 외의 자로서 법 제124조제5항에 따라 보험계약에 관한 사항을 비교·공시하는 자

3. 자동차보험을 판매하는 손해보험회사

[본조신설 2012. 1. 6.]

제103조(규제의 재검토)

금융위원회는 다음 각 호의 사항에 대하여 다음 각 호의 기준일을 기준으로 3년마다(매 3년이 되는 해의 기준일과 같은 날 전까지를 말한다) 그 타당성을 검토하여 개선 등의 조치를 하여야 한다.

　　1. 제40조에 따른 금융기관보험대리점등의 영업기준 등: 2014년 1월 1일

　　2. 제59조에 따른 보험회사의 자회사 소유 범위 및 승인요건 등: 2014년 1월 1일

　　[본조신설 2013. 12. 30.]

제104조(과태료의 부과기준)

법 제209조제1항부터 제7항까지의 규정에 따른 과태료의 부과기준은 별표 9와 같다.

〈개정 2017. 10. 17., 2020. 12. 1., 2021. 6. 1.〉

[본조신설 2014. 4. 15.]

부칙 〈제32450호, 2022. 2. 17.〉

이 영은 2022년 2월 18일부터 시행한다.

보험업법
시행규칙

[시행 2022. 1. 1.]
[총리령 제1725호, 2021. 9. 1., 일부개정]

제1장 총칙

제1조(목적)

이 규칙은 「보험업법」 및 같은 법 시행령에서 위임된 사항과 그 시행에 필요한 사항을 규정함을 목적으로 한다.

[전문개정 2011. 1. 24.]

제2조(보험계약 체결의 승인신청)

「보험업법 시행령」 (이하 "영"이라 한다) 제7조제1항제5호에 따라 보험계약 체결의 승인을 받으려는 자는 신청서에 다음 각 호의 서류를 첨부하여야 한다.

1. 보험계약의 약관

2. 보험계약청약서 사본

3. 생명보험업 및 제3보험업에 속하는 보험계약(단체보험계약은 제외한다)인 경우에는 해당 피보험자의 신체상황을 적은 서류, 손해보험업에 속하는 보험계약인 경우에는 해당 보험 목적의 도면·사진 등 보험 목적을 확인할 수 있는 서류

[전문개정 2011. 1. 24.]

제2장 보험업의 허가 등

제3조삭제 〈2011. 1. 24.〉

제4조삭제 〈2005. 3. 31.〉

제5조삭제 〈2005. 3. 31.〉

제6조삭제 〈2005. 3. 31.〉

제7조(허가신청 시 제출서류)

① 영 제9조제3항제1호사목에서 "총리령으로 정하는 서류"란 다음 각 호의 서류를 말한다.

1. 자본금 또는 기금의 조달 출처를 확인할 수 있는 서류

2. 영 제10조제1항 및 제3항에 따른 요건을 충족하는지를 확인할 수 있는 서류

3. 예비허가를 받은 경우에는 예비허가 사항의 이행 사실을 확인할 수 있는 서류

4. 영 별표 1에서 정한 요건을 충족하는지를 확인할 수 있는 서류

② 영 제9조제3항제2호사목에서 "총리령으로 정하는 서류"란 다음 각 호의 서류를 말한다.

1. 영업기금의 조달 출처를 확인할 수 있는 서류

2. 제1항제2호 및 제3호의 서류

3. 설치하려는 국내지점의 법인 등기사항증명서

4. 외국보험회사의 본점이 국제적으로 인정받은 신용평가기관으로부터 받은 신용평가등급이 투자적격 이상임을 확인할 수 있는 서류

5. 외국보험회사의 본점이 그 외국보험회사가 속한 국가의 감독기관이 정한 재무건전성에 관한 기준을 충족하고 있음을 확인할 수 있는 서류

6. 외국보험회사의 본점이 최근 3년간 그 외국보험회사가 속한 국가의 감독기관으로부터 보험업의 경영과 관련하여 법인경고 이상에 해당하는 행정처분을 받거나 벌금형 이상에 해당하는 형사처벌을 받은 사실이 없음을 확인할 수 있는 서류

[전문개정 2011. 1. 24.]

제8조삭제 〈2005. 3. 31.〉

제9조(예비허가의 신청 등)

① 「보험업법」(이하 "법"이라 한다) 제7조에 따라 예비허가를 신청하려는 자는 별지 제1호서식의 신청서에 법 제5조 각 호의 서류를 첨부하여 금융위원회에 제출하여야 한다.

② 금융위원회는 예비허가의 신청을 받은 경우에는 이해관계인의 의견 수렴을 위하여 다음 각 호의 사항을 인터넷 등을 이용하여 일반인에게 알려야 한다.

1. 신청 취지

2. 신청인, 신청일, 신청 보험종목의 범위 등 주요 신청내용

3. 의견 제시 방법 및 기간

③ 금융위원회는 금융시장에 중대한 영향을 미칠 우려가 있다고 판단되는 등 예비허가의 심사를 위하여 필요하다고 인정되는 경우에는 제2항에 따른 공고와는 별도로 예비허가의 신청에 대하여 이해관계인의 의견을 요청하거나 공청회를 개최할 수 있다.

④ 금융위원회는 제2항 및 제3항에 따라 접수된 이해관계인의 의견 중 신청인에게 불리한 의견이 있는 경우에는 그 내용을 신청인에게 통보하고 기한을 정하여 소명(疏明)하게 할 수 있다.

⑤ 법 제7조제2항 단서에 따라 금융위원회는 다음 각 호의 어느 하나에 해당하는 사유가 있는 경우에는 한 차례만 3개월의 범위에서 통지기간을 연장할 수 있다.

1. 예비허가의 신청서 및 첨부서류에 적힌 사항 중 내용이 불명확하여 사실 확인 및 자료의 보완이 필요한 경우

2. 이해관계인 등의 이해 조정을 위하여 제3항 및 제4항에 따른 공청회 개최 또는 신청인의 소명이 필요한 경우

3. 그 밖에 금융시장 안정 및 보험계약자 보호를 위하여 금융위원회가 필요하다고 인정하는 경우

⑥ 법 제7조제2항에 따라 예비허가를 받은 자는 예비허가를 받은 날부터 6개월 이내에 예비허가의 내용 및 조건을 이행한 후 법 제4조에 따른 허가(이하 이 항에서 "본허가"라 한다)를 신청하여야 한다. 다만, 금융위원회의 예비허가 당시 본허가 신청기한을 따로 정하였거나 예비허가 후 본허가 신청기한의 연장에 대하여 금융위원회의 승인을 받은 경우에는 그 기간을 달리 정할 수 있다.

[전문개정 2011. 1. 24.]

제10조(예비허가의 기준 등)

① 법 제7조에 따른 예비허가를 받으려는 자는 다음 각 호의 요건을 갖추어야 한다.

1. 법 제6조제1항, 제2항 또는 제3항의 요건을 갖출 것. 다만, 자본금·기금 또는 영업기금과 인력, 물적 시설에 대해서는 그 이행계획이 타당할 것을 요건으로 한다.

2. 사업의 계획 및 실행방법이 법령에 위반되지 아니할 것

② 금융위원회는 예비허가를 받으려는 자가 제1항에 따른 요건을 갖추고 있는지를 평가하기 위하여 평가위원회를 구성·운영할 수 있으며, 신청내용의 확인, 발기인 및 경영진과의 면담 등을 위하여 실제 조사를 실시할 수 있다. 〈개정 2021. 6. 30.〉

③ 금융위원회는 예비허가 신청에 대한 심사 결과 예비허가를 거부하기로 결정한 경우에는 그 사실 및 거부사유를 신청인에게 서면으로 알려야 한다.

④ 제2항에 따른 평가위원회의 구성·운영방법 등 예비허가에 필요한 사항은 금융위원회가 정하여 고시한다.

[전문개정 2011. 1. 24.]

제11조(영업기금의 납입)

영 제14조에 따라 대한민국에서 보험업을 경영하려는 외국보험회사가 납입하여야 하는 영업기

금의 납입방법은 금융위원회가 정하여 고시한다.

[전문개정 2011. 1. 24.]

제12조(겸영업무의 신고)

보험회사가 법 제11조 각 호 외의 부분 후단에 따라 겸영하려는 업무를 신고하려는 때에는 별지 제2호서식의 신고서에 다음 각 호의 서류를 첨부하여 금융위원회에 제출하여야 한다.

　　1. 겸영하려는 업무의 종류와 방법을 적은 서류

　　2. 보험업과 겸영하려는 업무와의 관계를 적은 서류

[전문개정 2011. 1. 24.]

제3장 보험회사

제13조(자본감소의 승인신청)

법 제18조제2항에 따라 주식회사인 보험회사는 자본감소의 승인을 받으려면 신청서에 다음 각 호의 서류를 첨부하여 금융위원회에 제출하여야 한다.

　　1. 자본감소의 방법을 적은 서류

　　2. 재산목록과 대차대조표

　　3. 법 제18조 · 제19조 및 「상법」 제232조 · 제363조에 따른 공고 및 이의제출 등 그 밖에 필요한 절차의 종료를 증명하는 서류

[전문개정 2011. 1. 24.]

제4장 모집

제14조삭제 〈2005. 3. 31.〉

제15조삭제 〈2011. 1. 24.〉

제16조(교차모집에 대한 보험회사 등의 금지행위)

① 영 제29조제3항제6호에서 "총리령으로 정하는 행위"란 다음 각 호의 어느 하나에 해당하는

행위를 말한다.

1. 소속 보험설계사에게 특정 보험회사를 지정하여 영 제29조제1항에 따른 교차모집(이하 "교차모집"이라 한다) 위탁계약의 체결을 강요하는 행위

2. 소속 보험설계사에게 영 제29조제2항에 따른 교차모집보험설계사(이하 "교차모집보험설계사"라 한다)가 될 자의 유치를 강요하는 행위

3. 합리적 근거 없이 교차모집보험설계사를 소속 보험설계사보다 우대하는 행위

② 영 제29조제4항제4호에서 "총리령으로 정하는 행위"란 다음 각 호의 어느 하나에 해당하는 행위를 말한다.

1. 교차모집을 위탁한 보험회사에 대하여 합리적 근거 없이 다른 보험설계사보다 우대하여 줄 것을 요구하는 행위

2. 교차모집을 위탁한 보험회사에 대하여 다른 교차모집보험설계사 유치를 조건으로 대가를 요구하는 행위

3. 교차모집 관련 보험계약 정보를 외부에 유출하는 행위

[본조신설 2009. 12. 31.]

제17조삭제 〈2011. 1. 24.〉

제18조삭제 〈2005. 3. 31.〉

제19조(보험중개사의 영업보증금)

영 제37조제1항에 따른 보험중개사의 영업보증금은 영업 개시일부터 최초의 사업연도(금융위원회가 정하는 사업연도를 기준으로 한다)가 끝난 후 3개월 14일의 기간까지는 영 제37조제1항에서 정한 영업보증금(이하 이 조에서 "최저영업보증금"이라 한다)으로 하고, 그 기간이 지난 후부터는 1년 단위로 해당 보험중개사의 최근 2개 사업연도의 보험중개와 관련된 수입금액 중 큰 금액으로 한다. 다만, 그 금액이 최저영업보증금보다 적은 경우에는 최저영업보증금으로 하고, 100억원보다 큰 경우에는 100억원으로 한다.　　　　　　　　　　　　　　　〈개정 2014. 9. 18.〉

[전문개정 2011. 1. 24.]

제20조삭제 〈2011. 1. 24.〉

제21조(보험중개사 영업보증금의 반환절차)

① 영 제37조제3항에 따라 보험중개사가 영업보증금을 반환받으려는 경우에는 별지 제11호서식의 영업보증금 반환신청서에 영 제37조제3항 각 호의 사항을 확인할 수 있는 서류를 첨부하여 금융위원회에 제출하여야 한다.

② 금융위원회는 보험중개사가 영 제37조제3항제1호부터 제4호까지의 사유로 영업보증금 반환신청을 하는 경우에는 다음 각 호의 사항을 일간신문 또는 인터넷 등에 공시하여야 한다.

1. 해당 보험중개사의 영업보증금 반환신청 사실 및 그 사유

2. 해당 보험중개사의 보험계약 체결의 중개행위와 관련하여 손해를 입은 자는 공시일 부터 6개월 이내에 손해배상금의 지급을 신청하여야 하며, 해당 기간에 손해배상금의 지급을 신청하지 아니하는 경우에는 해당 보험중개사가 예탁(預託)한 영업보증금에서 배분을 받을 수 없다는 내용

③ 제2항에 따른 공시 결과 손해배상금의 지급신청이 있는 경우 그 처리절차에 관하여는 제22조제1항 · 제2항 및 제5항부터 제7항까지의 규정을 준용한다.

④ 금융위원회는 제2항 및 제3항에 따른 절차를 진행한 결과 해당 보험중개사가 예탁한 영업보증금의 남은 금액이 있는 경우에는 보험계약자 등의 보호에 지장이 없다고 인정될 때에만 영업보증금예탁기관의 장으로 하여금 그 남은 금액을 반환하도록 하여야 한다.

[전문개정 2011. 1. 24.]

제22조(손해배상금의 지급절차)

① 영업보증금예탁기관의 장은 보험계약자 등으로부터 영 제38조제1항에 따른 손해배상금의 지급신청을 받은 경우에는 그 사실을 해당 보험중개사에게 지체 없이 통지하고 사실관계에 대한 조사를 하여야 한다.

② 영업보증금예탁기관의 장은 제1항에 따른 조사 실시와 관련하여 관계 당사자에게 증거 제출 및 의견 진술의 기회를 주어야 한다.

③ 영업보증금예탁기관의 장은 제1항에 따른 조사 결과 보험계약자 등의 손해배상금 지급신청에 타당한 이유가 있다고 인정하는 경우에는 60일 이상의 기간을 정하여 해당 보험중개사의 보험계약 체결의 중개행위와 관련하여 손해를 입은 자에 대하여 손해배상금의 지급을 신청할 것과 그 기간에 신청하지 아니하는 경우에는 해당 보험중개사의 영업보증금 배분절차에서 제외된다는 뜻을 일간신문 또는 인터넷 등에 공시하여야 한다.

④ 제3항에 따른 공시에 따라 손해배상금 지급을 신청한 자에 대한 처리절차에 관하여는 제1항 및 제2항을 준용한다.

⑤ 영업보증금예탁기관의 장은 제1항부터 제4항까지의 규정에 따른 절차의 진행 결과 해당 보험중개사의 손해배상책임이 인정되는 신청인에 대해서는 신청인별로 영업보증금 배분표를 작성하여 관계 당사자에게 알리고, 배분액에 관하여 이의가 있는 자는 14일 이내에 이의를 제기할 수 있음을 알려야 한다.

⑥ 영업보증금예탁기관의 장은 제5항에 따른 통지 결과 관계 당사자로부터 이의가 없는 경우에는 배분표에 따라 배분을 한다.

⑦ 영업보증금예탁기관의 장은 보험중개사의 영업보증금이 유가증권으로 예탁된 경우에는 영업보증금의 배분을 위하여 이를 매각할 수 있다. 이 경우 매각비용은 매각대금에서 공제한다.

[전문개정 2011. 1. 24.]

제23조(공시비용의 부담)

제21조제2항 및 제22조제3항에 따른 공시절차의 진행에 드는 비용은 해당 보험중개사가 부담한다.

[전문개정 2011. 1. 24.]

제24조(보험중개사의 권한과 지위에 관한 사항)

영 제41조제3항제2호에서 "총리령으로 정하는 보험중개사의 권한과 지위에 관한 사항"이란 다음 각 호의 사항을 말한다.

1. 보험중개사는 보험증권을 발행하거나 보험회사를 대리하여 보험계약의 체결 및 변경 또는 해지의 의사표시를 수령할 권한이 없으며, 보험료의 수령 또는 환급, 보험계약자 등으로부터의 보험계약에 관한 고지 또는 통지사항의 수령, 보험사고에 대한 보험회사 책임 유무의 판단이나 보험금의 결정에 대한 권한이 없다는 내용

2. 최근 2개 사업연도에 생명보험업 · 손해보험업 · 제3보험업별로 해당 보험중개사가 중개한 보험계약을 인수한 주요 보험회사의 상호 또는 명칭과 거래상황(각 사업연도의 주요 보험회사별 수수료 · 보험료 및 보험가입금액을 포함한다)

3. 보험중개사가 법인인 경우에는 해당 법인의 주식 또는 출자지분의 100분의 25 이상을 소유한 자의 명단

[전문개정 2011. 1. 24.]

제25조(보험중개사의 손해배상에 관한 사항)

영 제41조제3항제3호에서 "총리령으로 정하는 보험중개사의 손해배상에 관한 사항"이란 다음 각 호의 사항을 말한다.

1. 영업보증금의 예탁금액 및 예탁방법

2. 보험중개사 배상책임보험에 가입한 경우에는 그 보험회사 및 가입금액과 주요 내용

3. 보험중개사가 보험계약 체결의 중개와 관련하여 보험계약자 등에게 손해를 가한 경우에도 보험중개사가 중개한 보험계약을 인수한 보험회사는 그에 대한 책임을 지지 아니한다는 내용

[전문개정 2011. 1. 24.]

제26조(보험중개사의 준수사항)

영 제41조제3항제5호에서 "총리령으로 정하는 보험중개사의 준수사항"이란 다음 각 호의 사항을 말한다.

1. 보험계약의 체결을 중개할 때에 보험계약자 등에게 성실히 업무를 수행하고, 직무상 객관적이고 독립적인 조언을 하며, 어떠한 경우에도 보험계약자 등의 이익에 배치되는 행위를 하지 아니한다는 내용

2. 보수의 많고 적음에 따라 보험계약자 등에 대하여 업무수행에 차별을 두지 아니한다는 내용

3. 보험계약자 등의 사전동의를 받은 경우 또는 보험계약 체결의 중개, 계약의 유지·관리 및 보험금 처리를 위한 경우를 제외하고는 보험계약 체결의 중개로 인하여 알게 된 보험계약자 등의 정보 또는 비밀을 누설하지 아니한다는 내용

4. 보험회사 또는 보험계약자 등으로부터 얻은 보험에 관한 정보를 객관적이고 성실하게 전달한다는 내용

5. 보험계약자 또는 불특정 다수인을 대상으로 보험안내자료 등을 배포하거나 광고하는 경우에는 객관적 사실만을 적거나 광고하고, 오해 또는 과장의 소지가 있는 내용을 적거나 광고하지 아니한다는 내용

6. 제1호부터 제5호까지의 내용을 위반하여 보험계약자 등에게 손해를 가한 경우에는 그 손해를 배상한다는 내용

[전문개정 2011. 1. 24.]

제27조삭제 〈2005. 3. 31.〉

제28조(등록수수료)

법 제94조에 따른 수수료는 다음 각 호의 구분에 따른 금액으로 한다.

1. 보험설계사: 6천원

2. 개인인 보험대리점: 2만원

3. 법인인 보험대리점: 20만원

4. 개인인 보험중개사: 5만원

5. 법인인 보험중개사: 20만원

6. 금융기관보험대리점 또는 금융기관보험중개사: 100만원

[전문개정 2011. 1. 24.]

제5장 보험회사의 계산

제29조(책임준비금 등의 계산)

① 영 제63조제1항제1호나목에 따른 보험료 적립금은 금융위원회가 정하여 고시하는 기초율 등을 적용한 순보험료식에 따라 계산한 금액보다 적은 금액으로 할 수 없다.

② 영 제63조제1항 및 제4항에 따른 책임준비금과 비상위험준비금의 계산방법 등 책임준비금 과 비상위험준비금의 계상(計上)에 필요한 세부 사항은 금융위원회가 정하여 고시한다.

[전문개정 2011. 1. 24.]

제30조(대차대조표에의 계상)

보험회사가 법령에 따라 대차대조표를 작성하는 경우에는 영 제63조 및 이 규칙 제29조를 준용 한다.

[전문개정 2011. 1. 24.]

제30조의2(배당보험계약의 이익배분기준 등)

① 보험회사는 영 제64조제2항에 따라 배당보험계약에서 발생하는 이익의 100분의 10 이하를 주주지분으로 하고, 나머지 부분을 계약자지분으로 회계처리하여야 한다. 〈개정 2018. 7. 25.〉

② 영 제64조제4항에 따라 보험회사는 배당보험계약에서 발생한 손실을 같은 조 제1항에 따른 준비금(이하 이 조에서 "배당보험계약 손실보전준비금"이라 한다)으로 보전(補塡)하고도 손 실이 남는 경우에는 그 남은 손실을 우선 주주지분으로 보전한 후, 주주지분으로 보전한 손

실을 주주지분의 결손이나 배당보험계약의 이월결손으로 회계처리할 수 있다.

〈개정 2018. 7. 25.〉

③ 제2항에 따른 배당보험계약의 이월결손은 이월결손이 발생한 해당 사업연도 종료일부터 5년 이내에 신규로 적립되는 배당보험계약 손실보전준비금으로 보전하거나 주주지분의 결손으로 회계처리하여야 한다. 〈개정 2018. 7. 25.〉

[전문개정 2011. 1. 24.]

제31조(재평가적립금의 처분에 관한 허가신청)

보험회사는 법 제122조에 따라 재평가적립금의 처분에 관한 허가를 받으려면 신청서에 「상법」 제447조에 따른 서류를 첨부하여 정기총회 개최일 2주 전에 금융위원회에 제출하여야 한다.

[전문개정 2011. 1. 24.]

제6장 감독

제32조(상호협정의 인가신청 시 첨부서류)

영 제69조제1항 각 호 외의 부분에서 "총리령으로 정하는 서류"란 다음 각 호의 서류를 말한다.

1. 상호협정서
2. 상호협정서 변경 대비표(상호협정을 변경하는 경우만 해당한다)
3. 그 밖에 상호협정의 내용을 설명하는 데에 필요한 서류

[전문개정 2011. 1. 24.]

제33조삭제 〈2005. 3. 31.〉

제34조(검사의 증표)

법 제133조제4항에 따른 검사를 하는 사람의 권한을 표시하는 증표는 별지 제12호서식에 따른다.

[전문개정 2011. 1. 24.]

제7장 해산 · 청산

제35조(해산 결의의 인가신청)

보험회사는 법 제139조에 따라 해산결의의 인가를 받으려면 별지 제13호서식의 신청서에 다음 각 호의 서류를 첨부하여 금융위원회에 제출하여야 한다.

　　1. 주주총회 의사록(상호회사인 경우에는 사원총회 의사록)

　　2. 청산 사무의 추진계획서

　　3. 보험계약자 및 이해관계인의 보호절차 이행을 증명하는 서류

　　4. 「상법」 등 관계 법령에 따른 절차의 이행에 흠이 없음을 증명하는 서류

　　5. 그 밖에 금융위원회가 필요하다고 인정하는 서류

　　[전문개정 2011. 1. 24.]

제36조(보험계약 이전의 인가신청)

보험회사는 법 제139조에 따라 보험계약 이전의 인가를 받으려면 별지 제14호서식의 신청서에 다음 각 호의 서류를 첨부하여 법 제141조제2항에 따른 기간이 지난 후 1개월 이내에 금융위원회에 제출하여야 한다.

　　1. 보험계약 이전계약서

　　2. 각 보험회사의 재산목록과 대차대조표

　　3. 이전할 보험계약의 종류 · 건수 · 금액 및 계약자수와 그 지역별 통계

　　4. 이전할 보험계약에 관한 책임준비금 및 그 밖의 준비금의 금액과 그 산출방법을 적은 서류

　　5. 이전할 재산의 총액과 재산 종류별 수량 및 가액(價額)을 적은 서류

　　6. 각 보험회사의 보험계약의 건수 · 금액 및 계약자수와 보험계약의 종류별 건수 · 금액 · 계약자수 및 책임준비금의 금액을 적은 서류

　　7. 법 제141조에 따른 계약 이전 절차를 마쳤음을 증명하는 서류

　　8. 그 밖에 보험계약 이전에 관한 서류로서 보험계약자 보호를 위하여 금융위원회가 필요하다고 인정하는 서류

　　[전문개정 2011. 1. 24.]

제37조(해산 결의 · 합병 등의 인가 시 고려사항)

금융위원회는 법 제139조에 따라 해산의 결의 · 합병 또는 보험계약의 이전에 대하여 인가를 하려는 경우에는 다음 각 호의 사항을 고려하여 인가 여부를 결정하여야 한다.

1. 해산·합병 또는 보험계약의 이전이 이 법, 「상법」, 「자본시장과 금융투자업에 관한 법률」, 그 밖의 관련 법령에 따른 절차를 이행하였는지 여부
2. 해산·합병 또는 보험계약의 이전으로 인하여 보험계약자 및 이해관계인에게 불이익이 발생하는지 여부

[전문개정 2011. 1. 24.]

제38조(보험계약 이전 인가의 통지 등)

① 법 제139조에 따른 보험계약 이전의 인가가 있을 때에는 보험계약을 이전받은 보험회사는 1개월 이내에 이전된 보험계약의 계약자에게 그 취지를 통지하여야 한다.

② 보험계약을 이전한 보험회사가 그 이전한 보험계약에 관하여 사용하던 사업방법서, 보험약관, 보험료 및 책임준비금 산출방법서는 법 제139조에 따른 보험계약 이전의 인가가 있을 때에 이전받은 보험회사가 승계한 것으로 본다.

[전문개정 2011. 1. 24.]

제39조(청산인 선임의 청구)

법 제156조제2항 전단에 따라 보험회사의 이해관계인이 「상법」 제193조·제252조 및 제531조제2항에 따라 청산인의 선임을 청구하려는 경우에는 청구서에 이해관계인임을 증명하는 서류를 첨부하여야 한다.

[전문개정 2011. 1. 24.]

제40조(청산인 해임의 청구)

① 법 제156조제4항에 따른 주주 또는 사원이 청산인의 해임을 청구하려는 경우에는 청구서에 3개월 전부터 계속하여 자본금의 100분의 5 이상의 주식을 가진 주주 또는 전체 사원의 100분의 5 이상에 해당하는 사원임을 증명하는 서류를 첨부하여 금융위원회에 제출하여야 한다.

② 제1항에도 불구하고 법 제156조제5항에 따라 청구를 하는 사원에 관하여 정관으로 다른 기준을 정하였을 때에는 청구서에 그 기준에 적합함을 증명하는 서류를 첨부하여야 한다.

[전문개정 2011. 1. 24.]

제41조(청산인의 결산에 관한 보고)

보험회사의 청산인은 「상법」 제533조제1항·제534조제5항 및 제540조제1항에 따라 총회에

서 재산목록, 대차대조표, 사업보고서 또는 결산보고서의 승인을 받았을 때에는 지체 없이 그 사실을 금융위원회에 보고하여야 한다.

[전문개정 2011. 1. 24.]

제42조(장부 등의 보존자 신고)

보험회사의 청산인은 「상법」 제541조에 따른 장부 또는 그 밖에 영업과 청산에 관한 중요 서류의 보존자가 선임되었을 때에는 그 성명 또는 명칭과 주소를 금융위원회에 지체 없이 신고하여야 한다.

[전문개정 2011. 1. 24.]

제8장 손해보험계약의 제3자 보호

제43조(자금차입의 승인신청)

손해보험협회는 법 제171조제1항에 따라 자금의 차입에 대한 승인을 받으려면 신청서에 다음 각 호의 서류를 첨부하여 금융위원회에 제출하여야 한다.

1. 출연금 계정의 재무제표
2. 필요 자금에 대한 추정 근거
3. 차입한 자금에 대한 상환계획

[전문개정 2011. 1. 24.]

제9장 보험관계단체 등

제44조(보험계리사 등의 업무)

법 제181조제3항에 따른 보험계리사, 선임계리사 또는 보험계리업자의 업무는 다음 각 호와 같다.

1. 법 제5조제3호에 따른 기초서류(이하 이 조에서 "기초서류"라 한다)의 작성에 관한 사항
2. 책임준비금, 비상위험준비금 등 준비금의 적립과 준비금에 해당하는 자산의 적정성에 관한 사항
3. 잉여금의 배분 · 처리 및 보험계약자 배당금의 배분에 관한 사항

4. 지급여력비율 계산 중 보험료 및 책임준비금과 관련된 사항

5. 상품 공시자료 중 기초서류와 관련된 사항

[전문개정 2011. 1. 24.]

제45조(선임계리사의 선임절차 등)

① 법 제181조제3항에 따라 보험회사가 선임계리사를 선임하거나 해임하려는 경우에는 이사회의 의결을 거쳐 다음 각 호의 구분에 따라 금융위원회에 보고하거나 신고하여야 한다. 다만, 외국보험회사의 국내지점의 경우에는 이사회의 의결을 거치지 아니할 수 있다.

1. 선임: 선임 후 보고

2. 해임: 해임 전 신고

② 보험회사는 다른 보험회사의 선임계리사를 해당 보험회사의 선임계리사로 선임할 수 없다.

③ 보험회사는 제1항에 따른 선임계리사의 해임 신고를 할 때 그 해임사유를 제출하여야 하며, 금융위원회는 해임사유에 대하여 해당 선임계리사의 의견을 들을 수 있다.

④ 보험회사는 선임계리사가 법 제192조제1항에 따라 업무정지명령을 받은 경우에는 업무정지기간 중 그 업무를 대행할 사람을 선임하여 금융위원회에 보고하여야 한다.

⑤ 제1항, 제3항 및 제4항에 따른 보고 또는 신고의 방법 및 절차 등에 관하여 필요한 사항은 금융위원회가 정하여 고시한다. 〈신설 2019. 1. 3.〉

[전문개정 2011. 1. 24.]

제46조(보험계리사의 시험 과목 등)

① 법 제182조제1항에 따른 보험계리사 시험은 제1차 시험과 제2차 시험으로 구분하여 실시한다.

② 제1차 시험에 합격하지 아니한 사람은 제2차 시험에 응시할 수 없다. 다만, 제1차 시험이 면제되는 사람은 그러하지 아니하다.

③ 시험은 다음 각 호의 방법으로 실시한다.

1. 제1차 시험은 선택형으로 하되, 기입형을 병행할 수 있다.

2. 제2차 시험은 논문형으로 하되, 선택형 또는 기입형을 병행할 수 있다.

④ 보험계리사 시험의 과목은 별표 1과 같다.

⑤ 별표 1에 따른 보험계리사 제1차 시험의 과목 중 영어 과목은 보험계리사 시험 공고일부터 역산(逆算)하여 2년이 되는 날이 속하는 해의 1월 1일 이후에 실시된 다른 시험기관의 영어 시험에서 취득한 성적으로 시험 성적을 대체한다.

⑥ 제5항에 따른 영어 시험의 종류 및 합격에 필요한 점수는 별표 1의2와 같고, 보험계리사 시험에 응시하려는 사람은 다음 각 호의 서류를 제출해야 한다. 〈개정 2021. 9. 1.〉

1. 응시원서

2. 다른 시험기관에서 발급한 영어 시험의 성적표

3. 「장애인복지법」에 따른 장애인등록증의 사본[같은 법 시행규칙 별표 1 제4호가목1)에 따른 장애인(이하 "청각장애인"이라 한다)만 해당한다]

⑦ 보험요율 산출기관의 장은 제6항제2호 및 제3호의 서류 확인을 위해 필요하다고 인정하는 경우 관계 행정기관 및 시험기관에 필요한 협조를 요청할 수 있다. 〈신설 2021. 9. 1.〉

[전문개정 2011. 1. 24.]

제47조(보험계리사의 시험 면제)

① 금융감독원, 보험회사, 보험협회, 보험요율 산출기관 또는 법 제128조제2항에 따른 독립계리업자인 법인에서 보험계리 업무에 5년 이상 종사한 경력이 있는 사람에 대해서는 제1차 시험을 면제한다. 〈개정 2018. 5. 9.〉

② 금융위원회가 인정하는 외국의 보험계리사 자격을 가진 사람에 대해서는 제1차 시험 및 제2차 시험을 면제한다.

③ 법률 제10522호 농업협동조합법 일부개정법률의 시행 당시 종전의 「농업협동조합법」에 따른 농업협동조합중앙회에서 공제계리업무에 종사한 경력은 제1항에 따른 보험계리 업무에 종사한 것으로 본다. 〈신설 2012. 2. 28.〉

④ 제1차 시험에 합격한 사람은 제1차 시험에 합격한 해를 포함하여 5년간 제2차 시험에 응시할 수 있다. 〈개정 2012. 2. 28.〉

⑤ 제2차 시험 과목 중 100점을 만점으로 하여 60점 이상 득점한 과목에 대해서는 60점 이상 득점한 해를 포함하여 5년간 같은 점수를 득점한 것으로 본다.

〈개정 2012. 2. 28., 2014. 9. 18., 2018. 5. 9.〉

[전문개정 2011. 1. 24.]

제48조(보험계리사 시험 합격자의 결정)

① 제1차 시험 합격자를 결정할 때에는 영어 과목을 제외한 나머지 과목에 대하여 매 과목 100점을 만점으로 하여 매 과목 40점 이상, 전 과목 평균 60점 이상 득점한 사람을 합격자로 한다.

② 제2차 시험 합격자를 결정할 때에는 매 과목 100점을 만점으로 하여 매 과목 60점 이상을 득

점한 사람을 합격자로 한다.

[전문개정 2011. 1. 24.]

제48조의2(보험계리사 시험의 과목별 최소합격예정인원)

① 금융감독원장은 보험계리사의 적정한 공급을 위하여 필요한 경우에는 제2차 시험의 과목별 최소합격예정인원(합격자로 예정한 최소한의 인원수를 말한다. 이하 이 조에서 같다)을 공고할 수 있다.

② 제1항에 따라 금융감독원장이 과목별 최소합격예정인원을 공고한 경우 각 과목별로 100점을 만점으로 하여 60점 이상 득점한 사람이 과목별 최소합격예정인원에 미달할 때에는 각 과목별로 100점을 만점으로 하여 40점 이상 득점한 사람을 과목별 최소합격예정인원의 범위에서 고득점자 순으로 과목별 합격자로 결정할 수 있다.

③ 제2항에 따라 과목별 합격자를 결정할 때 동점자로 인하여 해당 과목의 최소합격예정인원을 초과하게 되는 경우에는 그 동점자 모두를 과목별 합격자로 결정한다.

④ 제2항 및 제3항에 따른 과목별 합격자는 제2차 시험에 응시한 해당 연도에만 제48조제2항에 따른 제2차 시험의 합격자가 될 수 있다.

[본조신설 2019. 1. 3.]

제49조(시험 실시의 공고 등)

① 금융감독원장은 보험계리사 시험을 실시하려면 다음 각 호의 사항을 시험 실시 3개월 전까지 전국적으로 배포되는 1개 이상의 일간신문에 공고하고 인터넷에도 공고하여야 한다.

〈개정 2012. 2. 28., 2019. 1. 3.〉

1. 시험일시 및 장소

2. 시험방법 및 과목

3. 응시자격 및 응시절차

3의2. 제48조의2제1항에 따른 과목별 최소합격예정인원

4. 그 밖에 시험의 실시와 관련하여 필요한 사항

② 보험계리사 시험에 응시하려는 사람은 금융감독원장이 정하는 시험수수료를 금융감독원에 내야 한다.

③ 금융감독원은 시험 응시자가 시험 전날까지 응시 의사를 철회하는 경우에는 금융감독원장이 정하는 바에 따라 시험수수료를 반환하여야 한다.

④ 보험계리사 시험 실시에 필요한 세부 사항은 금융감독원장이 정한다.

제50조(보험계리사의 실무수습)

① 법 제182조제2항에 따른 보험계리사의 실무수습은 금융감독원, 보험회사, 보험협회, 보험요율 산출기관, 그 밖에 금융위원회가 지정하는 기관에서 보험계리 업무에 관하여 수행하여야 한다.

② 제1항에 따른 실무수습의 기간은 6개월로 한다.

③ 금융위원회가 인정하는 외국의 보험계리사 자격을 가진 사람 및 제1항에 따른 기관에서 보험계리 업무에 2년 이상 종사한 경력이 있는 사람에 대해서는 실무수습을 면제한다.

[전문개정 2011. 1. 24.]

제51조(보험계리사의 등록)

보험계리사의 등록을 하려는 사람은 별지 제15호서식의 등록신청서에 다음 각 호의 서류를 첨부하여 금융감독원장에게 제출하여야 한다. 다만, 외국의 보험계리사 자격을 가진 사람이 등록신청을 하는 경우에는 제1호의 서류를 해당 외국의 보험계리사 자격을 증명하는 서류로 대체할 수 있다.

1. 실무수습을 마친 사실을 증명할 수 있는 서류(제50조제3항에 따라 같은 조 제1항에 따른 기관에서 보험계리 업무에 2년 이상 종사한 경력이 있는 사람의 경우에는 그 사실을 증명할 수 있는 서류를 말한다)

2. 이력서

[전문개정 2011. 1. 24.]

제52조(손해사정사의 구분)

법 제186조에 따른 손해사정사의 종류 및 업무범위는 다음 각 호의 구분에 따른다.

1. 재물손해사정사: 영 제1조의2제3항제1호·제2호 및 제6호부터 제14호까지의 규정에 따른 보험계약의 손해액 사정

2. 차량손해사정사: 자동차 사고로 인한 차량 및 그 밖의 재산상의 손해액 사정

3. 신체손해사정사: 영 제1조의2제3항제6호 및 같은 조 제4항에 따른 보험계약의 손해액(사람의 신체와 관련된 손해액만 해당한다), 자동차 사고 및 그 밖의 보험사고로 인한 사람의 신체와 관련된 손해액 사정

4. 종합손해사정사: 제1호부터 제3호까지에서 규정한 손해액 사정

[전문개정 2011. 1. 24.]

제53조(손해사정사의 시험 과목 및 시험 면제)

① 손해사정사의 시험 과목은 별표 2와 같다.

② 금융감독원, 손해보험회사, 손해보험협회(신체손해사정사의 경우에는 생명보험회사, 생명보험협회를 포함한다), 「화재로 인한 재해보상과 보험가입에 관한 법률」 제11조에 따른 한국화재보험협회 또는 법 제187조제2항에 따른 손해사정을 업(業)으로 하는 법인에서 손해사정 관련 업무에 5년 이상 종사한 경력이 있는 사람에 대해서는 제1차 시험을 면제한다.

③ 금융위원회가 인정하는 외국의 손해사정사 자격을 가진 사람에 대해서는 제1차 시험과 제2차 시험을 면제한다.

④ 법률 제10522호 농업협동조합법 일부개정법률의 시행 당시 종전의 「농업협동조합법」에 따른 농업협동조합중앙회에서 손해사정 관련 업무에 종사한 경력은 제2항에 따른 손해사정 관련 업무에 종사한 것으로 본다. 〈신설 2012. 2. 28.〉

⑤ 제1차 시험에 합격한 사람에 대해서는 다음 회의 시험에 한정하여 제1차 시험을 면제한다. 〈개정 2012. 2. 28.〉

⑥ 별표 2에 따른 제1차 시험의 과목 중 영어 과목은 그 시험공고일부터 역산하여 2년이 되는 날이 속하는 해의 1월 1일 이후에 실시된 다른 시험기관의 영어 시험에서 취득한 성적으로 시험 성적을 대체한다. 〈개정 2012. 2. 28.〉

⑦ 제6항에 따른 영어 시험의 종류 및 합격에 필요한 점수는 별표 1의2와 같고, 손해사정사 시험에 응시하려는 사람은 다음 각 호의 서류를 제출해야 한다. 이 경우 제2호 및 제3호의 서류는 재물손해사정사 시험을 응시하려는 경우에만 제출한다. 〈개정 2021. 9. 1.〉

1. 응시원서

2. 다른 시험기관에서 발급한 영어 시험의 성적표

3. 「장애인복지법」에 따른 장애인등록증의 사본(청각장애인만 해당한다)

⑧ 손해사정사가 다른 종류의 손해사정사 시험에 응시하는 경우에는 제1차 시험을 면제한다. 다만, 차량손해사정사 또는 신체손해사정사가 재물손해사정사 시험에 응시하려는 경우에는 제7항제2호 및 제3호(청각장애인만 해당한다)의 서류를 제출해야 한다. 〈개정 2012. 2. 28., 2021. 9. 1.〉

⑨ 재물손해사정사, 차량손해사정사 및 신체손해사정사 시험에 모두 합격하고 제54조제1항에 따른 실무수습을 마친 사람은 종합손해사정사 등록을 신청할 수 있다. 〈개정 2012. 2. 28.〉

[전문개정 2011. 1. 24.]

제53조의2(손해사정사 시험 합격자의 결정)

① 제1차 시험 합격자를 결정할 때에는 영어 과목을 제외한 나머지 과목에 대하여 매 과목 100점을 만점으로 하여 매 과목 40점 이상, 전 과목 평균 60점 이상 득점한 사람을 합격자로 한다.

② 제2차 시험 합격자를 결정할 때에는 매 과목 100점을 만점으로 하여 매 과목 40점 이상, 전 과목 평균 60점 이상 득점한 사람을 합격자로 한다. 다만, 금융감독원장이 손해사정사의 수급상 필요하다고 인정하여 미리 선발예정인원을 공고한 경우에는 매 과목 40점 이상 득점한 사람 중에서 선발예정인원의 범위에서 전 과목 총득점이 높은 사람부터 차례로 합격자를 결정할 수 있다.

③ 제2항 단서에 따라 합격자를 결정할 때 동점자가 있어 선발예정인원을 초과하는 경우에는 해당 동점자 모두를 합격자로 한다. 이 경우 동점자의 점수는 소수점 이하 둘째자리까지 계산한다.

[본조신설 2011. 1. 24.]

제54조(손해사정사의 실무수습)

① 법 제186조제1항에 따른 실무수습은 금융감독원, 손해보험회사, 손해보험협회(신체손해사정사의 경우에는 생명보험회사, 생명보험협회를 포함한다), 그 밖에 금융위원회가 지정하는 기관에서 제52조에 따른 해당 분야의 손해사정 업무에 관하여 수행하여야 한다.

② 제1항에 따른 실무수습의 기간은 6개월로 한다.

③ 금융위원회가 인정하는 외국의 손해사정사 자격을 가진 사람 및 제1항에 따른 기관에서 해당 분야의 손해사정 관련 업무에 2년 이상 종사한 경력이 있는 사람에 대해서는 실무수습을 면제한다.

[전문개정 2011. 1. 24.]

제55조(준용규정)

손해사정사의 시험 및 등록에 관하여는 제46조제1항부터 제3항까지, 같은 조 제7항, 제49조 및 제51조를 준용한다. 〈개정 2021. 9. 1.〉

[전문개정 2011. 1. 24.]

제56조(등록수수료)

법 제183조제3항 및 법 제187조제3항에 따른 등록수수료는 1만원으로 한다.

[전문개정 2011. 1. 24.]

제57조(이해관계자의 범위)

① 영 제99조제2호 및 제3호에서 "총리령으로 정하는 이해관계를 가진 자"란 다음 각 호의 어느 하나에 해당하는 자를 말한다.

1. 개인인 손해사정사의 경우

　가. 본인의 배우자 및 본인과 생계를 같이하는 친족

　나. 본인을 고용하고 있는 개인 또는 본인이 상근 임원으로 있는 법인 또는 단체

　다. 본인이 고용하고 있는 개인 또는 본인이 대표자로 있는 법인 또는 단체

　라. 본인과 생계를 같이하는 2촌 이내의 친족, 본인의 배우자 또는 배우자의 2촌 이내의 친족이 상근 임원으로 있는 법인 또는 단체

2. 법인인 손해사정업자의 경우

　가. 해당 법인의 임직원을 고용하고 있는 개인 또는 법인

　나. 해당 법인에 대한 출자금액이 전체 출자금액의 100분의 30을 초과하는 자

② 제1항제2호나목에 따른 출자비율은 출자자가 개인인 경우에는 해당 개인 및 해당 개인과 생계를 같이하는 친족의 출자금액을 합산한 금액의 비율을 말하며, 출자자가 법인인 경우에는 해당 법인 및 해당 법인의 관계 법인(해당 법인과 그 임원 또는 직원의 출자비율의 합이 100분의 30을 초과하는 법인을 말한다)과 그들의 임원 또는 직원의 출자금액을 합산한 금액의 비율을 말한다.

[전문개정 2011. 1. 24.]

제58조삭제 〈2009. 12. 31.〉

부칙 〈제1725호, 2021. 9. 1.〉

제1조(시행일)

이 규칙은 2022년 1월 1일부터 시행한다.

제2조(적용례)

이 규칙은 이 규칙 시행 이후 공고하는 보험계리사 또는 손해사정사 시험부터 적용한다.

보험업법규

초판 인쇄 2023년 2월 10일
초판 발행 2023년 2월 15일

지은이　편집부
펴낸이　김태헌
펴낸곳　토담출판사
주소　경기도 고양시 일산서구 대산로 53
출판등록　2021년 9월 23일 제2021-000179호
전화　031-911-3416
팩스　031-911-3417